复旦大学文史研究院
中华书局编辑部 编

复旦文史讲堂之八

FUDAN WENSHI JIANGTANG

由今溯古

中华书局

图书在版编目（CIP）数据

由今溯古/复旦大学文史研究院编. —北京:中华书局,2022.3
（复旦文史讲堂）
ISBN 978-7-101-15562-4

Ⅰ.由… Ⅱ.复… Ⅲ.社会科学-文集 Ⅳ.C53

中国版本图书馆 CIP 数据核字（2022）第 060372 号

书　　名	由今溯古
编　　者	复旦大学文史研究院
执行编者	杨　光
丛 书 名	复旦文史讲堂
责任编辑	孟庆媛
出版发行	中华书局
	（北京市丰台区太平桥西里 38 号　100073）
	http://www.zhbc.com.cn
	E-mail:zhbc@zhbc.com.cn
印　　刷	三河市中晟雅豪印务有限公司
版　　次	2022 年 3 月第 1 版
	2022 年 3 月第 1 次印刷
规　　格	开本/710×1000 毫米　1/16
	印张 18¼　插页 2　字数 250 千字
国际书号	ISBN 978-7-101-15562-4
定　　价	88.00 元

序

　　汇集在这一辑的,是 2012 年 6 月至 2013 年 4 月间举办的八场"复旦文史讲堂"的全纪录。类似于之前所出版的各辑,看上去主题相当分散,涉及史学、文学、哲学、宗教等领域,关注的话题也极为丰富。这容易理解,毕竟接受邀请担纲讲座的学者,来自不同的国度,各有专长。不过,这些演讲所涉及的主题,尽管各不相同,但都在向青年学人示范着"由今溯古"的研究视野。

　　确立新的研究视野,往往成为推进学术成长的关键。如同样关注全球史的问题,各自的视野就颇有差异。来自日本东京大学的羽田正教授谈及新的世界史的构想,阐明对世界史的认识可以有多种角度,"把世界看成一个"可以作为出发点。来自比利时鲁汶大学的钟鸣旦教授,则揭示了"一个地方问题的全球化",利用一些特殊文献,探索中国声音在礼仪之争中的回响,尤其是相关知识是如何"生产、流通、交换"的。而吉开将人教授对于苗族史的研究,主要凸显了"南方的视角",并以此串联起有关晚清以来学术、政治、文化种种复杂问题。

　　与之相关,持续追踪感兴趣的话题,检讨过往研究之得失,同样是在研究上取得突破的关键。王邦维教授演讲中涉及的用"日中无影"来证明自己是"天下之中"的问题,还在其做博士论文的时候就开始关注,他在演讲中重点介绍的即是对此新的思考。严耀中教授在演讲中述及的也是其长期关注的问题:何以广泛而深入地存在于印度的婆罗门教(现在叫印度教,是西方人给它的一个名字),在中国古代好像没有明显地被认为存在过? 王博教授提出的"混沌和名的限度",同样是学界长期关注的问题:没有人会否认"名"对这个世界不可或缺的意义,但生活在"名分化"的世界,又不免令人产生种种困惑。同样关注于小说研究,何谷理教授的话题由中国的小说研究经历多次关键性的"转向"展开,指明其研究涉及近年来的另一个转向,即研究插图小说并探讨插图与文本之间可能存在的互动关系。赵一凡教授在演讲中则阐明《围城》这本书固然好看,却不好懂:其中的典故和隐喻,实在是太多了。这也令人叹为观止:一部小说可以这样读,可以这样解释、这样理解。

　　学者受邀前往各处发表演讲,往往成为其学术生活的重要部分,因此他们通常会选择自己正在进行中的课题,介绍何以会关注此一问题。在正式形成的论著中或许难以表述的问题,在演讲中却可能有所展示。这也是演讲特殊的价值所在。而在后续出版的论著中,往往对此有进一步阐述,有兴趣的读者亦可据此了解。

章　清

2020 年 9 月 25 日

目　录

主持人:徐文堪

时　间:2012 年 11 月 12 日

新的世界史构想

主讲人：羽田正

主持人：周振鹤

时　间：2012 年 6 月 1 日

羽田正

　京都大学学士、巴黎第三大学博士,曾任东京大学东洋文化研究所所长,现为东洋文化研究所教授、东京大学副校长。研究领域为世界史、比较历史学,著有《イスラーム世界の創造》、《モスクが話るイスラム史》、《勲爵士シャルダンの生涯》、《東インド会社とアジアの海》、《新しい世界史へ—地球市民のための構想》等,合编《岩波イスラーム辞典》、*Asian Port Cities 1600-1800：Local and Foreign Cultural Interactions*。

周振鹤 ｜ 复旦大学历史地理研究所教授,研究领域为历史地理学、地方行政制度史、文化语言学、近代新闻史以及中外语言接触史、海外交通史和地方志等。

周振鹤：

今天很荣幸能和大家共聚一堂聆听羽田正先生的报告。羽田先生报告的题目是《新的世界史构想》，想必这一定会引起大家的兴趣。关于这个话题羽田先生有一本书最近刚刚付梓，待演讲后一并展示给大家。我刚才先看了一下他的提要，他认为现在已经进入全球化时代，即一体化的现代世界，所以在现实面前，过去以欧洲为中心的世界史形象也需要更新了，如何讲述世界史也必须要有一个新的观点。也就是羽田正先生所说的"世界如何是一个"。所以他今天的话题就是新的世界史构建。我想，现在我就不多说了。羽田正先生是用日语演说，然后请徐静波先生用汉语翻译，相信这样就能让大家了解羽田正先生的想法。

羽田正：

大家好。今天诸位能够在百忙之中莅临此间聆听我的讲座，我觉得非常高兴。这次我受文史研究院葛兆光教授之邀，来到复旦大学进行一周左右的研究，能够和各位新朋旧友相聚一堂，使我受益良多。我今天要讲的主题在这边的幻灯片里面有显示：新的世界史。闲话少叙，接下来开始进入正题。

　　最近,总被初次见面的人问及自己的研究领域是什么,我告诉他们说:
"我是研究世界史的。"几乎所有人都会问我:"你是研究哪一个国家的历
史?"或者"你是研究哪个时代的历史?"我回答他们说:"哪一个国家也不
是,哪一个时代也不是。我研究的就是整个世界史的构想,也就是世界史
在整体上应该如何被重新描述。我现在不想关注实际的问题。"但我这样
回答以后,对方差不多都会流露出非常困惑而且惊讶的神色。他们有这样
的反应是很正常的事情,因为我的回答越出了两种常识,大家觉得难以
理解。

　　按照日本的常识来讲的话,世界史的整个框架和如何描述的方法都已
然固定。我们在高中时候都学过世界史,世界史就是高中时候的这种框架
和描述。所以他们会觉得很奇怪。而且,即便是对研究历史的人而言——
我本人也是研究历史的人——他们会在各个非常专门的领域里面,对某一
个具体的问题,穷经皓首,阅读各种各样的文献,来做出各种非常详细的探
讨。举例来讲,有人专门研究日本旧式朝廷与幕府之间的关系,或者有人研
究中国明朝的税制问题,或者有人研究 15 世纪英国的地方领主遗书等等。
他们都是在自己专门的领域里面展开研究的。

　　我刚才的回答肯定是脱离了现代各种各样已经习惯的常识。那么,也
许有人会怀疑:"这个人真是研究历史的吗? 这样的回答是不是有问题?"说
实话,我是当真地在思考、在回答。我想,这也许有一点打破常规。我故意
说,我的专业是世界史,我想用这样一个回答来提醒大家注意,而且希望能
够得到大家的理解:现在我们大家觉得理所当然的对世界史的理解,不应该
是一个绝对化的东西。

　　首先讲一下现代日本的世界史认识。我觉得这种认识之中有问题,所
以要重新撰写新的世界史。我想尝试重新撰写世界史,这其中遇到了许多
问题,到目前为止也没有取得十分令人满意的结果。这其中最大的问题就
是以欧洲为中心的历史观。之后想谈一下如何超越欧洲中心史观,来重新
撰写一部世界史。

　　我个人认为,对迄今为止世界史的理解和叙述方法,应该从根本上加以改变,而且应该构建起一个新的世界史框架。我为何会提出这个想法呢?在说明原因之前,我想先听听各位的想法:我不清楚在中国,世界史是如何被教授的,又是如何被理解的。借此机会,希望得到各位赐教。如果日本和中国之间对世界史的理解有很大差异的话,大家可能会对我之后要说的话感到难以理解。如果那样的话,务必请大家原谅。总而言之,我愿意通过这样的场合,跟大家进行一次比较深入的交流。

　　现在的日本人是如何理解世界史的?日本人学习世界史主要是在高中阶段。教科书是经过日本文部科学省审定的。经过审定的对世界史的理解,基本上分为以下四个阶段,这里已有中文翻译,大家可以看一下:

　　　　第一阶段:在各个地域不同的自然环境(风土)中,人们设法生存,形成了适于各自生存的"文明世界"。

　　　　第二阶段:各个文明世界相互竞争,并在竞争中各自走向繁荣。

　　　　第三阶段:由于陆路和海路的开发,各文明之间的交流日益密切,最终引发了文明冲突,强有力的文明压倒其他文明,走向世界一体化。

　　　　第四阶段:世界一体化最终导致了世界大战,所有的问题都成了全球规模的问题,并在战后最终形成了当今的世界格局。

　　虽然这里面没有明确指出,但通过教科书的内容就会发现这里所说的"文明世界"是指欧洲世界、伊斯兰世界、东亚世界等地区的世界。而所谓"强有力的文明世界"则专指欧洲世界。虽然使用"文明冲突"这一表达似有过激之嫌,但无论上文所引用的论述,还是其他的教科书,都与作为教科书制作准则的文部科学省所规定的学习指导要领基本一致,大同小异。因此,以上表述可以被视为日本标准的世界史理解。

　　这种世界史理解之中,大致包含了两种暗中达成默契的前提。第一点是,世界是由多个不同的部分组成的,各个不同部分拥有自己的历史;第二点是,在这些部分中,欧洲的文明世界,或是在欧洲的文明世界中诞生的各个国家,有着比其他国家、地区更为优越的地位,甚至可以认为欧洲文明是带动整个世界发展的原动力所在。基于上述前提,世界史就是几个不同的文明世界或国家,按照时间顺序,用一种描述方法,将它们连接起来,形成的一个整体。我这里做了一个图,方便大家理解。

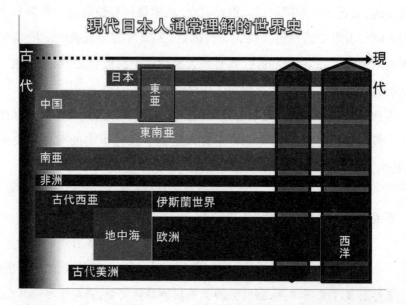

我们看到,从古代到现代的亚洲,包含日本和中国的东亚、东南亚和南亚,沿着历史的脉络一直发展至今。但是下面的部分比较复杂,没有一条明了的主线。这个问题我会在下面做若干说明。欧洲也可以进一步细分,比如分成英国、法国等等。这里只是一个较为粗略的表现,用一根绳索将历史串起来。这样看起来似乎是很公平的:历史是由世界上各个不同地区的文明组成的文明圈,并且有着历史演进。实际上,这里面有问题。这里面体现了一种"欧洲中心史观"。我们可以从近代开始看到欧洲扩展到了整个世界的影响。后来又有了美国的加入。这里并没有将世界分成东洋和西洋,而是分成多个文明圈,各自有不同的发展。欧洲文明在其中起着非常重要的主导作用。

归纳一下现代日本人对世界史的理解:世界是由多个不同国家和地区所组成的,其中西洋或者说欧美起主导作用。我认为,这种世界史的理解已经定型了。我们知道,当今的时代是全球化深化的时代。有很多问题,诸如环境问题、经济危机等等,都不是一个国家能够解决的,必须要全球人民联合起来共同应对。这种现状与以前所认知的世界史流向是否能对应起来?在此之前,我们所理解的世界史是由不同区域、不同国家组成的,由一些主导的文明在起着推动作用。而这种理解实际上会引出一些不同文明区域之间的冲突,最著名的例如塞缪尔·亨廷顿所写的《文明的冲突与世界秩序的重建》一书中所描述的各文明圈之间的一些问题和冲突。现在需要我们担负起来的一点,并非是各个国家、区域、文明单独行动,而是应该使全球人即地球势力形成一个共同体,来应对世界上发生的事情。在这种情况下,我认为应该对迄今为止的世界史进行修正和改定。

为何产生这种想法? 这里有一个缘起。在 2000 年以前,原本我的研究领域是伊斯兰世界,也没有其他太多的想法。在 2001 年 9 月发生了轰动全世界的“9·11”事件。这个事件发生之后,整个伊斯兰世界或者说伊斯兰教徒就受到了来自全世界的猛烈抨击和批判。这种抨击和批判对我的冲击很大。我在伊斯兰地区中也有很多的朋友,我发现伊斯兰人民都很老实善良,他们为什么要受到来自全世界的猛烈攻击呢? 另外,确实是有一部分伊斯兰人做出了这种非常极端的行为。这是为什么? 因此,我慢慢对自己的研究对象和研究领域中的很多问题产生了怀疑。我慢慢意识到,人们对世界的认识、对伊斯兰世界的认识,尤其是“伊斯兰世界”这个概念的诞生,是有问题的。“伊斯兰世界”是如何形成的? 实际上,这个概念是假想的,其产生是有问题的。

“伊斯兰世界”这个概念的内涵与外延都模糊不清,很难加以明确定义。这个概念产生于 19 世纪的欧洲。当时自认属于“欧洲”这一空间的人,觉得与自己不一样的他者,应该圈定为一个固定的对象,然后就假想出了“伊斯兰世界”这样一个固定的空间。我个人认为,“伊斯兰世界”最初就被设定为与正面的欧洲相对的负面空间。这一世界中的人是怎样的? 他们是不愿意接受欧洲事物、排斥欧洲事物的一群人。当“9·11”事件发生时,头脑中已经有了欧美价值观和世界观的人们，就把穆斯林看作是属于伊斯兰世界的他者，"他们是与我们不一样的人类集团"，以此对他们进行攻击。事实上，穆斯林也好，伊斯兰教徒也好，他们和基督教徒或佛教徒一样，其中的每个人都有着各自不同的观念与想法，并不是一个非常统一的整体。

由此，也就产生了二元对立的世界观。欧洲人肯定欧洲，在他们看来，欧洲意味着进步、民主、自由、平等、科学、世俗、普遍等等，都是一些肯定的看法。而把不同于欧洲的他者，包括亚洲、伊斯兰世界，运用一些相对负面的定义来描述，如停滞、专制、不自由、不平等、迷妄、宗教、特殊等等。这种二元对立来自欧洲，而被认为是他者的人未必认同欧洲人的这种定义，他们觉得欧洲也未必是进步的、民主的，因此对欧洲有一种拒斥感。但是另一方面，在被认为是他者的伊斯兰世界中，也有一部分人认同这种二元对立，例如激进派的基地组织，他们就认为自己不同于欧洲，但并不认同欧洲文明的先进性。

这种认识在日本人的头脑中也存在，特别是在二战之前。日本人将世界分为东洋世界和西洋世界，是两种对立不同的存在。东洋世界未必比西洋世界差，因此要形成"大东亚共荣圈"，来对抗欧美文明。

"伊斯兰世界"一词不应随意使用，应在弄清这个概念之后，才可以使用。我对将"伊斯兰世界"实体化了的"伊斯兰世界史"这一概念也产生过疑虑。因而我在本人的《伊斯兰世界的创造》(『イスラーム世界の創造』，东京大学出版会，2005 年)一书中提出了类似的观点。这本书得到葛教授的大力支持，已将其翻译成中文，即《"伊斯兰世界"概念的形成》，在中国出版。在此，我就将其中的想法比较具体地表述出来。

虽然有了重新建立世界史的框架的想法，但说老实话，这并不是一件易事，实行起来会遇到重重阻碍，屡屡犯错。即便经常如此，我也有信心继续做下去。我们目前正朝着这样的目标在前进。这个目标和以前的世界史不一样。我们的目标是，在这样的基础上，构建起世界史的框架：世界乃是一体的，世上的人们拥有共通的过去。在展开构思之时，或者说，重新叙述世界史之时,重点在哪里,我们也非常清楚。重点是:注重共通性和彼此的关联性。但到了具体描述时,我们碰到了许多困难。有这种想法的不止我一人,我也不是第一个对既有的世界史认识产生怀疑的。在这之前已经有很多人对此产生怀疑,并提出了自己的世界史构想,也做了各种各样的努力。但是,说实话,目前的努力还不完善。接下来,我要举出两个例子来具体说明。

第一个例子,是贾雷德·戴蒙德(Jared Diamond)所写的一本书:《枪炮、病菌与钢铁》(*Guns*, *Germs and Steel*: *The Fate of Human Societies*. New York & London: W. W. Norton & Company, 1997)。他在该书中做了这样的努力:我们在叙述人类与生态环境之间的关系时,必须以全球规模、全世界的角度来加以描述。因为人类自诞生以来,便以整个生态体系中一员的方式而存在,而与个体的居住地点全然无关。描述历史时,就要思考,人类在自己所处的生态环境中受到了怎样的影响,该如何适应环境,又该如何改变周围的环境? 用这种观点和方法来做历史描述的,就是我刚才提到的这本书。这本书当然已有日文版,也有中文版。这是第一种努力。

第二个尝试或成果是日本人写的《砂糖的世界史》(《砂糖の世界史》,川北稔著,岩波书店,1996 年)。这本书有中译本(百花文艺出版社,2007年)。这部著作和戴蒙德的不一样。戴蒙德的著作名为《枪炮、病菌与钢铁》,主要是从人类与生态环境之间的关系进行描述。而川北稔的这本书关注的是人类的经济活动,是超越了人类的国家地区而展开的,可以称之为"全球史"。利用这种手段来描述世界史,它的主语往往是物,比如银、胡椒、茶等等世界性的商品如何生产、运输和消费,以及如何影响生产、运输和消费这些商品的人群;同时,又特别注重世界各地的人,围绕这些生产活动,是如何发生紧密的关联。这便是第二种尝试或成果。

上述著作的发表或许会使人质疑:"不是已经有两部很好的成果出现了吗? 世界史不是已经被构建起来了吗?"我要回答大家的是,尽管这两种成果或著作确实非常出色,富有魅力,但远非尽善尽美。为何说是不完善的?

因为戴蒙德写这本书时，还是很明确地区分了欧洲、中国等，并且在最后提出这样的问题："到最后，为什么不是中国而是欧洲掌握了全球的主导权？"他还是有非常清晰的"欧洲"的概念。在川北稔的书中，他也特别强调人们在经济活动、生产活动中欧洲所起的作用，以及欧洲这个区域如何与世界其他地方发生经济联系。从这方面来看，我觉得，在他们的著作中或研究努力中，既有的世界史观念依旧没有发生根本性的变化。

　　下面我想重点谈一下今天话题的第四部分：欧洲中心史观。使用"欧洲"这个词语时需要注意到这个词的两层含义：一是代表地理空间，二是一种抽象的概念。我昨天和一位俄罗斯人讨论这样一个问题：俄罗斯是否属于欧洲？地理上也许是欧洲，但概念上是否属于欧洲？这其中牵涉到一个"地理与概念"的问题。说起"欧洲"的地理，可以追溯到古希腊时代，当时差不多已经定型，这里由于时间关系不具体展开。作为概念的欧洲，有许多问题存在。19世纪的前半期到中叶，居住在地理空间上"欧洲"的人们，慢慢形成的一种正面的概念。进步、民主、自由、平等、科学、世俗和普遍等一切正面价值都被看作"欧洲"的属性，这最终形成了一种复合性的独特概念。这些属性未必表示居住在地理上欧洲这一空间的人们都具有的。说到底，这些都是概念。与此相对应的，产生的负面概念，就是所谓的"东方"、"the Orient"，或者"亚洲"，甚至"伊斯兰世界"，这类空想的、被设定的空间。

　　近代史学鼻祖兰克（Leopold von Ranke）是德国人，1820—30年代开始发表著作。他很长寿，活过了整个19世纪。他以严密的史料批判和牢固的理论框架为客观主义史学奠定了基础。我本人是研究历史的，十分尊敬他。兰克史学最大的特征就是意识形态的实体化。如果要书写德国历史的话，首先考虑的是德国这个国家是否真实存在。有了德国这个国家，才能撰写它的历史。这时，作为一个意识形态的民族国家的历史，正如一枚硬币，具有两面性。

　　差不多在同一时期逐渐形成的"欧洲"这一概念，也是一种意识形态，其历史也有着类似的情况。最早对欧洲的历史做出叙述的是法国的著名作家、政治家弗朗索瓦·基佐(François Guizot)，他写了《欧洲文明史》(*Histoire générale de la civilization en Europe：depuis la chute de l'Empire romain jusqu' à la révolution française*，Paris：Pichon et Didier，1828－30)。戴维斯曾在著作中提到过他。既然有欧洲这个空间的存在，就可以按照时间顺序描述出欧洲的历史。这书中进行了各种探讨。作为概念的"欧洲"，其属性便成为一切正面价值的起源。举例来讲，从地理上追寻它的空间，这是一个方面。另外，我们还可以说，"进步"或"普世"这种价值观，"民主"或"共和制"，这些都可以追溯到古希腊；"世俗的"、"科学"，则可以从欧洲的宗教改革说起；"自由"或者"平等"这种观念，可以从美国的《独立宣言》或法国的《人权宣言》中找到渊源。关于欧洲的地理存在和观念描述，按照时间顺序，就这样展开。

　　随着"欧洲"概念的逐渐精致化，具有表里一体关系的欧洲史的叙事方法也逐渐确立。地理意义上的欧洲所产生的一切正面价值，都成了拓本，"进步"、"普世"、"民主"、"自由"等等观念被不断复制。实际情况却不是这样。当这种概念被建立起来的19世纪上半叶到中期，谈及古希腊和古罗马，对比当时的希腊和意大利，已经沦为了相对落后的国家或地区。讲到将16世纪"欧洲文明"推向全世界的尖兵西班牙和葡萄牙，当时也是同样的状态。撰写这种欧洲史、宣扬欧洲文明之时，都忽视了这些国家在19世纪上半叶已经名不副实。它们一再强调的是古希腊和古罗马时期的先进性，强调16世纪时传播欧洲文明的贡献。我们回过头来考察它们所提倡的概念与19世纪前期的意大利或者希腊、西班牙或者葡萄牙的话，与其说它们是"欧洲"的，不如说是"非欧洲"来得更为确切。但是，从"民主"等"欧洲"价值属性的渊源上看，这些地区及其过去仍是欧洲史中不可或缺的要素。

　　"欧洲"作为所有正面价值观的集合，随着时代的发展、历史的推进，很多新的正面价值被不断纳入其中。现代以来，人权(human right)、多样性(diversity)、"欧洲"或是由其衍生出的"西方(the West)"被常常提及。必须注意的是,这些在 19 世纪并不是"欧洲"的价值,都是后来添加上去的。"欧洲"这一概念,自创造之伊始,已历经了两个世纪,它的具体内容也随着岁月发生了变化。然而,作为界定"自我"与"他者"的基准,以自身优势和进步性为前提来与"他者"、"非欧洲"相区别,这一理念作为"欧洲"概念的基础维持至今。从欧盟内部围绕土耳其加盟的讨论中,可以窥见"欧洲"概念的根深蒂固。对于很多有"欧洲"或"西方"归属意识的人来说,即使到现在,世界都是由"优势"的欧洲和这以外的劣势地区构成的。

在全球化的今天,一部分人开始摆脱传统地域观念束缚,将自身视为地球的一员,因此,构建一种与之对应的新的世界史的观念就成为当务之急。构建新的世界史,就是我们大家的世界史。为了构想、叙述全球史,我们必须倾尽全力。然而,大家并没有形成这样一种意识。写日本史,就只写日本的历史。写欧洲史,就只写欧洲的历史。这样就还是把世界分成一个个不同的区域或文明圈。我认为,到今天,应该打通这种区域或文明圈的界限。对于全球史而言,把整个世界作为一个整体来叙述是十分重要的。既然同为地球的成员,在记述"我们"历史的过程中,必须将"他者"的历史也包容其中。尽管从历史上看,全世界的人们并非一直是一个整体。但即使分散开来,地球上某一区域的人们也应该尽量平等地看待其他部分过去所发生的一切。这也是我主张构建描绘地球全貌的全球史之初衷。

其中最大的关键点便是重新认识之前作为欧洲中心史观的伪装而被巧妙运用的"文明"(civilization)和"文明圈"的概念。"文明圈"只是对人类社会的进一步细化,应该把人类的过去作为一个整体来理解。被作为区别"自我"与"他者"基准的"欧洲"这一概念及其实体化所形成的现有欧洲史是要被解构的。我们要把对欧洲的认识放到全世界的背景框架当中,来认识欧洲的历史。我们在叙述世界史的时候,可以将过往欧洲史中需要的部分纳入,不需要的部分扔掉。以前的欧洲史就是对各种现象加以取舍,将经过解释的现象放到一个紧密的框架之中。而现在,我们应该站在一个平等的地球一员的立场上,来对整个世界历史重新加以描述。

我们在叙述欧洲史框架的同时,对"伊斯兰世界"这个概念也要重新加以认识。其实,最初古代西亚属于地中海文明,后来欧洲与伊斯兰有许多交叠之处,很多地方不能完全分开。虽然古代欧洲人有一种说法,他们认为古希腊文明曾经一度转移到了伊斯兰文明之中去,后来又重新回到了欧洲。但这种认识仍然是以欧洲文明为中心,体现了欧洲中心史观。然而这个问题很复杂,很难说哪一方是中心。因此,我们说,在解构欧洲史框架的时候,"伊斯兰世界"概念也应重新认识。

我刚才讲到16世纪上半叶逐渐形成了欧洲史、欧洲文明的观念。这些观念有许多正面的价值在里面。欧洲人形成了自他的对立,一方是自己的文明,另一方是与自己不同的其他文明。我们要打破这种既有的欧洲文明的框架,来重新认识整个世界。这样一来,对亚洲史也有重新审视的必要。我认为,应该将两者打通,形成一个"欧亚大陆史",或者再加上美洲,形成"世界史"这样一个大的框架或视野。在重新认识过去的历史时,我们也许会注意到,原来那些并未被认为有价值的历史事件或历史现象会变得有价值。因此,当我们在对世界史进行重新解释时,如何认识形成欧洲历史的18、19世纪这段时期,恐怕是最大的关键点。

基于上述想法,我从2009年开始了一项名为"欧亚的近代和新世界史叙述"的研究项目,参与的学者有50多人,为期五年。课题的中心点是试图构建18至19世纪全新的世界史图景。关于这项研究,包括讨论会、研讨会、发表和调查等成果,都会在刚才所展示的网站(http://haneda.ioc.u-tokyo.ac.jp/eurasia/)上逐渐公开。比较遗憾的是,现在网站显示只有日文与英文,没有中文,大家有兴趣的话可以去网站上检索。作为这项研究的阶段性成果,即概念的探讨部分,我去年出版了一本书:《新世界史到地球公民的构想》(《新しい世界史へ:地球市民ための構想》,岩波书店,2011年)。书中主要探讨三个问题,即PPT中所提到的,我不再重复了。这些问题将进一步开展下去。

我们的这项研究是开放性的,欢迎有关的专家学者共同加入。就这个问题,我已经和文史研究院的葛老师进行了多次意见交换,也从葛老师那边得到了许多富有学术性的想法。也希望能够得到在座各位的一些想法,来丰富我的研究思路。我要讲的就到这里,谢谢大家!

提问与回答

周振鹤:

感谢羽田正先生为大家做了一个非同寻常的报告。这个报告并不是告诉大家全球史是怎样的,而是说,全球史客观存在,人们应该如何去认识并理解它。羽田先生很谦虚,他只能说日本人是如何认识世界史的,那么中国人是如何认识世界史的呢? 这恐怕要我们来联络。葛兆光先生下一次是不是可以为我们去联络一个"中国人如何认识世界史"的演讲? 实际上,各人有各自认识世界史的方法。正在欧洲建构一体之时,其实欧洲人就有着自己的看法。拿破仑说过一句很精彩的话,他说:"欧洲直到比利牛斯山为止。"这什么意思呢? 比利牛斯山是法国和西班牙的界山,拿破仑说欧洲到比利牛斯山为止,西班牙不算。这是他的观点。所以世界史是客观存在的,而如何去理解、如何去认识,这是一个很大的问题。过去是块状的认识,现在羽田正先生提出整体的认识:世界是一个整体。这是朝向新的世界史的方向前进。他提出了他自己的一些观点。他原来是研究伊斯兰史的专家,但他提出"伊斯兰世界"这个提法本身就有问题。这就需要我们重新思考怎样的说法才是正确的,而上述思考使得原本的常识变成了非常识的问题,也就要我们费劲去想。我想大家在听了羽田正先生的报告后可能会有一些疑问,那么现在可以当场提出来请教一下羽田先生。

学生:

您好,我是复旦大学国际关系与公共事务学院的博士生。非常感谢羽田教授非常精彩的报告。我们学习历史的时候比较讲究三个"间",就是人间、空间,还有时间。老师在讲座的第二部分谈到,我们现在学习历史不可以放弃时间和空间的部分。但是老师讲过的内容让我觉得有一种模糊性：怎么连接三个"间"？这是我的问题。

羽田正：

我想我说的第二部分确实有点难以理解。我记得三年以前，我们也是和文史研究院合作办过一次国际会议"世界史中的东亚海域"，分出了三个时间段，也在这里举行。虽然有三个时间段的划分，其实这三个时间段不是连续性的，彼此之间的联系也不是很清楚。所以我们只是选择了把这三个时间段里的东亚海域史来跟今天做一个比较。当时也没有太多地考虑：为什么这个时间段不是连续性的、三个时间段是如何连接在一起的。就是觉得这个时期里面的东亚海域中的一些现象特别有意思，值得今天的人们重新加以研究、分析和认识。我认为最重要的是要把世界看成是一体的，而在这个框架里对过去的事实进行认识和描述时，未必一定要按照严格的时间顺序来展开。

我们在三年以前举行的会议，实际上并没有脱开人间、空间、时间这三个要素，但是我们并没有完全按照时间的顺序来展开。比如我们设定500年前的东亚海域世界是怎样的，我们知道500年前中国、朝鲜半岛、日本都已存在，但我们考虑这个问题的前提并非考虑这三个国家已经存在，而是考虑500年前在这片海域、这个地域所发生的事情，以及所展开的历史，再以今人的眼光加以审视、分析和研究。其中我们设定的时间是500年前，设定的空间是东亚海域，我们并不否定这三个国家的存在，同时也不强调这三个国家的存在，而是强调在这片海域的地理范围中历史是如何展开的，这才是我们所关注的兴趣点。

学生：

您好，听了您的报告我深受启发。先生您说的新的世界史的构想，让我想起了我读过的斯塔夫里阿诺斯的《全球通史》。我仔细在看这本书时，比较受启发,他的全球史观并不全是以欧洲为中心,尤其是他讲古代的时候,更多的提到的是各个地区的发展速度。讲到古代的时候,最多的是讲美洲和亚洲。我今天听您的讲座,感觉您的很多思想和这位作者有类似之处。您在讲前人的业绩的时候,没有特别提到这位。我想请教一下,您的新全球史的构想与《全球通史》相比有哪些区别和超越? 谢谢。

羽田正:

我也关注到你刚才提到的《全球通史》,这里面已经有了一些新的想法,有一些新的观念在使用。它里面的很多想法和我目前所提倡的新的世界史的构想有相近的地方,我们的方向不是截然不同的,但是它和我们目前仍处于努力的尝试还是有距离。顺便讲一下,东京大学和复旦大学、普林斯顿大学有着良好的合作,普林斯顿大学所使用的世界史教科书基本上比较接近《全球通史》,对此我也比较赞同。但我觉得区别点在什么地方呢? 我们认真探索、仔细看的话,会发现它里面还是有"欧洲中心","欧洲"的意识还是比较强,还是比较突出"欧洲中心"这一观念。斯塔夫里阿诺斯在开创新的世界史的尝试中,他力图从原有的世界史的认识方法中解脱出来,但最后自觉不自觉地又回到了欧洲中心史观这个出发点。所以我觉得《全球通史》这本书里还是没有消解"欧洲中心"这一观念,与我们目前所作的努力还是有些距离,虽然已经比较相近了。

学生:

羽田先生,您好。我非常想了解一下您在第一点里提到的:描绘了世界全体的示意图,到底是什么样的。因为我们都了解中国人绘制的世界地图里,中国是世界的中心,而欧洲人会觉得它是另外一种情形。您想要描绘的世界全体的示意图大概是一个什么样子? 能不能给我们稍微展开说明一下? 谢谢。

羽田正：

我觉得你提了一个非常好的问题，也是非常难以回答的问题。仔细一想，我们要描绘一幅世界全体图像的话，我觉得应该是没有中心也没有边疆的。我们需要把整个地球、整个世界、每个角落都作为我们应该关注的对象。但当我们可以设定一个时间点的时候，我们要去发现这个时间点的中心部分在哪里。比如我们现在将时间设定为 1700 年，当把目光向北转移到西伯利亚的时候，我觉得那里不是应该关注的地方，因为西伯利亚地区还没有成为一个国家，也没有形成政府。那么往南推移，推到波利尼西亚、大西洋、澳洲和新西兰那边，也没有特别值得我们描述的价值或意义。当设定时间点的时候，我更关注的是社会实际的情况。在这个时间点中，世界到底发生了什么事情，重点的社会面貌、中心发生点或变化在哪里，这是我们需要关注的。所以，严格来讲，示意图既没有中心点也没有边疆，不断移动。

学生：

羽田先生，您好。我是复旦中文系研二的学生。今天听了您的讲座，我非常非常开心。因为我现在学的东西也是这个范畴的。今天我读了叶舒宪先生所写的一本书：《文学人类学教程》，这是全球化时代的文学研究。里面有句话我今天读了就非常非常伤感，他说："人是故事的讲述者，是宇宙无限时空中唯一自己讲述故事的生物。"然后我就在想，我们那么具有全球意识，又那么公正地写一部世界史，其实真正的用意是什么？为什么我们要那么努力地、那么公正地写一部全球史？它的真正的目的是什么？是不是对于应付现在国与国的争吵会比较方便？比如黄岩岛的事情。然后第二问题是：我感觉到，从解构欧洲史或者去掉西方的话语霸权，再跳到建立全球意识，这中间好像有很多空白，比如说现在的中国。现在的中国已经不是以中国为中心，无论我们在哲学、文学等等，都引进了很多西方的理论，我们基本都没有自己的理论。在中国去除西方话语的时候，我们要花很大工夫，我们怎么做才可以直接跳到真正建立全球意识,然后实际地去研究全球史? 这中间空白的部分需要做很多工作。我想请问一下,羽田先生怎么看这两个好像很相近但是距离也很远的两个东西,谢谢。

羽田正:

我首先回答为什么人们追求写一部公正的世界史。我认为,作为一个人而言,有一个身份认同的问题:他/她要弄明白自己从哪里来,如何演变而来,其所属的人类集团又是属于哪一个人类集团,自己是怎样一种人。这种对于身份认同的确定,促使人类需要描述自己的历史。这是对你第一个问题的回答。关于第二个问题,当我们解构欧洲中心史这个概念并试图建构全球史时,这之间有一个很大的空白,我对你的这个问题不太明白,你说的空白指的是什么?

学生:

我对第一个问题非常明白,非常明白自己为什么而来。但是羽田先生说他放弃了以时间为序的写史方法。当你放弃这种方法时,当我们追寻我们从哪里来,要怎么处理写史的原始性问题? 因为您说要以地区为讨论的基础,你要明白自己是从何而来时,这类原始性问题您在书里面有没有讲述? 那是一个 long long history。第二问题:因为我感受到就现在中国来说,它要去除西方话语,还是有很长很长的路要走。很长的路要走,也是一段历史。我们可以有全球的价值观,但是要立刻建立全球的价值观是不是有点困难? 怎样去"去除"同时又"建立"? 我觉得中间是不是不可以重复? 中间是不是缺少了什么东西? 我不觉得是这样子。

羽田正:

我先补充一下前一个问题。如果我们放弃了时间序列的话,如何来确立身份认同? 这点好像有矛盾。我认为二者并不矛盾。不是完全不要时间这一概念,也不是不需要时间这个点,而是不要过于强调时间的连续性。比如说,多少多少年以前,欧洲就是这样的;欧洲是怎样演变过来的,中国是怎么样的,日本是怎么样的。这样的话就会把整个历史割裂开来,没有形成一个整体。我们可以设想,2000年前这个世界是怎样的,我画一个图,把它叠起来;1500年前这个世界又变成什么样,把它叠起来;500年前这个世界又是什么样子,把它叠起来。我们不在意局部的变化,而应了解,当我们举出一个具体时间点的时候,整个的世界图像是怎样的,我们就可以看出演变。我们不是特别强调既有的,1000年前中国、日本都已存在。如果局限在中国、日本、欧洲这些已经存在的地理空间里面,我们会很容易地陷入时间序列的描写。只有打破这种界限,把世界看成是一个整体,然后设定时间点,才能从叙述对象中发现当时的世界是怎样的一个面貌。这样的做法与我们身份认同的认识并不矛盾,甚至从中还可以看出我们是怎样一步一步走过来的,只是我们并不强调局部的时间连接点。

第二个问题,你讲到,现在东方社会甚至全世界有太多的欧美元素在里面,所以当我们要放弃欧洲中心史观而建构起一个全球意识时,如何排除既有的外来元素,这是一个问题。其实不是这样。我们只是要消解"欧洲中心史"这样的概念。所谓的"欧美",既包含了地理的概念又包含了概念性的概念这两部分。有些人觉得,"欧洲"的概念拿过来也未必适合"欧洲"这一整体,比如波兰和意大利并没有使用。欧洲、欧美已经不仅仅是一个地理概念,而是作为一种概念而存在。作为概念的东西往往比较容易接受,比如日本19世纪下半期就接受了西洋文明。我们仔细想一下,任何一个区域的人或者任何一个国家的人,在接受外来东西的时候,都不会全盘接受,一定是只会接受适合自己、自己需要的东西,不需要的东西一定会抗拒在外。这样的情况在日本也发生了很多次。我们只是要消解一个欧洲中心史的意识形态,而不是将我们生活中已有的东西都剔除掉,并不应当这样理解。

学生：

羽田先生，您好。今天听了您的讲座非常受启发。我想问两个问题。第一个问题就是，您是专门研究伊斯兰世界的，我想问一下伊斯兰世界在您的新世界史中如何定位？第二个问题是关于世界史，我认为世界史中背后涉及到一个语言霸权问题，就拿我们中国来说，我们古代中国是以汉字为支撑，汉字传播到了韩国、日本、越南，在古代有"中国中心论"，是以汉字为基础的。但现在呢？现在西方中心论、西方文明圈是因为什么？是因为以英语、法语和德语为基础的。这使我想到一百年前出现一个问题：世界语。当时，有一个"好事者"发明了世界语，认为消除真正的意识形态、消除真正的语言霸权，就要普及世界语。到现在为止，有谁来学世界语了？就我来看，也就几十万人。我这个问题也许不太恰当，无论是新世界史还是世界语，我想都涉及到了意识形态和语言霸权问题。同样的道理，比如说钓鱼岛，中国、日本，甚至美国都有不同的看法，甚至包括二战，中国和日本有不同的看法，它是难以调和的。这就是我要问的问题。

羽田正：

我依次来回答问到的几个问题。第一个是伊斯兰世界在新世界史构成中如何定位。我个人认为所谓"伊斯兰世界"这个提法本身不是太能成立。当然，我们如果以宗教作为轴心来考察的话，我们知道信仰伊斯兰教的人分别居住在世界的许多地区，但是有固定的社会圈在那里。但实际上我们可以发现，信仰伊斯兰教的人们并没有形成一个非常凝固的、强固的人类集团。当我们在描绘世界史的时候，当然会注意到"伊斯兰世界"这一现象，但我们未必需要强调伊斯兰教这个概念，或特意将"伊斯兰世界"这个概念提出来。这是第一个问题。第二个问题，描述世界史时的话语霸权问题。确实，在以前的东亚世界里，汉字是一种中心的语言。但我觉得没有必要强调这一点。当我们来看整个世界的时候，在这个历史时期里面，这块地区汉语的力量非常强大，汉字得到相当程度的流通或者使用。我们了解这个现象就可以了。我们未必要把这看成是一个中心。同样,西方语言我们也可以这样看待。刚才讲到钓鱼岛问题或者二战历史,中国与日本之间的认识有所不同。这绝对是很自然的事情。我们并不是要强调中国和日本的认识有什么不同,只是我们在描述世界历史的时候,我们把它视作整体来看待,在某个时间点上是这样一个现状。然后,每一个描述历史的人视角不一样,这没有关系。这个人是这样看待世界的,那个人是那样看待世界的。我们把它叠合在一起,寻找它们共同点,互相弥补,来形成共识。我就是来做这样的工作。

周振鹤：

羽田正先生给我一个启发:对世界史的认识是可以有多种角度的。羽田正先生提出了他的角度:把世界看成一个。那么如何去看呢,他的这本新书就是要说明这个问题的。也许每个人看世界史的角度是不一样的,而且即使羽田正先生在做出了这番努力以后,大家仍会对世界史有着不同的认识,这种现象肯定是会存在的,而且我觉得是会长时期存在的。羽田先生的报告主要是给我们启发,而不是把这个问题解决掉。我想,这对于我们今后思考世界史提供了一个新的视角。我们可以想到,羽田正先生是这样想的,那我们可以怎样想? 跟他一样,还是不一样? 不一样在什么地方? 我是不是可以自己也想? 这个过程最重要。我们最后再次感谢羽田正先生的精彩报告。

张博、王方　翻译整理

陆辰叶、杨光　校对

阅读明代章回小说的"俗"插图

主讲人：何谷理（Robert E. Hegel）

主持人：王振忠

时　间：2012 年 6 月 12 日

何谷理

　　美国圣路易斯华盛顿大学东亚语言文化系系主任、迪克曼比较文学讲座教授与中国文学教授。研究领域为中国古典文学，著有 *Reading Illustrated Fiction in Late Imperial China*（《中华帝国晚期插图本小说阅读》）、*The Novel in Seventeenth Century China*（《十七世纪的中国小说》）等，合编 *Expressions of Self in Chinese Literature*（《中国文学中的自我表述》）。

王振忠 ｜ 复旦大学文史研究院教授，研究领域为历史地理、明清以来中国史及域外文献与东亚海域史。

王振忠：

我们今天很荣幸请到何谷理教授来文史研究院做讲座。我简单介绍一下何谷理教授。他是美国圣路易斯华盛顿大学东亚语言文化系创始主任、迪克曼（Liselotte Dieckmann）比较文学讲座教授、中国语言文学教授。他的研究领域是中国古典文学，出版过好几本很有影响的著作，其中主要有《阅读中华帝国晚期插图小说》、《十七世纪中国小说》，还有跟其他的学者合编的《中国文学中的自我表现》。今天他所做的报告是《阅读明代章回小说的"俗"插图》，下面有请何谷理教授。

何谷理：

谢谢。我很开心有这个机会跟你们交换意见。我五十年前开始学习汉语，到现在我应该会讲得好一些，不过我的汉语水平还很低。所以请你们原谅，我要用英语讲。希望用幻灯片能让大家更明白我的意思是什么。

近一百年来，中国小说的研究经历了多次关键性的"转向"。我指的是所谓"一系列新问题出现，旧问题开始逐渐退去"（Richard Rorty, *Philosophy and the Mirror of Nature*. Princeton：Princeton University Press，1979，p. 263）

这样的研究理路的转型。在中国小说研究的最初阶段,中外学者都苦于无法获取中国小说传统的丰富资源。经过几代学者的努力,发掘、重刊了超过一千部的明清小说,其中许多是靠仅存的收藏于中国之外的一两个复本而为世人所知。在晚清民国之交,没有一个学者能够说出中国通俗小说的传统究竟有多么丰富。20世纪二三十年代,学界收集了大量关于这类散存文本的资料,并开始编纂作者的传记。所以我们这些中国小说的研究者,无论身在何处,都应该感谢鲁迅、孙楷第、郑振铎以及这一领域——一个直到最近都为"红学"和"曹学"所主导的领域——的其他先驱们。

随后,学术研究的重点转向了探讨名著(包括小说在内)之间的"互文"关系,例如谭正璧等人,就揭示了"话本"形式中复杂的多层次改编。到20世纪中叶,中外的文学批评都企图用当代的意识形态,如马克思主义、新批判主义或其他源于欧洲文化传统的各种理论,来阐释过去的文本。到最近几十年,研究者又重新回到这些书籍原来的中国文化境域中去对其进行检讨。其结果是,各种关于刻本、刻工、书籍的流通,甚至是各个单册的价格的研究逐渐兴起。除了郑振铎和周芜(尤其是周先生作的《徽派版画史论集》,合肥:安徽人民出版社,1983年)等人的杰出研究之外,英、法和日语学界的学者也对这一领域做出了重要贡献。

我自己的研究则涉及到近年来的另一个转向,即研究插图小说及探讨插图与文本之间可能存在的互动关系。这一研究转向主要提出了以下的核心问题:是谁加入了这些插图?它们对文本的意义有何贡献?它们与同时代的更大范围的视觉文化有何关系?我的总目标是要更好地理解这些书本最初被接受的情况——谁会阅读它们,人们是如何阅读的——尽我所能,去进一步理解明清中国的人们为什么要阅读小说。我相信,研究小说中的插图和当时更大范围的视觉文化之间的关系,能够为我们提供仅仅研究小说文本所不能获得的洞识。这要求我们去研究原书或原书的影印本,这样今天的读者就能看到几个世纪之前的读者所看的东西。我现在的研究项目完全建立在《古本小说集成》和《古本小说丛刊》这两种丛书的基础上，大家也能从今天我的这些图片上看出来，虽然不太清晰，但我想，仍然会很有用。

众所周知，虽然印刷术早在唐代就发明了，到宋代已广泛运用于书籍刻印，但直到16世纪的明代后期，"插图书籍"才不仅常见而且还很普及。有不少学者研究过这一现象的意义，但在我看来，在讨论插图小说中图画与文本的关系时，这些研究都陷入了一种僵局——在阐述创作插图的目的或者图像的政治与文化意涵时，学者向来都是很谨慎的。所以他们总是一遍遍地重复旧的观点。这个问题并不只是20世纪的产物，这时的读者已经熟悉了电影，以及混合了图像与语言的电影叙事。有些理论家试图在电影与插图本之间，甚至在现代卡通与早期艺术形式之间寻找共通之处。就像电影那样，插图本的出现最初似乎意味着大众读者及一种新的文化现象。但比起插图小说在明代的普及，很显然，插图书籍的出现要早得多。在所有类型的书籍中，插图的功能都是尽可能真实地再现人物、地点和事情，以呈现对象原初的形象。尽管插图并非艺术，但它们仍然具有教育或道德教化的功能。首先，让我们考察一下作为社会艺术的插图与文人画这种当时的文化精英艺术之间的关系。

在明代，任何图画如果未能迎合精英的高度优雅的品味，就会被学者贬为"俗"。宋代以来，追求"形似"的绘画都是被贬低的。持这一立场的著名画家和作家中，我们可以想到的有宋代文豪苏轼和元代画家倪瓒。晚明的董其昌把有修养的艺术家和绘图工匠分为两类完全不同的人，他的这一观点在当时并非特例。（James Cahill, *The Painter's Practice: How Artists Lived and Worked in Traditional China*. New York: Columbia University Press, 1994, pp. 114-115.）在研究插图时，我关注的正是晚明文艺批评家汪砢玉所认为的"俗"画，也就是追求形似的绘画。除了少数例外，插图的作者都是匠人而非艺术家。我的看法是，不要从有无艺术成就的角度来考察建阳本的插图，而要去关注它们再现人物、关系和行为的功能。在此基础上，我将考察它们在引导文本阅读方面的副文本(paratextual)重要性。

前代的学者们认为,插图小说看起来是为大众而创作的。在马克思主义视角的分析中,明代的一些学者和官员对这类插图以至这些小说本身的贬斥就是对上述观点的证明:儒家学者的蔑视似乎证明通俗小说是为大众读者而产生的艺术形式,因此通俗小说一定反映了大众的价值观与品位。但明代的"大众"并不能阅读,一般的劳动者也没有接受过写作的训练。当然,最近学界已经将这种观点复杂化,认为通俗小说是非主流的精英艺术,就是上流社会的边缘成员为自己而创作的。不过,在讨论"章回"体小说或"话本"故事时,极少有学者会考虑插图的作用。

本文是我正在进行的研究项目的一部分。这个项目通过解读小说文本中隐含的部分、视觉的部分和意识形态部分之间的关系,来追寻明代小说的发展。借用西方小说史家 Franco Moretti 的术语,这叫作"远距离阅读"(distant reading,见 *Graphs*,*Maps*,*Trees*:*Abstract Models for Literary History*. London:Verso, 2005, p. 1)。就是说,我是在一般意义上探究文本、插图风格与内容之间的关系,探究这种新的文学形式的审美,而不是对某一部或某几部文学作品作"近距离的"或细节性的解读。目前我正在研究的是 16 世纪后期福建建阳地区的坊刻本小说。这里我聚焦于一组神魔小说,其中许多都与姓"朱"的书商有关。这些小说全部刊行于万历年间(16 世纪后期,大约 1605 年之前)。我也会提到同时期在建阳刊行的其他类型的一些小说。第一部真正的中国章回小说是 1522 年的《三国志通俗演义》,所有我研究的这些书都出现在 1522 年之后的数十年里。当时,小说已经是一种大量创新的文化形式。我的关注点将主要限定于建阳风格的插图,并不打算将它们与其他地区风格的插图进行比较。(Lucille Chia 贾晋珠,"Text and *Tu* in Context:Reading the Illustrated Page in Chinese Blockprinted Books," *Bulletin de l'école français d'Extrême-Orient* 89(2002), 241-276.)

我在这里的目的,是想指出这些刊刻本插图的一些非常显著的特征,以之作为思考中华帝国晚期中国书籍文化与休闲阅读发展的前导。我会聚焦于那些重复出现的元素,识别其中的模型和模式,并探究其内在的意义。

万历时期(1573—1619)建阳最重要的刻书商是余氏家族,当时他们从事刻书业已经几个世纪了。他们最著名的小说书坊是"双峰堂"。在《三国志通俗演义》出现之后,这个书坊刊印了大量的通俗历史传奇。余氏家族也从事其他类型小说的刊印,特别是历史小说(《列国志》《两晋志传》《两宋志传》《大宋中兴岳王传》《英烈传》《水浒传》)。确实,他们是中国小说兴起的主角,总的来说对图书贸易的发展也起了关键作用。(见 Lucille Chia, *Printing for Profit*:*The Commercial Publishers of Jianyang, Fujian* (11th–17th *Centuries*). Cambridge:Harvard University Asia Center, 2002。)关于这一点,我想已经得到了很充分的研究。

我在这个项目集中探讨了八部小说或短篇小说集,它们都是"上图下文"的样式——每半叶上有一幅插图。一本这种样式的小说或小说集,需要数以百计不同的图画。这类图画数量众多,且它们与文本的关系又非常明显,使我们可以建立某种参照系,用于衡量其他插图,特别是其他地区生产的艺术风格不同且出现在书籍开头自成首卷的那些插图。

基于这一组样本,我进行了一些初步的观察。我认为这些观察与我们对书籍发展的理解有深层次的联系,后面我还会谈到这些诠释问题。

首先,插图画工们似乎使用着有限的形象类型。

在妈祖小说中,有两幅几乎一模一样的插图(图1:第28、195页)有区别的只是武士右手拿的武器不同,一个是戟,一个是缨枪。这类小说中的角色通常都是利用一定数量的模型来创作的。例如,在16世纪后期有关孔子生活的小说中,孔子一般都位于插图的左侧,身着拖地长袍,只露出一双鞋,双手藏于袖中,呈拱手作揖状(图2:《孔圣》,第2、3、6、8页)类似地,在包公故事集里,不同年龄的包公都穿着类似的长袍,而且至少在开头,对场景中的其他角色都持一种极为敬重的神态(图3:《包龙图》,第1506、1508、1509页)。基本上,同样的图像可以出现在多部小说中(图4)。在同时期的历史小说里,也有类似的马与骑马人的图像。这是来自历史小说《列国志传评

图 1 《天妃娘妈传》

图2-1　《孔圣宗师出身全传》

图 2-2　《孔圣宗师出身全传》

图3　《包龙图判百家公案》

图4　《天妃娘妈传》和《达磨出身传灯传》

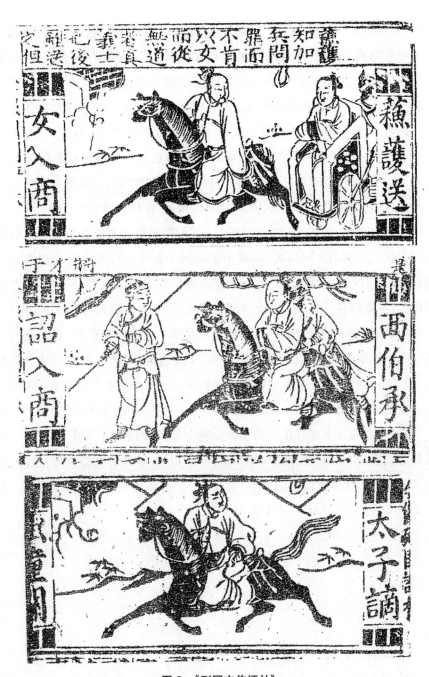

图 5　《列国志传评林》

林》(约 1605 年)里的三个例子(图 5),它们不完全一样。这些马都很相似,但有些骑马的是武士,有些骑马的是妇女。有些脸朝前,有些回头看,这暗示着不同的逃跑原因,但逃跑一直是以向左跑的方式来表现的。这一类的差异意味着这些图画并非相互复制。它们是画工对某个共有模型的快速模仿。妈祖小说里同样的马反复出现了,但是配色正好相反。这里,马的再现完全不是真实性的,而总是表现性的——任何把这种标准形状界定为马的读者,无论是通过故事上下文,还是借助插图的说明文字,都能立即确认这也是一匹马,尽管它看上去并不像一匹马(图 6:第 150、156 页)。

1600 年以来,在戏剧表演中,完全不同的两个场景可能是由穿着相似服装的演员来表演的。同样的,这些小说插图中各种妖怪和人物着装也是如此相似(图 7:《天妃娘妈传》又名《天妃济世出身传》,1600 年)。这里从左边开始,有一条鳄鱼、一只猫、一个人和孙悟空(图 7:《天妃》,第 29、34、40、113 页)。每幅图边上的文字说明了图中画的是哪个角色。相似的,在同期的一部公案小说集中(图 8:《皇明诸司公案》),断案官员和犯人的服装也很相似,犯罪的和尚和女受害人的穿着也差不多。这部小说集和前面提到的《列国志传评林》都是由余象斗刊印的。甚至在《有夏志传》这部幻想小说中(图 9),其刊行时间比上述其他两部小说要晚十年,新的夏王孔甲和伟大射手后羿都穿长袍,和上面其他插图中的服装都很相似,尽管角色的身份、年龄、地位甚至历史时代都有很大的差异。(见《中国通俗小说总目提要》,北京:中国文联出版公司,1990 年,251 页。)

图6　《天妃娘妈传》

图 7 《天妃娘妈传》

图 8　《皇明诸司公案》

图 9 《有夏志传》

　　大部分小说中,标准模型的使用不会妨碍理解图像的意义。相反,有权力的人总是位于插图右侧,或站或坐,很容易识别;其他人物位于他的前方,或站、或坐、或跪、或拜,总是在插图左侧,而且始终会比右侧的人物低(图10:《二十四》,第1—2页)。在小说集《二十四尊得道罗汉传》(1604 年,朱星祚著)刻本的第 1 页上,父母二人相向而坐,但父亲在右侧,地位更高;而相对于长眉罗汉这位年轻僧人而言,父母二人又都在右侧。在第三段故事中,图像左侧一个年轻和尚,请求右侧的悟空大师(并非美猴王)收他为弟子(图 11:第 28 页,另见第 113 页)。此外,在史前中国的历史纪事和公案小说

图 10　《二十四尊得道罗汉传》

图 11 《二十四尊得道罗汉传》

集里,都用了这一惯例来表现身份差异(图 12)。在每个案子里,官员都在右侧,或站或坐;而请求援助或履行规矩的人在左侧,或坐或跪。这些图像向每位读者呈现了易于把握的场景;而图边的说明文字或下方的小说文本则解释了每幅图的独特之处。

读者常常能看到佛祖或某位菩萨坐在方形高坛上的图像,就像这幅《华光假天尊讲经说法》[图 13,《华光天王南游志传》,余象斗(1560—1637)著]。这个传统可追溯到现存最早的佛经刻本(图 14),即 9 世纪的《金刚经》,发现于敦煌,现藏于大英图书馆。依靠小说《南海观世音菩萨出身修行记》(朱鼎臣著,1590 年?)里面粗糙但仍有启发性的图画,我们可以很确定地将其解读为一个佛教徒的坐像,因为图画中的人物作为菩萨(图 15:小说封面,见周心慧《新编中国版画史图录》,北京:学苑出版社,2000 年,第 148 幅图)通过苦难证明了妙善的大慈大悲。这里有鹦鹉和花瓶,这些也可用于在明代更为正式的宗教画像中识别观音(关于佛教寺院和艺术中观音的典型随身法物的变化,见 Chün-fang Yü 于君方,*Kuan-yin: The Chinese Transformation of Avalokiteśvara*, New York: Columbia University Press, 2001, pp. 438-48)。但在 1600 年前后同样刊于建阳的杨致和《西游记传》里,观音仍被看作是一个神,虽然并没有鹦鹉或其他象征物(图 16)。

图 12 《包龙图判百家公案》和《盘古志传》

图 13 《华光天王南游志传》

图 14 《金刚经》(868 年)

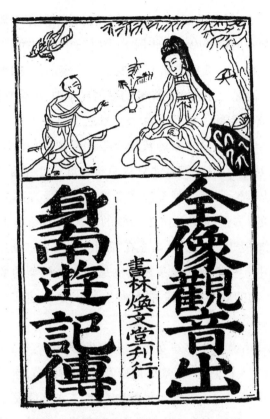

图15 《南海观世音菩萨出身修行记》

图16 《三藏出身全传》

　　我的第二个观察是,插图画工们在创作时并不局限于既存的模型。这不是一个被限死了的模型库。这些例子(图17)中,室内场景的后面,图画右侧都有一堵画有山水的墙壁。墙上大多绘有三座山,中间那座山常会被一个人物给挡住。这是一个惯用的标准的室内场景图,无论它是一个寺庙、衙门抑或是一个富家宅邸。然而在这个背景之前呈现的图像则是非常不同的。即使在我今天展示给大家的数量有限的插图中(图18),也能够看到不少明显是原创的元素,它们并非只是简单地重复已有的模型。例如在这里,所有背景是基本一样的,但其头像却各不相同。左边插图中两个人物的衣着是一样的,右边插图上位于右侧的两个人的长袍也是一样的。同样,在"孔圣"和"达摩"小说里,站立在插图左侧的人物显然是基于同一个模型。三幅图中人物长袍的线条显然也是同一个模型的变形。而且在其中两幅图里,人物的双手都是藏在长袖之中的,这是建阳本的插图里常见的姿态。

　　"牛郎织女"小说(《牛郎织女传》,朱名世著,1605年)里的插图更精致一些,它们画出了人物面部、背景结构以及物体的细节,包括小说首页的群山与云朵的细节(图19)。在使用阴影和云朵、流水等精致细节方面,这幅图看上去更像是一个传统山水画家的作品,而不是一幅普通的建阳风格的插图。这些变化——以及一些只有50到70毫米高的小插图所展现的许多细节——显示出即使是这些几乎不为人知的小说的插图画工和刻工,也并非如人们通常认为的那样粗陋。如果考虑到必须迅速创作大量图画,工作的时间压力极大,那么每个元素所能占用的时间一定不会很多。草草几笔就算完成,随即转到下一幅,这一定就是这些商业艺术家的工作方式。此外,如果绘制插图的工匠还要负责刻板,那么就不难理解为什么这些插图会缺乏创造性了。尽管如此,相比清代那些最糟糕的插图,这些晚明的作品还是值得一些赞赏的。

图 17　《达磨出身传灯传》

图 18 《孔圣宗师出身全传》、《达磨出身传灯传》和《天妃娘妈传》

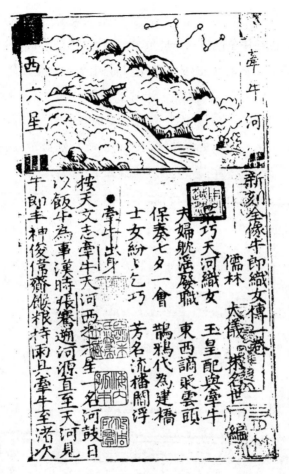

图 19　《牛郎织女传》

　　第三个观察是,插图画工们创作图画时并不总是很严肃。

　　在这些小说里,经常会看到以颠倒位置或配色的方式来重复使用一幅图画(图 20:《天妃》,第 176—177 页)。还是来看马的例子。请注意这里人物形象,在各幅图里都有所修改——和马一样,头像相同但方向颠倒了——有些背景细节也是如此。《二十四尊得道罗汉传》里,在两个极为不同的环境里使用了同样的老虎形象(图 21:周心慧《新编中国版画史图录》,第 134、137 幅图),但两幅图里的老虎看上去都更像在玩耍而非作凶恶状。这个形象在引导读者想象老虎的大概形状的同时,似乎也是要娱乐读者。注意第

一幅图里山羊的姿势正是复制了右下方图里老虎的姿势。杨致和《三藏出
身传》(图22)也使用了同样的老虎形象,虽然这里的姿势不是很清晰,但它
一样显得搞笑而非凶恶。很难分辨我们看到的究竟是后背还是身体的侧
面。只有在《有夏志传》里(图23),出现了一个不同的老虎形象。其他老虎
看上去都一样,但这里他们并不是老虎而是虎身人首的妖怪正在威胁行路
的大禹和他的随从。为了更清楚地呈现它们的特别身份,这些怪兽是像人
一样用后肢站立——尽管它们的脸和人脸完全不同。

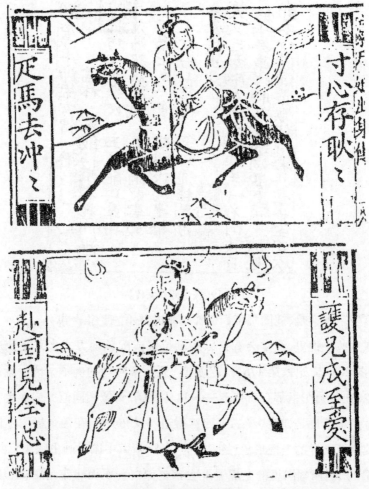

图20　《天妃娘妈传》

图 21　《二十四尊得道罗汉传》

图 22　《三藏出身全传》

图 23　《有夏志传》

　　在插图里讽刺性地使用熟悉的元素是和文本本身的讽刺效果相互呼应的。例如读八仙小说(《八仙出处东游记》，吴元泰著，1596 年)时，如果有哪怕极少的道教知识，就会看出它是模仿全真道教内丹修炼法的艳情小说——尽管对无知的读者来说它可能就是一部黄书(这解释了清朝为何将之列为禁书)。而且，八仙之一的吕洞宾(图 24)还和早先《西游记》里的唐僧故事形成了对比:虔诚的三藏和尚必须保持贞洁以成正果，而在八仙小说的第二十七、二十八回里，吕洞宾却必须和妓女白牡丹行房以成仙——不过这是一种非常物质性的长生不老。这里请注意，仙人出生的床和他最终成仙的床(就是他与妓女行房的床)几乎一模一样;妓女和吕洞宾的母亲看上去也很相似。把两幅图放在一起比较,就会很有趣。对高明的读者来说,把仙人的放纵与精神的贞洁混在一起,大概是非常有讽刺性的——就像禅宗公案那样可以娱乐读者。华盛顿大学的博士生王蔚最近发现,《天妃娘妈传》有许多对先秦文本中的元素如《战国策》之类的改写,非常有趣。文本中的讽刺,在小说插图里的讽刺元素那里得到了呼应。

图24 《八仙出处东游记》

　　这个卧室景象在不同小说里有完全不同的含义。图25第一幅是龙王出现在唐太宗的梦里。第二幅里,孙悟空变成一个地主的女儿,等着擒拿后来被称为猪八戒或猪悟能的猪妖。对那些能够发现这种重复的读者来说,这样的对比会很滑稽。对我来说,大唐皇帝和一个村夫的女儿睡在一样的床上,已经很搞笑了;可是第一幅图是皇帝在梦中见到来访的龙王,而在第二幅里,则是孙悟空变作一名妙龄女子等待一头欲火难耐的猪。这本身也构成了鲜明对比。两幅图都有启示意义,但第二幅有深层的哲学意涵。

图25　《三藏出身全传》

我的第四个观察是,插图画家遵循着和其他专门艺术家相同的手法。

明清时期中国的专业画家或文人画家在构造图画时,都会重复或稍作改造后重复使用既存元素(图 26:董其昌《集古树石画稿》,1611 年,北京故宫博物院藏。见 Wai-kam Ho 何惠鉴, ed. , *The Century of Tung Ch'i-ch'ang*. Seattle:University of Washington Press, 1992, vol. 1, pp. 172-73, Plate 1)。艺术史家已经对这种手法进行过研究。雷德侯(Lothar Ledderose, *Ten Thousand Things:Module and Mass Production in Chinese Art*. Princeton:Princeton University Press, 2000, p. 163)指出,当画家在艺术形象与这些形象所对应的真实事物之间建立关联时,"母题和形象类型并不是物理意义上的模块,而是画家们使用的通用配方"(图 27:董其昌《高逸图》)。雷德侯的评论,在这幅晚明文人画家董其昌的作品上体现得再好不过了。他的大量作品,被艺术史家高居翰(James Cahill, *The Painter's Practice:How Artists Lived and Worked in Traditional China*. New York:Columbia University Press, 1994, pp. 95-96)称为"独一无二的、个性化的画作"。但董其昌和宋代以来(或许也包括宋代以前)的其他画家一样,会事先创作可在日后用于正式画作的草稿"粉本"。虽然这种作法在这幅画上体现得并不很明显,但董的朋友陈继儒也曾指出,董其昌在作画时会利用粉本。在董家遭受火灾、画作散落之后,陈收集了不少董其昌的粉本手卷(Cahill, *Painter's Practice*, pp. 100-01. 陈继儒的评论,见 Ho, ed. , *The Century of Tung Ch'i-ch'ang*, vol. 2, p. 29)。

在创作那些似乎无穷无尽的插图时,图书工匠们大概也采用了类似的手法。也就是说,插图画家们高度依赖既有的视觉方案,相互共享着各种母题、人物类型甚至装饰性细节。比较董其昌的《高逸图》和他的粉本画卷的细节,我们看到这些树木虽不完全相同,但很相似。图中的树木显然会让人联想到画家的粉本。清初戏曲家、作家李渔(1610—1680)及其家族出版过著名的《芥子园画传》(或《芥子园画谱》,1679 年)。董其昌所遵循的,正是这本几十年后出版的绘画范本所代表的典型手法。高居翰曾说过,这本《画谱》"本质上是一个被公开的传统画家的手册或资料库";它是画坊培训学徒

图 26　董其昌《集古树石画稿》

图 27　董其昌《高逸图》

模仿大师画风所用的图册(Ledderose, *Ten Thousand Things*, pp. 203-13,探讨了明清文人画家创作中的模块化)。虽然就我所知,迄今尚未发现画匠特别是插图画工们用过的类似图册,但肯定曾经存在过这样的图画集,供1600年前后的建阳插图画工们从中按需抽用。

　　至此,我想提出一些初步的结论。到目前为止,我给大家看的都是很直白的。任何人,如果像我一样花这么多时间看这些书,都能发现上述现象。现在我想探讨一下,从中能够得到哪些有关晚明阅读行为的启发。

　　首先,插图通过重复制造了熟悉感。所有这些插图都在一定程度上反映了对既有模型的使用,但这并没有限制画家的创造性(Ledderose, *Ten Thousand Things*, pp. 203-13)。它们应该被视为是对模型的"改造",而非仿造。模仿可能意味着没有变化,但事实上模型的使用有很大的灵活性。这种图像和图像元素的重复带给读者"熟悉感",因为熟悉的图像会在大多数建阳本小说的插图中经常出现。熟悉感带来阅读的舒适体验。正是这一点让通俗读物可以"通俗";而且似乎还有助于阅读的满足感,就像人们阅读其他更严肃的书籍如正史、地方志那样,发现某种重复的模式,会让你很满意地感到已经找到了你所要找的东西(关于休闲阅读,见拙作 *Reading Illustrated Fiction in Late Imperial China*. Stanford: Stanford University Press, 1998, pp. 322-26[①])。熟悉感还意味着图像"补充而非替代了"文本。就是说,一本小说的最基本元素毕竟还是故事文本,插图并不会和文本竞争,相反,它们丰富了文本。力图让读者熟悉图像的作法,或许也可以解释为什么插图里英雄人物与反面角色的形象(representations)常常相差无几[我特别使用了"representation"这个词,以避免任何有关"realism"的技术性问题。通常,我这里讨论的图画,都是用于在视觉上呈现(represent in visual terms)出自其他来源的行为或物体,后者或源自日常生活,或出自插图对应的榜题或小说正文。W. J. T. Mitchell, *Picture Theory: Essays on Verbal and Visual Representa-*

①该著作最近已出汉译本:[美]何谷理(Robert E. Hegel):《明清插图本小说阅读》,刘诗秋译,北京:生活·新知·读书三联书店,2019年。

tion. Chicago：University of Chicago Press，1994，pp. 345-362,讨论了"realism"
的哲学意义]。类似地,许多妖怪或动物也会穿着衣服,像人一样直立。有意
思的是,插图中脸和身体是独立的元素;猪八戒和其他一些动物拥有人的身
体,但头和脸明显与人完全不同;而《有夏志传》中袭击大禹的妖怪则是人的脸
庞长在老虎的身体上。无论哪种情况,熟悉的部分为读者提供了理解的途径。

虽然插图背景的有些部分可以提示核心角色的身份,但只有插图榜题
和相应的文本才能真正把各个角色区分开来。所有图画都呈现了人类的相
似性,同时绝大部分图画呈现了通常的社会情境。但所有插图都更倾向于
普遍化而非特殊化;图像必须依赖文本和榜题,才能被区分开来。

插图还能够在被叙述的事件与读者个人的日常经验之间建立认同。我
想很多人会不同意我的这个看法,但我会尽量解释。超越日常范围的体验,
会经由一些很明显的特殊符号,和普通的人类事件区分开来。当神迹出现
时,读者总是会看到有特别的云团缭绕在相关角色周围;除此以外,这些力
量强大的神仙看上去都相当平常(图28)。例如,要识别诸如妙善这样将会
成为观音菩萨的神仙,其线索就是云朵;像老子这样的仙人也会被云朵包
围,以表明不是凡人。即使如此,这些角色的形象显然是人的样子。这里,
云朵的母题突出了一个妈祖小说里的土地神(图29:《天妃》,第225页),下
面这幅就是妈祖女神了(《图录》第180幅图)。这里 (图30)的《三藏出生

图28　《八仙出处东游记》

传》插图里,片片白云展示了孙悟空、他的对手以及前来帮助美猴王的观音的神力。但是对有些插图,必须利用这些线索才可能解读。这里我们看到,上面这幅插图左边是孙悟空,可是在我看来他的脸更像一只狐狸,而不是一只猴子,他的身体完全是对手身体的镜像。不过还是要说,我也不是那位插图画家。在这本小说开头章节的几幅插图里(图31),我们看到了这张被认为是猴王的脸。这张面庞确立了整个小说里这个角色的面部特征,这和特定脸谱可以界定特定舞台角色的功能是一样的。

图29 《天妃娘妈传》

图 30 《三藏出身全传》

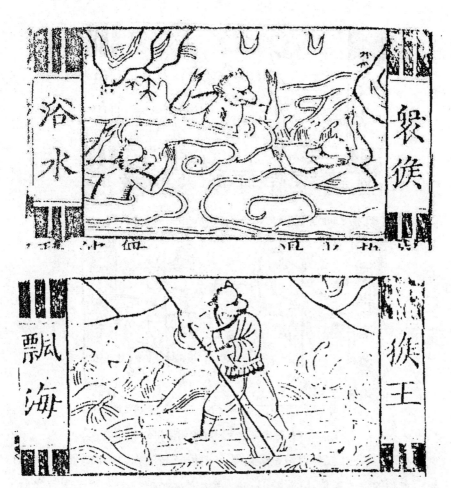

图31　《三藏出身全传》

　　不过,看这幅似乎在跳舞的孙悟空图(图32),光从插图榜题很难看出是什么情节。但如果我们比较悟空的姿势和公案小说集里其他角色的姿势,就能发现这个姿势表示战斗,这是建阳的惯例。奇怪的是,八仙之一的李铁拐也是这个姿势。所以,是猴王想要从李铁拐那里学法,还是在别的小说里这位战神具备高超的武艺,我们有必要寻找精神上的共通之处。我还没有找到特别令人信服的共通点,但把这个模型应用于孙悟空的神力应是想向读者传达某种熟悉的信息,使得文本与读者所了解的生活之间可以更协调。

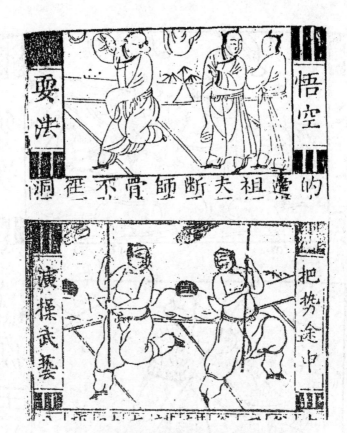

图32　《三藏出身全传》和《皇明诸司公案》

我在前面说过,权势通常是经由某个地位较高的人,坐在椅子上且背对一幅山水画的形式来传达的(图33)。变化之一是把这个人置于案台之后,案前则跪着有所乞求的人,再通过榜题来说明其呈现的具体情境。这是当时一部公案小说集中的第一幅插图(图34);这是案桌(装饰着漂亮的桌布),法官面前跪着他的下属。比较同时期福建刊印的其他小说,里面的插图或者更加复杂,或者更简单但比较精致。图35是一幅八仙小说的插图,里面有许多精心绘制的细部;注意这里李铁拐瘸的是左腿,在别的插图里他瘸的是右腿。比本文研究的神魔小说稍晚几年,建阳书商余季岳刊印了一系列历史小说,里面有绘画和雕版都非常精美的插图(图36)。它们的尺寸比其他插图要小,不是那么长。

图33 《二十四得道罗汉传》

图 34　《皇明诸司公案》

图 35　《八仙出处东游记》

图36 《盘古志传》和《有夏志传》

另一方面,1600年前后建阳刻印、流通的通俗公案小说的插图(图37)构图都比较简单,细节很少。不过尽管有这些差异,所有插图都是企图以熟悉的方式再现生活经验。我会觉得这样做的目的是要增强读者对各种小说角色的情感认同。

图 37 《包龙图判百家公案》

虽然插图里的角色或情景很魔幻,但看到这些角色以熟悉的方式行动应该能够提高对文本的理解程度。就是说,如果读者可以感知插图所呈现的人物与情境的日常性,会令读者更加接近这些角色。大家看到,我正在阐述一种同情的阅读(sympathetic reading)。要彻底领会古典诗词,必须有深刻的情感投入,看来小说的读者们也是这样做的。

能够在一定程度上认同插图中的各种小说角色,强化了许多小说所要传达的基本信息,就是这些非凡的小说主角在本质上所具有的人性。妈祖是如此深爱她的家人,因此她修得了超凡的力量来保护他们。当然我们不可能这样,但我们会认同她对家庭的那种亲切与关怀。妙善是那样的执着于佛教的苦行与冥思,无论父母怎样待她好,她都一再地违背他们的意愿。甚至是那些有着强烈的欲望和不安(同样也是我们能够感受的东西)且与任何普通人一样也会犯错的八仙,在小说中都是可以被原谅的。这些或许会给读者一种潜意识的希望,希望自己的类似错误也会这样被原谅。

图 38 这幅插图中,织女正在沉思。大部分插图的重心是人的动作,因此这个场景很特别。它可以帮助读者理解牛郎和织女之间纯洁而忠诚的爱情。图 39 里,牛郎也若有所思。这种同情,能帮助读者体会两人的爱情可以这般炽热,以至两个本来勤勤恳恳的年轻人会忘掉他们的家庭责任;这让小说糟糕的剧情变得合理起来。这并不是一本很好的小说。

　　二十四尊罗汉的故事揭示出，在许多情况下，即使很虔诚的人也会领悟不了大乘佛教的深奥真理，特别是如果后者以禅宗的方式呈现出来。所有这些特点都与那种认为大部分神灵的前身都是凡人的传统观念非常合拍。传统观念认为，许多原本的凡人通过把某些人类共有的品质推到极致而变成了神灵，这些品质包括怜悯、博爱、治病消灾、守贞、懂礼、诚实。这并不是说，读者在任何时候都会设想他自己也能成为神灵；但所有这些角色，无论怎样虚构，在小说或插图里都从未被呈现为一种太过陌生以至难以理解的形象。我认为如果我们能想想20、21世纪那些幻想小说和电影，上面这一点会更容易理解。在那些小说和电影里，我们试图寻找一种新的叙述方式，但都太过陌生。

　　相反，能够理解并在一定程度上认同典型角色，就会把角色的道德标准摆在凡人能够到达的位置。与那种只有真正特别的人或者说超人才能够掌握的罕见能力不同，这些典型角色的力量可以鼓励读者去效仿，去发展他们自己的类似力量，或者说去克服我们自己的类似弱点。插图再现了这些共通之处，而榜题则引导了对故事的理解。对小说文本的投入达到这一程度，会极大地增强阅读的愉悦感，并且无疑促进了作为文学形式的小说和短篇故事的流行，尽管我今天探讨的这些小说中没有一部能够像那些名著一样长久地受到人们的欢迎。

图38　《牛郎织女传》

图 39 《牛郎织女传》

　　最后,我想从插图小说的研究谈一些对晚明阅读的比较一般性的思考。首先,这些插图数量庞大,它们不可能是某一个工匠甚至某一个书坊的作品。肯定有数以十计甚至更多的人参与其中。他们为这些为数不少的书籍绘制了插图,并把它们雕刻到每一块书板的上半部分。如果有这么多人参与了插图的生产,那么为什么这些插图会如此相似呢?

当我们真正近距离地观察这些数以百计的小说插图时,马上就能发现的是,插图拥有一套公认的"词汇"和"语法"。插图画工们创作的绝大部分作品,都是以这些被广泛接受的人物模型为基础的。也就是说,和戏剧舞台一样,小说插图也有一系列角色类型,这里我们甚至可直接套用戏剧术语"角色"。他们也和舞台上的人物一样,服装可能是相似的,但帽子、胡须以及其他外在特征则有所差别。各种角色在登上舞台时会申明自己的身份;类似地,插图的角色会通过每幅图的榜题来表明身份。读者在阅读文本时,稍微向上扫一眼插图就明白他看到的是什么人或事物;他不需要费心思去琢磨这些人物是谁或者他们在故事里有什么作用。

插图角色之间的互动遵循着固定且是约定俗成的方式。例如,角色常常会表现相互的恭敬,他们清楚地展现了晚明的社会分层。在这几页上,我们看到:小孩在父母面前下跪;犯人在官员面前下跪;寺院里的年轻僧人在他们的精神导师面前下跪;大臣们则在他们的君主面前下跪;士兵在将军面前下跪。两个人坐在一起,身体平行或呈九十度,表示他们在商议事情。武器交叉则代表冲突。一匹马向着插图的左侧奔跑意味着逃跑。躺在地上双眼紧闭的人,很显然是死了。所有这些情景都是以很容易理解的形式来呈现的。

各种不同的角色在插图中呈现出的相似性,表明插图画工中间有一套共享的视觉惯例。进一步来说,大量建阳本的插图所共有的视觉语言显示出,万历时期福建的插图画工们广泛使用了模式手册(pattern books)。

考虑到这些插图所处的时代背景,这种标准化的意义就会更加突出。插图视觉语言的各种元素与其他艺术形式的很相似——从正式的肖像画到高档瓷器上的图画,毫无疑问,它们的模式手册有很多共通元素(这些共享的图画或图画元素在更加复杂的徽派插图里的表现明显得多。参见拙作 *Reading Illustrated Fiction*, pp. 250–289)。插图当然不是高雅艺术,但熟悉当时上流艺术传统的人,对这些插图的含义一定不会感到陌生。就像汪砢玉带有贬义地说的,插图的重点在于"形似",这一点使之与极其个性化的文人画相比显得"俗"。与更加高雅的艺术相比,插图里的人物和场景是简化且标准化的,它们与陶瓷、刺绣、大城市销售的装饰画乃至当时高雅得多的"画谱"里的形象有更多相似之处。因为是熟悉的画面,其含义对每一个潜在读者来说都是极易理解的[见拙作 *Reading Illustrated Fiction*, pp. 255-289。这类模式手册(pattern books)没有留存至今,可能是当时插图画工或书坊之间的竞争的结果;显然,就像戏剧的脚本一样,这些书只在很小的范围内流通。参见 Clunas, *Pictures and Visuality*, pp. 51-54]。用柯律格(Craig Clunas)的话来说,这些现在稀见的小说插图是"一个曾经繁荣的绘画产业的遗迹"(Clunas, *Pictures and Visuality*, p. 45;这里他提到了画坊生产的商品画,例如 p. 71,图 34)。

　　最后我还想说明,插图为这些小说添加了什么。我相信,把这些插图和著名杂剧《西厢记》里的一幅插图进行比较,就能够得到答案。这部杂剧有许多昂贵而精美的版本,都刊印于明代江南的城市里。大部分版本都有主角崔莺莺的一幅半叶肖像。所有人都说它们代表的是一个非常美丽的年轻姑娘(图 40:闵齐伋绘刻《西厢记》和《张深之正北西厢秘本》的莺莺像)。明清时期有大量诗歌乃至八股文赞颂过这位女性甚至是这幅肖像的美丽。然而,所有的莺莺像看起来似乎都一样,至少在我看来,它们并没有表现出任何一种特定意义的女性美。但这些肖像确实提供了一个框架,让我们可以通过想象,在这个框架之上建构我们自己所见过的最美的甚至是比那更美的面容。插图并没有"再现"一张美丽的面庞,它只是"象征"了那种美丽,而由我们在阅读时创造出美丽来。但在我们读者的积极想象中,我们又必须把美丽投射到这一组简单的曲线之上。

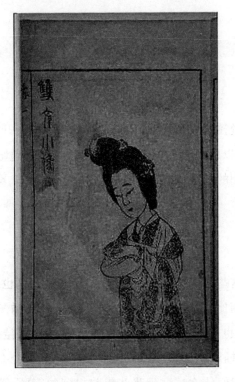

图40　闵齐伋绘刻《西厢记》和《张深之正北西厢秘本》的莺莺像

通过重复熟悉又易于辨认的元素，通过将有限的视觉信息置入上下文中，插图里的简单线条，为读者带来了可预见感和熟悉感。插图提供了一个了解人物和事件的角度，并验证了文本的叙述。同时，插图画家也教给读者应当怎样阅读：即"想象地"阅读，要为自己创造出愉快的且能沉浸其中的消遣，这就是全世界的读者后来所谓的休闲阅读——为快乐而阅读。插图小说的大量涌现，最早是在福建建阳地区；在那里，我们看到在《三国志通俗演义》刊行之后的一个世纪里，各种小说品味与流行的起起落落。因此可以说，是建阳书商教会中国读者如何为快乐而阅读；同时，中国小说研究的视觉转向更加充分地揭示出这些并不是很有魅力的书籍在明清的通俗小说发展中的重要性。

提问与回答

王振忠：

谢谢何谷理教授的演讲。我们下面还有些时间，就开放给大家；大家有什么问题的话，可以跟何教授沟通。我先请教一个问题吧。您刚才主要是用了很多福建建阳的图像，如果多用一些"徽派"的插图，会不会造成结论的不一样？

何谷理：

我开始研究这些福建插图，是因为它们最不吸引人也最不艺术化，而且与徽州派的插图相比，它们也不为人所知。因为徽派插图出现在现存所有的小说名著（有些也不是很有名）和许多如《西厢记》、《琵琶记》等经典戏剧里，徽州画派属于插图中的艺术家。因此我很好奇为什么福建插图能够流行？它们能告诉我们什么？这是我几年前想到的问题，徽派插图的尺寸更大，人物也更大，纸张更好，它们常出现在更昂贵的图书里，出现在今天复旦和世界许多地方都有收藏的善本里。我今天谈的这些书，大部分保存下来一两个版本,人们不认为它们有价值,因而也不收藏。举例来说,1522 年版的《三国志通俗演义》,现在大概有 25 个本子分散于世界各地。它们当然是很重要的书,也被当成重要的书而收藏起来。我想那些有徽派插图的书都是作为高质量的善本被收藏的。它们当然也代表了一种新的流行的阅读方式的发展。而我一开始提到的那些历史小说,其中大部分我们已不再阅读,因为它们被后来的各种改编本取代了。这些书都刊行于福建。它们流行一段时间,然后就被人们抛弃了。公案小说的潮流从福建兴起,只流行了大约三十年,就消失了,不再有人读了。神魔小说也只流行大约三十年,由于各种原因又消失了。到了清代公案小说又再次流行起来。中国学者陈大康首先指出这些阅读潮流的起起落落。在研究小说史时,我试图探讨我们从这些潮流的起落中能看到什么。建阳刊印的书如历史、神魔、公案小说等,一个共通的元素就是它们的插图。我就开始看能否发现一些不同,到目前为止我还没有发现。它们大体上是属于一类的。不过,这个插图流派的作品都不是很有吸引力。

学生:

我有两个问题。第一个是,我认为您的演讲主要集中于插图的特征,我想更多地知道当时文人圈的变化。您讲到神魔小说,我想知道它们在当时的地位,什么样的读者会读它们? 是否流行于文人圈,还是只在下层社会流行? 是否可以说,插图虽然不是,但小说本身可以是一种文人艺术?

何谷理:

我已经说了,当时的下层人民可能根本没有阅读能力,我们要想谁可能是这些文本的读者。我想,当然是那些有闲暇去学习识字并能了解各式的人物与生活方式的阶层。

我试着在阅读这些小说时不带个人主观。当然,很难完全避免。在我看来,如果你用小说本身所提供的证据,你可以有多重解读。一种是这些小说的故事梗概相对容易把握，因此一个人不需要有很好的阅读能力就能掌握。另一方面，很多这类小说运用着大量反讽，就是说，本来应该是正面形象的人可能以笨蛋的形象出现，他们做矛盾的事，说矛盾的话，显得很搞笑。例如，妈祖小说里有两个角色，一只老鼠和一条鳄鱼，他们就像是舞台上的喜剧角色，做着各种蠢事。但它们并不邪恶或下流，他们吃某种鱼，不对任何人有害，也不像《西游记》之类神魔小说里的妖怪会对人产生威胁，必须吃某种东西。它们只是一些可笑的角色。王蔚，华大的一个研究生，发现妈祖小说里引用但又扭曲了大量先秦文本，如《论语》、《孝经》、《战国策》等。我在想，任何经过良好教育的人，应该都能读懂这些暗示而且能抓到这些暗藏的笑点，应该能发现这些书有趣。我不能把它们与四大奇书这类精致的文人作品作比较，后者有着多层的哲学、艺术内涵和很高的文学成就，这正是奇书所以能"奇"，而这些书却不能的原因。但绝不是说这些书没有价值，我想它们的价值就在于读者从中能发现的幽默。我想公案小说消亡的原因之一就是它们太简单直白。虽然还有待进一步研究，但我想先做个小结：这些小说里所体现的，是某种对小说艺术的实验，像如何处理长篇的叙述、如何创作或改造来自其他材料的角色等。途径之一就是幽默，用它们来制造快乐。我从文本本身发现了证据。有些读者会很有创造性地把它们与早前的作品相联系，并视之为一种消遣。可能是因为故事梗概都很简单，那些没有这种阅读能力的人也可以理解表面的故事。我们没有办法知道某一本小说的读者面究竟有多广。我想大家在十四五岁读《红楼梦》的时候应该并不能完全理解它究竟在讲些什么，但如果现在或你五十岁时再来读，就会发现它可能是一个完全不同的文本。作为一个六十多岁的外国人，我在阅读中国小说的过程中发现，我二十五岁读完研究生时自以为已经理解了的文本，其复杂度远超过二十五岁的我所能理解的范围。这并不是说我的阅读中文的能力提高了，而是人的阅历不一样了。我说过，许多福建小说是由姓"朱"的人刊行的，我不确定能不能区分，这是一个人还是五个人，以及这五个人是否有联系。但很可能这些小说并没有花费很长的写作时间。四大奇书显然都是花了很多年去对小说的场景和复杂性进行创造。在这些名著里,悲剧、喜剧、讽刺等元素混合在一起。当然讽刺绝非四大奇书所独有,我想现在有些过于强调这一点。在其他小说里也可以看到讽刺的片段,只是它们未能像在名著里那样连贯。所以,当我说插图中也有讽刺元素的时候,我是觉得插图和文本其实是在玩同样的游戏。

学生:

我的另一个问题是,这些插图让我想起另一种艺术形式——"年画"。我想,后者兴起于晚明,清代流行于全国。两者之间有一些相似之处。我简单提两点:首先,年画也有各种模式、模型,如门神、福星及其他角色。其次,年画也流行得很广,全国各地都有画坊,如天津杨柳青、苏州桃花坞。我想知道两者有无联系?比如说小说插图的流行促进了后者。因为,年画对普通人更重要,代表每年一次的对来年的祝福。

何谷理:

我认为你的问题很好,因为我觉得所有艺术形式之间都存在着明显的联系。从董其昌甚至可能更早以来,区别艺术形式的"雅"与"俗"已是一种传统。"俗"是一种装饰艺术,"雅"是文人画家的深层个性的表现。但事实上,如果看到所有这些艺术形式中出现的各种元素,就能发现它们的共同点。并不是说它们都在同一个艺术水平上,但它们有共同点。我会觉得,从一个更广阔的视角来看,在明清时期形成着一个重大的艺术传统。它重新证实了多种高雅艺术或者向技巧发展,或向着抽象发展,如八大山人的作品那样。这些元素也出现在了诸如瓷器、刺绣、插图等各种艺术形式里,无论贫富大家都可欣赏。年画都不讲什么复杂的故事,都是熟悉的如民俗这样的故事,一般都很简短。坦白说,年画比插图在艺术上更精致,至少我看到的保存下来的年画是这样。我想绘制年画的艺术家肯定花了更多的时间。年画也比插图更大。考虑到年画的尺寸,书里根本没有地方来容纳一幅精致的图画。考虑到图画的流通,这一点也很重要。这是一个艺术史家比我更了解的领域,我不能装作很内行的样子。图画作为礼品被赠送的情况也有了发展,例如作为婚礼、生日的礼物等。因此,每种画都是在一定的情况下被赠送,如山水画和花鸟画就是在不同的情况下被赠出的。在晚明特别是在各种插图日渐流行的同时,这类赠送图画的行为也普遍起来。我想年画实际上在清代更为普遍。所以这是一些史学家所认为的一种视觉文化的发展,甚至是视觉文化的爆炸,从特别重要的 16 世纪明代中期到清末乃至20 世纪。在这段时期可视性非常重要,人们越来越关注这一点,也越来越享受视觉的刺激。在这种情况下,徽派插图在小说或小说集的开头构成单独的一卷,被当作画谱使用。看看明清小说现存的那些年代很早的版本,如果在小说开头有一卷图,那么这些图的纸边总是比小说中其他纸张更脏、更破,说明人们在看图上花的时间比阅读文本的多。可视性非常重要。

学生:

我们看到,您指出插图使用了惯常的模式,它们促进了读者的情感认同。另一方面,能否说插图也发挥了一种补充的功能,或者换个角度去说,插图在鼓励读者阅读?

何谷理:

我想你说的很对。让非凡成为熟悉的过程,会使非凡的、道德纯洁的角色更加易于理解。例如,大家想想妈祖这个角色。我们知道她可以挽救她的父兄免于海难。我们很容易理解为什么她要挽救这些人。当然我们没有她那样的感受,也没有她那样的本领,但我们可以理解她的感情。这正是文本所做的事情。比较奇怪的是妙善,她太特别了,以至于有些怪诞。但她的力量仍然是通过她愿意为父亲治疗疾病而作出各种牺牲来体现。她牺牲了她的眼睛、她的双手,还有各种吓人的事;相关的插图也显得比较可怕。但故事里给出的并不是某种抽象的牺牲,而是一种真实的而且可以理解的牺性。我想这是很重要的因素。对高明的读者来说,这当然不是特别有意义;但对更一般的、不是那么高明的或者是年轻的读者来说,事情会更清楚。关于读者,我还想再说些更一般性的。每次我们在阅读时,至少每次我在阅读时,无论是用哪一种语言,都会碰到不认识的词语,但我能通过上下文理解它们的意思。人们都是这样阅读的。阅读小说并不要求你是一个专业读者。许多人的阅读能力都不是很好,他们在读小说时需要从上下文来猜出某些内容,我也很怀疑这些读者会联想到以前的其他文本。而如果一个人能熟读《三字经》、《百家姓》、《千字文》,看过四书、五经、《史记》、《汉书》之类,则会立刻想到相关内容,因为他很容易就知道在哪里出现过,很好辨别;诗词的文句也是如此。因此,即使在一本很简单的小说中,也存在不同的理解层次。

学生:

我们知道有一些小说更生动、叙述性更强。是否插图的使用也是一个因素,会吸引读者注意某些场景、关注更多的细节?

何谷理:

在一些例如金陵、徽州等地刊行的质量更高的小说里,插图的数量很少,一百回的小说可能只有一百幅插图。相比之下,建阳本小说的一回短得多,但每一回可能有十幅插图。在插图很少的情况下,每幅图只是那一回的特定元素,它们完全不表现整个故事,你不能通过读图来把握整个故事。不过,如果你看,例如《西游记》这样的书,里面会有很多描述性的诗词,的确提供了相当多的细节;它们描写了角色所要去的地方、角色的行为和思想活动等。而在这个版本的《西游记》里只有一百幅插图,它们完全不能反映故事的细节。你可能会发现,像这幅图这样,有些插图的背景上有丰富的细节。但这常常并不是小说里提到过的,而是插图作者自己添加的。所以这类插图,和上图下文的插图以及首卷插图(通常数量更少而且位于一本书的开头）之间,有许多差异。关于建阳本的插图,它们没有提供太多信息。终究来说它们都只是大概地呈现了一般情境,它们并没有添加什么东西。说到底,上图下文文本的插图跟小说的内容比较密切;首卷插图的内容离小说的内容比较远。看上图下文的时候,看图读书很容易;观首卷的插图不会同时看书。这两种插图给读者的印象当然不一样。

学生:

您的幻灯片里有一幅闵齐伋的莺莺肖像。这幅图显然并不是来自《古本小说集成》,请问这幅图的出处是哪里? 第二个问题是您主要探讨了明代建阳的插图。我想知道它们与宋元时代这一地区的插图的有什么关系。贾晋珠(Lucille Chia)指出,宋元以来建阳刊刻的麻沙本实际上没有太多变化。为什么这里没有能够像安徽、湖州的插图那样繁盛,为什么建阳没有出现重要的发展?

何谷理:

这里的两幅图都来自其他学者的文章(董捷:《明清刊〈西厢记〉版画考析》,石家庄:河北美术出版社,2006)。在你的右手边的,这个版本的《张深之正北西游记秘本》(1639)插图已经在网上公布(https://www. google. com/search? q =% E9% 99% B3% E6% B4% AA% E7% B6% AC +% E8% A5% BF% E5%BB% 82% E8% A8% 98&espv = 2&biw = 875&bih = 462&tbm = isch&tbo = u&source = univ&sa = X&ved = 0CCkQ7AlqFQoTCITV7 - q9icgCFQVsPgodTAQB LA#imgrc =ZHtJA567FvakNM%3A)。另一幅来自日本学者小林宏光的一篇研究闵齐伋《西厢记》插图的论文(「明代版畫の精華:ケルン市立東亞美術館所藏崇禎十三年(1640)刊闵齐伋本《西厢记》版畫について」,《古美術》85(1988),32—50 页)。

一想到建阳的出版物,会很自然地想起元代的平话。这些书很小,这意味着插图也非常小。当然也是每页"上图下文",而且作为图画,相比我今天谈的小说插图来说，它们非常细致也非常复杂。它们出版于 1320 年代，比 1600 年代要早二百五十年。为什么它们没有变化？我认为它们是有变化的。就各种经济因素来说，我想贾晋珠的研究是非常出色的。但我觉得，在阅读插图时，贾晋珠并不理解她所看到的那些东西。她所追踪的当然是建阳刻书业的各种商业发展，广义的建阳刊本的流通、贸易集团以及一般出版文化的发展；这些在那个时代，并不与精英文化产生特别紧密的关联。这一趋势面向的是更广泛的读者，如科举考试用书、法律合同书、少量的小说（大部分是《三国志通俗演义》）以及大量的医书。所以她关心的是商业出版中心，在那里重要的是书的内容而不是书的外观。建阳书商也会为上流社会出版一些精美的读物，但我想那是一类不同的读者。他们会更想要徽派画工的那些精美的书，而不是福建刊本的读者想看到的东西。她还谈到了金陵与建阳之间的非常有趣的联系，包括图书的交流，金陵刊印的书会在建阳销售。事实上，如果去看一些 17 世纪早期在金陵刊刻的戏剧集，它们有一些非常丑陋的插图，惨不忍睹，雕刻和印刷都非常差，因此也就会相对便宜。但如果你想要看更好的插图，那一定就会昂贵得多，因为它们需要更多的时间来生产。我还没有打算做这样的研究，但我想如果能更多地研究一下金陵刻本中的重复现象，应该能多少看到与我今天谈的类似的现象。因此我想前后是有变化的。我想在苏州、杭州、扬州、金陵等江南大城市的出版业中，通俗性图书生产的商业化以及专业化，都在不断增加。

学生：

我想问，在日本和欧洲的插图情况是怎样的？您能否为我们做一些比较性的说明？第二个问题，您是否考虑过利用此类材料来研究社会史，诸如服饰史、家具史等？

何谷理：

这些是些很好的问题。关于插图里的服饰，在我看来，它们有非常多的重复，并不一定为我们提供了什么真实的信息。我想在江南城市出版的那些更复杂的插图里，或许会有有用的信息，但我对此不了解。我觉得有意思的是家具。因为我觉得那更有可能是真实的，是画工所知道和所看到的。如果你看明清的祖宗画像，你会发现图画的格局变化很有限，大部分的祖宗都是坐着的，但他们的面容非常不同，这是因为绘画者努力让画像与真人的脸看起来一样，即使有许多画像是在祖宗死后才绘成的。我想你可以得到一些信息，但必须要小心，因为插图有自身的惯例。一样的，书写的文本也有惯例，并不一定直接反映社会真实。诗歌对爱情的表现也有惯例，虽然可能有很多种方式，但也可能不是恋爱中的个人所感受的东西，因为诗歌在不同时期可以是很惯例化的。我想插图也有同样的情况。

你的另一个问题很大，我会尽可能给出我的回答。中国的图书印刷要比欧洲早几个世纪。我在1990年代曾经对中国和欧洲的通俗小说出版的发展进行过比较研究。两者的差异非常大。简洁地说，我觉得东亚的印刷知识并没有真正地传到欧洲。那种认为高度发达的中国印刷业可能促进了欧洲印刷业的发展的想法，我想是不对的。欧洲和中国的插图的最大不同是，中国插图雕刻在一张木板的平面上，而欧洲的是雕刻在一块木头的顶端。后者雕刻起来更难，但相比木板平面，可以雕刻线条更丰富的图画。欧洲的插图画家包括一些当时最著名的艺术家，而在中国的插图画工里很少有当时知名的艺术家，不过确实也有一些插图是大艺术家的作品。日本似乎通过两条途径发展了插图艺术：一条是手稿传统下绘卷的发展，例如著名的《源氏物语绘卷》及其他长篇叙事性绘卷。另一条，是后来在中国印刷的影响下产生的完全不同的图画——他们引进了中国的刻本书籍，接受并改造了其中的插图。我想在许多领域，日本都完全是在中国艺术的基础上，通过他们自己的文化途径发展出了独有的艺术形式。插图也是其中之一。不过就我的理解，这在日本也是比较后来的发展。

学生：

您这里展示了莺莺的肖像，我曾经在南京、无锡等地看到过莫愁雕像，她的形态和这里的女性肖像非常相似。我猜想，在中国传统的视觉艺术里是否存在对人物形象的标准化，比如一个美丽女性或者一个慈祥母亲的形象应该是什么样子的？第二个问题是，在您之前给我们看的关于马的插图里，马都是奔跑的姿态。但是到了清代的绘画里，马的姿态变得很丰富，比如有吃草的、喝水的，请问在不同时代，马的标准姿态是不是有变化？

何谷理：

我在开始新研究项目时，总是不想持有任何的先入之见。我知道，我所取得的成果常常并不是我主动搜寻来的，相反，它是另一些东西。几年之前，我在中国第一历史档案馆阅读刑科题本。之所以去读，是因为人们的口供提供了故事，讲述了发生了什么事，人们为什么死。整个报告本身也是一种故事，如调查是怎样展开的，结论是怎样得出的，谁犯下了罪行等。读这些的原因，是我想知道以小说的形式讲故事与以法律文件的形式讲故事有什么不同。当把两者进行比较时，我发现了巨大的差别。例如两个人斗殴，在法律文本里描述会非常地详细：我打了他这里，他跌倒时用左手护住自己，然后倒在了地上，我踩在了他的脖子上；但在小说里就只是：他们打了三个回合，然后他被杀死了。小说文本给我们的细节少得多，它总是让读者自己去补充细节。阅读《水浒传》里武松打虎的故事，必须充分发挥我们的想象——金圣叹的评点也告诉我们，怎样一拳一拳地想象出这场惊心动魄的打斗的画面。相比之下，明清时候的法律档案则要求详细地描述出暴力行为及其结果——小说对打斗的描写是极为薄弱的。原因很清楚：通过给读者少量的、精心挑选的引子，作者调动读者对文本进行了充分的想象。在读者的头脑中，好像看到了那个场景。熟悉的或重复出现的信号，例如本文讨论的插图元素，让这种视觉化变得更加容易（参见拙作《想象的暴力——明清刑科题本与小说对凶杀的再现》，《励耘学刊》2005 年第 2 期，第 203—226

页）。我想插图也是这样。例如这张美丽的女性面容。对我来说它并不是一张美丽的面容，它事实上只有一些线条，所能呈现的东西非常之少。马的观念是由一匹跑动的骏马来代表的，即使这并不是文本所需要的插图，但它告诉我们去想象马。这并不是一件困难的事，人们都知道一只老虎、一匹马是什么样子。老虎可能需要更多的细节，但也不是很多。所以你说所有这些面容都差不多，这是对的。但如果想象地来看，我看到的莫愁和你看到的及他看到的是不一定一样的。我想这是重点。对小说来说，重点是我们要把自己投射到小说中去。阅读诗歌也是如此。我们并不认为诗歌是自己所不能体会的，相反我们可以想象自己处在和作者相似的处境里，可以同情作者。我们可以感受分离和失去的痛苦。别人的作品让我们可以想象自己身处其境。这就是伟大的作品能够做到的。我想不只是中国的，所有的伟大的文学作品都是如此。这也是中国的作品能够伟大的原因，因为它不只局限于某一个文化、某一个时代。这也是我作为一个外国人，你作为一个与小说中的人物经验完全不同的现代中国人，可以理解这些小说的原因。看着这些由简单线条画成的女性脸庞，我们可以把自己认为的美丽脸庞投射到它上面。所以说，你看到的图像并不是我看到的图像。用一样的插图来代表不一样的美女其实没有关系：在个人的想象里，每一位女人是文本所提到的，是我们这些看官所创造的。

李春园　翻译整理

陈磊、陆辰叶、杨光　校对

南方的视角——华南少数民族研究和中国现代学术思想

主讲人：吉开将人

主持人：葛兆光

时　间：2012 年 10 月 17 日

吉开将人

　　东京大学博士,北海道大学大学院文学研究科准教授,研究领域为中国古代史、中越关系史、中国近代学术史。代表论著有《苗族史の近代(1-7)》、《漢初の封建と長沙国》、《東亜考古学と近代中国》、《馬援銅柱をめぐる諸問題》等,合译《中華民族の多元一体構造》(风响社,2008年)。

葛兆光　　复旦大学文史研究院院长,主要研究领域为东亚与中国的宗教、思想和文化史。

葛兆光：

今天我们复旦文史讲堂邀请了日本北海道大学的副教授吉开将人先生来给我们做一个题为《南方的视角——华南少数民族研究和中国现代学术思想》的报告。在这之前，我要先给大家介绍一下吉开将人先生的研究。简单地说，吉开将人先生是东京大学出身，目前在北海道大学任教，这个不用多介绍。我想多说几句的是，他对于中国的华南少数民族特别是苗族的研究，曾经引起过我非常大的兴趣。之所以有兴趣，是因为我觉得吉开将人先生连续发表的七篇叫作《苗族史的近代》的文章——大家可以看到这相当于一本书了——实际上用一个苗族史的问题，穿起了一串有关中国晚清以来的学术、政治、文化种种复杂的问题。所以苗族史的研究不再是苗族史本身的问题，而是跟整个中国晚清以来民族国家建设的种种困境和前景都有关系。实际上是把苗族史的问题放在了一个非常复杂的冲突里面，涉及到比如说民族、国家、疆域、政治、学术，也包括了苗和汉的各种各样的问题。大家都知道我一直关心的一个事情是，其实中国会面临很多重困境，其中有一个困境就是，中国内部不是完全统一的一个族群，因此各个族群如何形成吉开将人先生翻译的费孝通的这个书里面所说的"多元一体"的状态，是一个很麻烦的事情。大家都知道费孝通先生讲这个多元一体,它是要解决中国目前作为一个多民族国家的一个麻烦,就是说又是一体的、是一个国家,希望能够是一个中华民族,但是又要承认内部有不同族群的问题。这里边的认同、分裂(或者说冲突)、协调是怎么样做的? 这个问题又复杂到什么程度呢? 在不同的时期,它又有不同的内容,比如说抗战的时候,第二次世界大战中日本侵略中国的时候,那个时候肯定就有一个问题,就是要特别强调中国的一体性。那怎么办? 那个时候苗族、彝族,在西南的少数民族又有什么反应? 上层的政治家是什么反应,学者里面是什么反应? 其中学民族学的人是什么看法,学历史的人又是什么看法? 这里面有非常复杂的纠葛。当初我读到吉开将人先生的这七篇文章,感触很深,因为他用这样一个问题,把种种复杂的学术、政治、文化、社会和国家的问题串在了一起。我也觉得他给我们提供了一个比较好的做研究的范例。就是研究小问题,但是涉及大背景,而且通过一个最主要的脉络,譬如一条辫子,把很多复杂的问题编进去,形成一个非常大的话题。吉开将人先生原来曾经在北京大学学过考古,主要做南方考古;也许就是由于这个原因,所以他对中国南方有很浓厚的兴趣。今天我们就来听听他讲"南方的视角"。请!

吉开将人:

谢谢。大家好,我是吉开将人,首先感谢复旦大学文史研究院邀请我来到上海,组织了这样一场讲座。同时非常感谢葛兆光教授在百忙中为我安排这一场演讲会的事宜,并主持会议。大家可能不知道,其实我和葛老师是第一次见面。我大概是去年这个时候,突然收到一封电子邮件,看了以后发现,发件人的名字名气非常大。中国的一个大专家为什么会给我来信呢? 打开邮件以后看到,他说注意到了我的研究情况,而且对我的研究很感兴趣。我很高兴,因为我在日本已经做了二十多年的研究工作,最近大约十多年吧,一直在专心做这个课题,已发表了一些文章,但是,说实际的话呢,在日本国内没有人对它们感兴趣。引用或者介绍的人是有的,但看了这些人写的文章，我觉得他们还是不完全理解我的研究的整体思考。但是很意外也很高兴地发现，在海外，遇到有人——就是葛老师——理解我思考的整体内容，所以这一年来我觉得很兴奋，昨晚终于实现跟葛老师初次见面的夙愿，所以我觉得很高兴，也觉得很荣幸。同时感谢参加今天演讲的各位专家、老师，还有各位同学们。其实说实在的话呢，在日本国内还没有收到过这种演讲会的邀请，对我来说今天是第一次给专家、老师还有同学们介绍我的研究内容，所以这次来上海对我来说是一个难得的机会。我打算用一个小时的时间，简单介绍我研究的大概内容，留下半个小时的时间跟与会学者和同学们交流，希望大家多多提出意见。那就开始吧。

　　我基本的研究背景刚才葛老师已经简单说明过了。我原来是考古专业，在北京大学留过学，考古系的。当年主要做中国南方的考古，所以我一开始虽然对中国的南方感兴趣，但是重点还是在考古、文物、古代这个范围内。但后来有一个机会到香港，在香港停留了半年的时间，我发现香港的学术资料，尤其是近代的学术资料比较丰富；看了香港大学出版的书，发现也可以做考古学史这个课题。后来又考虑到，考古学史，除了哪一年谁挖掘了哪一个遗址，哪一年什么文化的发现，除了可以做这样的研究以外，还可以做考古学的思考，中国学者、日本学者、海外学者对中国文明起源的看法的历史研究。我觉得这个题目是值得做的。后来很意外，我调到北海道去，北海道是日本的边缘地区，是一个能够比较好地从周边看日本，或者从周边看东亚的地方。大家都知道吧？北海道是一个旅游资源很丰富的地方，但是实际上除了旅游事业以外，还有独特的学术资源。我们的学校呀，坦白地说，现在在世界学术界势力不是很大，虽然去年有一个教授得到了诺贝尔奖，但这是理科方面的实力。文科方面的实力不太强，当然不如东京大学呀，京都大学的好，但是学术资源是很丰富的，为什么呢？我们北海道大学的建立年代跟东京大学差不多，比京都大学早二十年左右，建立的时间很早，所以收集到的资料，早期的比较完整一些。我因为偶然的缘分，调到北海道以后，了解到从周边看日本和东亚的观点，后来发现这个观点可以运用到我原来研究的华南的问题上,然后慢慢开始注意到苗族的问题,所以这十多年来在北海道主要做"苗族史的问题在研究中国民族主义的背景中的作用"等等课题。今天演讲按照几年来我研究的主要内容来介绍,我最新的研究承蒙葛老师的指教,在《复旦学报》的最新一期(2012 年第 5 期)上已发表了,所以听我今天的演讲之后,同学们和专家们如果还有兴趣的话,可以看看你们学报的第五期里头我的文章。其实今天讲的内容也跟那篇文章有重复的地方。那开始吧。

今天发了总共五页的资料,还有图像的资料,我主要利用这些资料来讲今天的内容。

最近几年来,在中国学术界有关近代民族主义话语的讨论比较活跃。有很多学者,主要是研究近代史的专家,还包括海外比如日本的学者,都参加到了这个题目的研究中。我看了这些研究的成果,就注意到一个问题。这些研究的重点都在于"炎黄子孙",就是汉族的观点比较强一些;而且重点主要在北方,很少讲到南方的问题。我今天的题目是南方的视角——我的意思是过去几年来比较活跃的关于近代民族主义的研究偏重于北方的视角,缺乏南方的视角,这是什么意思呢?大家看今天发的资料就会明白我的意思。

比如说第一个史料,看了以后就会有所发现。梁启超 1901 年在日本发表的一篇文章里头提到史料 1,提到中国民族的种类的问题时,第一个提到苗族——"苗种",当年梁启超用的是"苗种";第二是"汉种"——今天的汉族。我一看这个文章就注意到:为什么苗族放在汉族的前面?好像中国学者并没有注意到这个问题。因为研究中国的民族主义,当然首先要考虑到汉族的问题,而且在晚清,满汉之间的矛盾是主要因素。所以大家的兴趣更多是从他关注的是"汉种"和第六种的"通古斯种"之间的满汉关系,来解释梁启超的民族主义思考,很少有人注意到苗族这个问题。另外,从史料 2 的宋教仁的《汉族侵略史》这篇文章,文字里头也可以看到类似的观点。当然,梁启超和宋教仁之间政治立场不同,大家都知道;但是他们思考中国民族史的大体框架完全是一样的。比如说,认为汉族是外边来的,这边原来有个苗族;而从汉族的观点看呢,苗族是外族,满人通古斯族也是外族,所以他们都会利用汉族原来是从西边过来,侵略土著民族这个历史,强调一些汉族的立场,宣传一些汉族的能力。所以我说,梁启超和宋教仁的政治立场虽然不同,但对民族史的思考是完全一样的。过去学者都注意到汉族主义和满汉之间的矛盾问题,没有注意到苗族问题,现在我们从南方的视角看这两篇文章,可以看到当年的学者都认为,苗族是中国的土著民族,原本中国的土地上——不只在南方,而是包括中原在内的广大范围内——都有苗族;汉族是后来从西方过来,作为外来民族,来了之后把原来的土著民族赶走了,赶走到南方,所以现在西南地区留下的少数民族是被赶走的人的后裔。其实当年是存在这样一种认识的,但是过去没有人研究近代以来的中国人关于中华民族形成的话语当中苗族这个问题的重要性。我们现在注意采用南方的视角,来看这些文章,来理解一百年前的知识分子关于中华民族的想法,这样,我们才更能理解那个时期学术界的情况。

现在看史料3这篇文章。我刚才说我以前做的是中国南方考古,当年我专门做的是铜鼓的研究。铜鼓大家可能不太熟悉吧?铜鼓是中国南方的少数民族和现在东南亚民族使用的青铜器,是用铜做的鼓,所以叫作铜鼓。在上海博物馆里展出了很多铜鼓,有兴趣的话可以去看一下。铜鼓研究在现在世界学术界包括中国学术界,都算是一个冷门课题,在日本更没有人做。但是我做铜鼓的研究,没想到发现了苗族的南方视角的问题,可以解决我一直以来觉得很奇怪的一些问题。我刚才说过,现在这个铜鼓研究的题目比较冷门,但是一百年前是个很热的课题。比如说大家可能听过这个名字吧,德国汉学家夏德(Friedrichi Hirth)和荷兰汉学家哥罗特(J. J. M. de Groot),这些有名的汉学家都研究过铜鼓,发表过最早的科学研究铜鼓的文章。其中有一个,可能在大陆史学界一般不太熟悉的名字叫作黑格尔(Franz Heger),这个不是作为哲学家的黑格尔,是研究铜鼓的一个奥地利汉学家。他跟夏德是同一时期的人,夏德利用黑格尔的研究发表了不少成果,而且黑格尔这个人也常常写信给夏德。遇到汉学的问题,都及时跟夏德写信请教。这几个人算是西方一百年前汉学研究比较强的几个人,他们都研究铜鼓。史料 3 是黑格尔 1902 年用德文发表的书里头的一段文字记载,现在没有时间详细讨论了,但是从其内容可以发现,当年他们研究铜鼓的兴趣是什么。他不是为了铜鼓而研究铜鼓的,而是为了了解使用铜鼓的南方民族的来源,为了解决中国文明的起源问题;因为有这个兴趣,所以他注意到铜鼓这么奇怪的东西。我想说的是,联系到我刚才首先介绍的梁启超和宋教仁等中国知识分子的两篇文章,一百年前的知识分子,包括中国学者还包括西方汉学家,他们的思考当中都认为中国大陆的原住民是苗族,汉人是后边来的。所以西方汉学家研究铜鼓的主要兴趣是通过现在住在边缘地区的少数民族的文化,来考察和推测两三千年前的中国最原始的文化的面貌。所以我才说,他的兴趣并不是真正在于苗族,他们的目的是通过铜鼓这一奇妙的东西来探讨中国文明的起源问题。现在我们的学者都知道,如果想要了解中国文明的起源,要发掘中原地区,黄河流域以及长江流域,越挖越深的话,可以发现线索,但是当年的学者都相信挖到更底下,发现的东西并不是汉人的东西,是土著民族的东西。所以要了解中国文明的古老面貌,也要看边缘的少数民族的现在的东西。我的意思是这样,一百年前铜鼓研究比较活跃的一个背景也跟当年的学者对于中国民族史的思维方式有关,这是跟现在有所不同的。

　　刚才介绍的是西方汉学家和中国知识分子的问题,下边谈一下日本学者的问题。同一时期有个日本的学者叫作鸟居龙藏,这个鸟居龙藏是日本最早期的考古专家和民族学者之一。同时也是日本学者中第一个在(中国)西南地区进行考察研究苗族研究铜鼓的人。史料 4 是 1903 年,鸟居龙藏考察中国西南地区时第一次遇到铜鼓,他从贵州来信,信中提到铜鼓的事情,和见到苗族后自己的感想。这是这个时候比较宝贵的记录。他第一个提到的是北海道阿伊努人的问题,通过阿伊努人可以了解到古代日本的情况,同样通过苗族也能够了解到中国的古老的传统。从这个文字记录中,我们可以了解到鸟居龙藏还是采用苗族土著的看法,就是说苗族虽然现在生活在边缘地区,但是它保留了中国的古老传统,这个情况正好是和日本的阿伊努人与日本的传统文化的关系一样的。他的信中提到的一些问题,可以推测当年的鸟居龙藏的思考。

下面看一下史料 5 的文章。这是梁启超 1906 年在横滨发表的文章,它里面很清楚的提到他参考过鸟居龙藏的文章,所以,梁启超对鸟居龙藏的研究是很感兴趣的。为什么呢?梁启超当然没有去过苗族(地区)调查,他是在日本通过鸟居龙藏到西南地区实地考察的成果发表的不少文章,了解到自己中国民族之一的苗人的问题。他还注意到铜鼓,从现在的情况来看呢,梁启超为什么关注铜鼓,这个问题我们一时还不能完全说清楚,但是从我今天讲过的背景,大家都可以理解,梁启超为什么注意到鸟居龙藏,为什么注意到铜鼓这个问题。所以理解铜鼓研究的问题,苗族研究的问题,必须回到当年的知识分子对中国民族史的理解方式去解释,不能采用现在的眼光来看。

史料 6 是刚才讲到的梁启超讨论铜鼓的材料里头写的,它们是来自同一篇文章里的文字。当然,梁启超的研究注意到铜鼓的主要原因,不是为了讨论苗族的历史,而是为了解中华民族。梁启超的"中华民族"的意思是所谓汉族,是要了解汉族的来源。汉族是多系民族,是多元来源的血统的融合,梁启超有这样的看法。为了主张汉族是多元的,而且其中一部分是来源于苗族系统的,为了阐发这个问题,所以他才参考了鸟居龙藏的研究。从当年来看呢,这是最新的成果。从本地带回来的铜鼓,他注意到了。但是鸟居龙藏的眼光和梁启超的眼光当然是不同的,梁启超的重点还是在汉族形成的问题,我刚才已经讲过,从这个兴趣来看苗族这个问题而已。但是鸟居龙藏这个人的兴趣完全不同。他在 1907 年左右总结了 1902 年前后对苗族实地考察的结果,写出了苗族调查报告。1907 年日本出版的报告里头提到最后讲的这些事情,就是说他的意思是他非常同情苗族。梁启超的重点还是汉族,但是鸟居龙藏的重点在苗族,因为苗族是被汉人赶走的,现在比较落后,经济条件也不好,很可怜,而且苗族是没有文字的,没有文字的话,自己的历史都没法写出来。所以为了帮助他们，为了代替他们发声，自己有责任写他们失去的远古的历史。鸟居龙藏的使命感似乎是出于这种目的。

鸟居龙藏在1915年又写了一篇文章，里头提到他对中国文明的看法，史料8里头可以看到。就是说按照鸟居龙藏的想法，在中国各地发现的石器时代的史前文化的东西，不是汉人的东西，是汉族来之前的原住民就是苗族的东西。他从苗族地区回到日本之后再也没有机会到苗族地区去考察，因为当年（即1905年）以后，日本战胜了俄罗斯，获得了中国东北的经济利益，越来越多人来到当年所谓满洲地区，日本政府也推动了满洲的开发，所以鸟居龙藏的研究也随着日本帝国发展的走向，往满洲这个地区发展了，以后再也没有机会到南方来。但是把研究重点移到满洲去了以后，他还保持原来的思考，所以他在东北地区挖掘到的史前文化的东西，他还是认为这不是汉人的，这是汉人来中国东北之前留下的原住民的东西。所以他的观点是一直有延续性的，就是说不管是北方，不管是南方，在边缘地区留下史前文化的人并不是汉人，是各地原来存在的原住民，现在各地留下的少数民族就是这些原住民的后裔，所以鸟居龙藏1940年代去世之前发表了不少文章，这些有关东亚各地的民族学的、考古学的文章里头，没有一篇专门研究汉族的文章。因为按照他的说法，汉族是外来的，所以研究汉族也没有意思。要了解中国大陆地区最古老的历史问题，必须要看现在的边缘地区的少数民族，因为他们是原来住在中国内地的土著民族的后裔。所以我们可以从这个研究的情况，了解到日本学者当年对中国民族史的理解，而且这样的理解方式跟梁启超完全不同。

好，现在谈一下考古学的问题。

通过史料8，我们可以了解到鸟居龙藏对于中国远古文明的兴趣在于土著民族。要了解远古文明，除了观察现存的边远地区的少数民族之外，还要做考古研究，后来鸟居龙藏越来越重视田野挖掘。刚开始的时候他是民族学家，但是通过这一段的经验，后来发展为考古专家。这个情况背后，有我刚才讲的这种学术发展背景；还有跟现在完全不同的，当年学者对中国民族史的看法。

好，现在谈一下中国人的考古研究问题。到了1922年，我刚才讲的梁启超，他开始对考古学感兴趣，他本来主张的是汉族西来、苗族土著的看法，但是到了20世纪20年代以后，梁启超也不得不注意考古学这个学科的发展，并开始改变自己的想法。二十年代晚期，到三十年代，大家都知道包括殷墟的发掘，中国学者慢慢自己开展中原地区的考古发掘工作，发现了很多遗址，考古学科在中国开始发展。之后呢，中国学术界几乎没有人赞同清末那样的"汉族西来，苗族土著"的想法，完全改变了，就是说二十年代晚期三十年代，随着考古学挖掘的发展和研究的深入，大家都认为中国人是土生土长的，就是说从史前时代以来到现在没有什么改变；就是说挖掘中原地区可以发现汉人远古的东西，不是土著的苗族的东西。傅斯年1934年写的一个文章里头，提到的也是这样的看法。通过这个文章可以看到，当年以傅斯年为代表的中国知识分子对西方人——可能这个"西方人"也包括鸟居龙藏这样的日本人——的态度。西方人早期主张汉族西来、苗族土著的旧观点，对这个旧观点，当年中国的知识分子很反感。所以为了证明中国人是土生土长的，就加强考古的重要性，自己挖掘、发展考古学这个学科。结果得出了跟清末的汉族西来、苗族土著完全不同的中国文明史观。

所以，到了三十年代，中国学术界几乎没有人支持原来的那种"汉族西来、苗族土著"的民族史观点。但是很有趣的是，苗族土著、汉族西来的说法还是留下来了，留存在哪里呢？就是苗族精英——少数民族的知识分子当中。这种观点在中国内地的知识分子当中，几乎已经消失，没有人支持了，但是在清末到三十年代之间，近二十年的时间内，很多学者都支持"汉族西来，苗族土著"说，中国的教科书里当然也有相关的说明，所以这个"汉族西来，苗族土著"的说法影响是很大的。虽然学术界已经消失了，但却影响到了边远地区少数民族的知识分子。

苗族原来没有文字，但是民国以来，苗族等少数民族地区教育条件改善了，他们通过汉字也了解到新的知识，其中便包括在当年流行的教科书里看到的苗族土著的记载。苗族知识分子看到这个记载以后,很注意,因为原来他们不知道自己民族的来源,虽然有口头的传说,但是没有自己可靠的文献。但是,看到中国的很多文献里头,常常遇到自己民族是中国土著民族的记载,后来这个记载影响到了苗族和中国西南少数民族民族意识的发展。比如说,史料11是1941年,史学家顾颉刚先生在某一个会议上提出的提案,里头提到了一个文字记载,当年(1941年),在西南地区有个苗族复兴运动,推动这个运动的苗族知识分子,他的名字没有写清楚,但是他主张的内容是这样的:"强调苗民族是五千年前的中国主人翁,居住在黄河流域,后来被汉族驱逐等等,为了提高自己民族的社会地位,开始利用在学术界已经消失不见了的民族史的说法。"另外,1945年,有个湖南的苗族知识分子叫作石启贵,这个人给当年的国民政府主席写的信里,还提到这个苗族土著的历史观念,他写这封信的背景与当年民国时期的政治环境有关。原来,1940年前后,国民政府要开一个国民大会,开国民大会必须有全国各地的各个阶层的代表来参加,为制定第一个国民宪法来开制宪大会,石启贵听到这个消息,利用苗族土著说的旧历史观念来主张苗族的地位,要求苗族代表的名额。过去,这些文章很少有人注意,而且没有专门研究中国民族主义的人注意到这些问题,为什么呢? 因为过去中国民族主义的研究偏重于北方的视角、汉人的观点,所以对苗族的问题很少注意。现在我用所谓的南方的视角、苗族观点来看这些史料,就可以了解到这种主张的思想背景。

　　下面看一下,刚才提到的顾颉刚写的提案的意图。为什么顾颉刚要提到苗族精英的苗族复兴运动呢? 可以从史料13里看到,他是提醒政府要取缔这种思潮。顾颉刚本人没有苗族土著说的想法,其他同时期的一流史学家,没有一个人持有这种旧观念了。但是通过刚才的说明,顾颉刚主张现在应该取缔老百姓尤其是西南少数民族中流传的说法——旧的民族史观,要不然的话太危险了。因为当年日本侵略了中国的大部分,中国政府的中心在西南地区,大家知道当年国民政府的势力范围只有西南地区和其他边远地区,西北部有共产党,万一失去了西南,就太危险了。而且当年国境线的南边,就是泰国东南亚一带,日本的势力越来越扩大了,南边已经感觉到日本帝国主义的压迫。国内在西南少数民族地区也发现一个危险的苗头,所以顾颉刚提出这个问题。所以,他们的意图是要强调民族的统一性,所以1940年前后的中国学术界好多学者主张中华民族是一个,中华民族是一统的,通过几千年来血统的融合已经形成了中华民族,不应该主张某族的狭隘的民族主义,因此要强调中华民族的统一性。

史料14是一个名叫凌纯声的民族学家写的有关苗族名称的研究。他这个研究是专门为了民族学而写的,但是开头讲的还是这个问题,强调现在的苗族不是古代的三苗。一百年前所谓苗族土著说的背景之一是中国古文献中有关三苗的记载,三苗是跟炎黄打过仗的,炎黄打败过三苗,有这个记载。所以"三苗"这两个字和现在苗人、苗族这个名称结合起来。联想到苗族是原来的三苗,原来的三苗是跟炎黄打仗的话,所以苗族原来也是住在中原地区的;他们跟炎黄打仗,如果炎黄是西来的话,那就是苗族是土著民族,所以才打仗。通过这个逻辑,形成了刚才说的一百年前的"汉族西来,苗族土著"的说法,所以当年的凌纯声先生注意到这个问题的关键性所在,专门讨论了苗族的名称问题。他从民族学者的立场专门探讨这个名称的来源,主张古代的三苗跟现在的"苗"这两个名称之间没有什么关系,完全是不同的。从现在来看,这个文章大部分的内容是民族学的内容,但还是都讲到了这个问题,为什么?通过我今天到此讲到的中国民族史论跟现在有所不同的情况,可以想到凌纯声当年为什么写这个专题论文。

史料15是傅斯年1939年写的文章,他这个人很强调中华民族的来源和血统的融合。为什么要写这篇文章?傅斯年根本不是研究民族的问题,但是他的民族主义色彩浓厚。而且顾颉刚和傅斯年之间虽然有矛盾,但是也有联系。顾颉刚多次给傅斯年写信,提醒刚才那个问题,就是说要注意民族分裂的倾向。傅斯年在当年的中华民国政治界也有势力,所以顾颉刚是要通过傅斯年提醒中华民国政府的,有这样的背景。

到了1943年,蒋介石也发表了叫做《中国之命运》的一本书。这本书开头的部分还是讲到中华民族的问题。他文字里头没有讲到苗族的问题,所以跟今天的话题有所不同,但是通过我上边讲的苗族问题和 1940 年前后西南地区不稳定的情形,还有顾颉刚主张的历史教育改革的提案,通过这些现象,我们可以理解为什么当年蒋介石主张中华民族的问题,强调血统的融合。

这个问题还影响到今天,就是中华人民共和国。比如说史料 17,陈伯达是延安的共产党的人,他 1943 年 8 月份发表的《评中国之命运》,针对刚才提到的蒋介石的《中国之命运》这个文章写的评论里头,还是讲到民族的问题。他批评蒋介石的《中国之命运》的几个观点,其中之一是对民族的看法。蒋介石对民族史的看法,强调血统的融合、中华民族的统一性,但是共产党强调的是民族一律平等,是以少数民族的存在为前提的政策,所以从这个立场来入手批评蒋介石的观点。后来延安的史学家开始发表不少有关史学的书,范文澜是马克思主义史学家之一,在延安他最早发表的文章《中国通史简编之一》,后来这个内容编辑在一本书里头,书名叫《中国通史简编》,后来多次出版,解放后也出版了多次,所以可能同学们也听说过《中国通史简编》这个书名吧? 这本书最早的版本里头提到史料 18 的内容,范文澜采用的还是中共在延安时对民族史的看法,所以强调民族的存在——不否定多民族,就是承认多民族的存在——这与国民党区的史学家写中国史的写法,当然是有所差别的。我们很容易发现,范文澜的这个文章里头有苗族土著说遗存下来的东西。中国原来有个苗族,后来被西方来的汉人压迫,这完全是一百年前中国民族史最早期的想法。范文澜可能不太注意中国国民党区一般的史学界已经不采用这个观点了,但是为了强调多民族的存在,很意外地恢复了旧的民族史的书写方式。我们可以通过范文澜早期的文章了解到,其实苗族土著说影响到了早期的马克思主义史学的民族史理论。范文澜的《中国通史简编》后来编为一本书,抗战期间到抗战胜利以后、1949 年以前曾多次出版,这些版本里头,这些文字都保留着——我做过对比,详细看了,没有改变。到了 1949 年以后,在北京出版的《中国通史简编》还是采用这个记载。但是到了五十年代初期改版的时候,把所有的这些记载都删掉了。所以苗族土著说影响到很晚的时期。今天演讲的开头,葛教授介绍了费孝通先生多民族"多元一体"的那本书,其实详细看费孝通的文章,也有一个地方,还是保留一些苗族土著说的看法,所以苗族土著说——就是今天讲的南方的视角——的影响一直持续到很晚近的时期。我的文章已经写到第七篇,只是写到 1948 年而已,现在还打算做延安史学和 1949 年以后的中国史学的问题。中国学术界写文章的人太多了,研究成果太多,所以要消化之前的人的研究需要时间,所以一年来没有写成第八篇。但是现在大概梳理好了延安时期的问题,还可以整理到五十年代以后的,包括苏联对中国的影响等等,我的第八篇文章大概明年初会写好的,但是出书的话可能还要一两年的时间。因为我的计划当中是要写到 20 世纪末期,20 世纪末期中国民族主义的问题和当前的中国少数民族对自己民族史的看法等问题。其实现在少数民族包括苗族当中,有不少专家学者还有知识分子,他们写的文章里头偶尔还是采用苗族土著说的,还是一百年前的那个理论。所以,这个一百年前的理论,经历民族识别后,一直影响到今天。这个问题跟"多元一体"理论还有当前中国的所有问题应该怎样结合起来进行讨论呢?我想采用外国人的立场尝试讨论一下,希望得出一个解释。这是我以后的学术计划,但是可能还需要一两年的时间。

最后简单地讲一些有关的问题吧。

今天南方视角的问题主要讲到这儿吧,最后我讲一个北方视角的问题。我今天演讲的开头讲了,我们北海道大学学术上的特点,还有我的学术经历的问题。因为我调到日本最北方的北海道大学,掌握了一批资料,开始做这方面的研究;除了资料的功夫之外,还要讲到北海道学术界跟日本本州的普通地区不同的研究视角的问题。北海道大学是位于日本最北方的国立大学,北海道几乎没有人懂我的研究,为什么呢?因为大家都注意北方的问题,没有人研究南方,但是他们对北方的研究,对我有很多启发,特别是日本学者研究日本史的时候采用的北方视角。日本史的研究当然有很长久以来的传统,但还是以本州为主的,跟中国以中原为主的史观情况比较类似,但是最近几十年以来,北方的学者主动强调北方的视角,也有很多学者采用北方的视角来探讨日本民族史理论的形成过程。关于近代一百年来日本民族史理论的形成过程,有不少学者的研究采用北方的视角来探讨,我拜读了这些人的研究成果发现,这个情况完全跟中国类似。

比如说史料 19,这个史料可能中国大陆的学术界从来没有人发表过,可能我是第一个给中国学者介绍的,这个是很有趣的文章。作者的名字叫作米尔恩(John Milne),是一个英国人,他是地质学者,是明治日本政府的地质顾问,作为地质顾问考察了北海道,考察了不少考古遗址,做了记录,用英文发表在当年的西方学术界。他探讨的是日本民族史最早的情形,他强调的是日本列岛的原住民不是大和民族,原住民是现在集中住在北海道的叫作阿伊努的少数民族,现在这个阿伊努人还存在,但是人口已经少了,一百年来已经被大和民族同化了。所以即使你们到北海道,也看不到哪一个是阿伊努人,哪一个是大和民族的,因为二者已经同化了。日本政府也没有采取保护的政策,所以跟中国的少数民族和汉人的情况有所不同,但是阿伊努人是存在后裔的。一百年前,西方人考察北海道的时候,可以看到比现在更明显的阿伊努人的文化面貌,还考察了一些北海道各地发现的考古遗址,这个人主张日本民族史远古的情况是原来有种原住民,他们是今天阿伊努人的祖先,阿伊努人后来被从大陆过来的大和民族赶到北方,现在人口少了,在北海道存在一小部分而已,但是阿伊努人原来是在日本列岛全国各地存在的,但是后来被赶走了,所以人口也少了,而且势力也减少了很多。这种想法其实跟今天我所讲的一百年前中国民族史中对苗族和汉人的历史的想法完全一样。北海道当然位于北方,我今天讲的苗族位于中国的南方地区,南北的距离很远,但从当年民族史的思考来看,其实是一模一样的,都是外来的优秀民族后来过来,比较落后的原住民被赶走到边缘地区。而且要研究某地区远古的历史,这个线索在边缘地区,所以要了解远古的情况,就要理解当前边远地区少数民族的文化面貌,它们是了解日本和中国原始文化的一个重要的线索。所以北海道在理解日本民族史发展的过程中的作用，跟今天我所讲的苗族在中国民族史思考的发展过程中的地位，是完全一样的，因为当年有同样的思想背景。简单地说，就是西方人所谓的民族一元论以及当年流行的进化论思维，对于日本以及中国都有一样的思考。

　　史料 19 米尔恩的记载中还注意到一个有趣的问题，他讲的是阿伊努人是土著民族，但是还讲到阿伊努人之前更原始的民族存在的问题。北海道的阿伊努人有传说，阿伊努人来北海道之前有一个民族，是个子很矮的小矮人，叫作 Korpokkur。阿伊努人有这样小矮人的传说，根据这个传说，他还认为其实日本的民族史是分三层进行的，就是先有最原始的 Korpokkur，再有阿伊努人，然后阿伊努人被大和民族赶走。他是注意到北海道阿伊努人的传说，复原了他自己的对日本民族史的发展过程的认识。通过一个简单的史料，大家可以了解到阿伊努人的存在和北海道的存在如何影响到日本民族史的建构过程。

　　最后，史料 20 是刚才我提到的鸟居龙藏写的，他是 1954 年去世的，这是他在去世前一年的 1953 年写的回忆录。他的回忆录中提到，为什么一百年前他去了苗族地区考察。关于这方面的思想背景，他的经历提供了一些重要的线索。去苗族调查之前，他实际上是在台湾进行调查的。他讲到他在台湾的考察过程中，遇到一个民族史的问题。他从台湾的原住民高山族当中听到一个传说，他们高山族来到台湾之前，当地有一群个子短小的小矮人，是原住民。高山族之后，汉人去了，他把这个传说和自己在台湾挖掘出来的考古发现的线索结合起来，推测台湾史也有这种三重的——土著民、高山族、汉人——新来的民族赶走土著民的历史，但是要了解最古老的小矮人的来源，必须要研究中国大陆。因为现在的高山族是从南方过去的南岛语系的民族，这个来源不用研究了。但是根据他们的传说，他们到来之前已经在这里的小矮人，对他们的研究就是研究台湾最古老民族的问题了。这些小矮人跟哪个地方有关呢？根据他当年所知，他听说中国西南地区有个苗族，苗族是个子矮的，也有一个学者认为苗族和台湾少数民族的语言是比较接近的。根据这些研究线索，鸟居龙藏有了必须要去西南地区考察苗族的想法。所以，其实小矮人的传说和鸟居龙藏的调查，影响到今天讲到的他后来的苗族研究的问题。我刚才也讲过，鸟居龙藏对苗族的研究成果还影响到梁启超，梁启超还影响到中国大陆的知识分子，还有后来的中国民族主义者，所以鸟居龙藏一百年前在台湾的故事其实影响了很多问题。其实关注小矮人的传说，大家都可以了解到，鸟居龙藏应该是受到之前有关日本民族的理论影响。鸟居龙藏原来做民族学，他是在东京大学学民族学的。学的东西是什么呢？当年流行的日本列岛的民族史，原来有个 Korpokkur 小矮人。他到台湾之前，应该接触到过日本民族史的新理论，这影响到他对台湾民族史的理解，再影响到对中国民族史的理解。这又影响到中国知识分子，还影响到少数民族的知识分子，再影响到延安，最后影响到中华人民共和国的史学理论。所以南方的视角是可以涉及到许多问题的，但是今天时间有限，只能讲到这里了，其他的问题如果大家有兴趣的话，可以看看复旦学报第五期我的文章。

最后几句话。附言是我写的东西，宣传一下北海道大学。大家看了就知道了，我强调的重点是这样，北海道大学其实现在在日本学术界势力不是很大，理科是好的，但是文科没有多大势力。这个是我们可以承认的，但是研究环境是有特色的，收藏的资料也是很有特色的，有很丰富的尚待发掘的宝贵资料。而且那边能够提供一种北方的视角，这是很有特色的观点，跟东京、京都有所不同。所以希望大家有机会的话，到北海道来。因为北海道大学的资料非常丰富，台湾学者常来。为什么呢？我们学校本来是为了开发北海道这一边远地区设立的，原来是为了开拓而做的，但是随着日本帝国势力范围的扩大和发展，还培养了开拓台湾的人才，开拓朝鲜满洲的人才和开拓南洋的人才。所以北海道大学战前毕业的很多人才都到了殖民地和日本势力较强的亚洲各地，这些人被调到那边去当官，出版了什么书和期刊，都会寄给母校北海道大学，所以我们学校里现在看来比较宝贵的关于帝国边缘的资料比较全。有很多台湾学者在台湾找不到的关于台湾史的重要资料,都在我们学校。但现在我们这边没有人懂这些,原来搜集这些资料的理科的老师不注意这些文献了,他们的研究主要用电脑和最新的资料,没有人看旧的期刊,只有我们懂历史的、研究历史的人才会利用到。所以希望中国大陆有兴趣的学者到我们学校来,共同开发这些当年日本帝国边缘地区——还包括中国大陆——出产的宝贵资源。欢迎大家来到北海道。我的报告就讲到这里,谢谢各位。

葛兆光:

我用一个简单的方式再归纳一下吉开将人教授这个报告的意思,因为我过去看了他的七篇论文,我想提示一下,在晚清的时候为什么会有汉族西来说和苗族土著说,其实它的背景非常复杂,包括受到法国学者的影响,包括当时中国人要争取一个民族的自信,这都有关系。接下来,为什么中国的考古学,像李济、傅斯年这些人从仰韶到殷墟到城子崖这一系列工作针对的对象都是安特生? 这实际上也有一些很复杂的问题。为什么 1920 年代到1930 年代,凌纯声、芮逸夫他们要做西南和南方少数民族的调查,包括语言调查、身体调查和文化风俗调查? 这也跟当时民族国家的思考有关。到了1939 年、1940 年的时候,为什么吴文藻、费孝通会跟顾颉刚、傅斯年发生激烈的关于边疆的争论,也是跟民族、国家、疆域都有关系。一直到后来像国民党跟共产党各自表述对中华民族的看法,实际上也跟这些问题有关系。到最后,大家都看到,为了弥合这些矛盾,形成一个大家都能接受的一个共识,所以费孝通先生提出了一个理论叫"多元一体",但是你究竟强调多元还是强调一体,又发生一个很难解决的矛盾。其实学术史不是在解决矛盾,因为学术史是讲这个学术史的过程,它的背后,它的前面,其实看到的这个东西跟它背后的心态是非常非常复杂的,它里面有政治的、历史的,有资料的也有很多心情上的东西,甚至还有当时中国的处境。所以我想,这个关于南方的视角也好,北方的视角也好,实际上我们更多看到的是,当你从不同角度去观察的时候,你会发现一个学术史,一个有关于具体的苗族问题的学术史,其实包含着很多很多东西。过去我们看李济,李济有很多的关于安阳考古、后来考古的一些书信杂记,为什么他会这样讲?过去我们不太理解,但当你了解这个背景之后你就知道,其实李济要说明的就是整个中国的这块土地,那些考古发掘出来的证据证明,汉族自古以来就是在这个地方,就是这儿的人。当你能说"自古以来……"的时候,这个地方你就拥有全部的合法性和合理性:你一直住在这里,你是这个地方的主人。这跟晚清、民国、二战一直到中华人民共和国这种重建中国这个多民族国家的背景是很有关系的。今天因为时间的关系,他讲的可能没有那么充分、那么复杂,这个是时间的问题,下面大家如果有什么问题,可以跟他一起讨论,讨论的时候也许他还能更多地表达出他的一些看法来。现在,哪位要发言?我们随意一些,也可以讨论也可以提问,好不好?也可以发表自己的看法。

提问与回答

学生:

老师你好,我想问两个问题,第一个问题是关于南方和北方有什么关系。就是因为你发的材料的前两条,提到的是苗,不过是苗也好,苗种也好,作为土著,这两条材料好像都是在讲一种人种西来的结果,因为我不清楚背景,所以我不知道当时苗族作为土著的这种观点是不是跟人种西来说联系在一起的?然后还有一个问题就是,当时在谈人种西来这个问题的时候,它直接对应的是有一个排满的现实问题,包括后来提到傅斯年在1939年那条材料中,他也针对当时的情况有一个《东北史纲》,他对苗的这一问题都联系到了可以说是一个北方视角问题,也是一个所谓中华民族该怎么来定义的问题。我的问题是:第一,关于汉族西来说和苗族土著说的学术背景,我想请您再讲一下;第二,是从1901年到四十年代,学者讨论的可以说是一个西方现代意义上的民族,还是像后来讲的所谓的一个中华民族?它是不是表现出一个变化的过程?谢谢。

吉开将人:

谢谢提问,这两个问题可能我的语言能力不够回答出来,但简单地说明一下。

你说的南方的问题和北方的问题其实是有联系的,这个观点没错,我今天特地强调了南方的问题,你提到傅斯年也写过《东北史纲》,针对日本的侵略强调东北自古以来就是中国的领土,为了这个目的就写成了《东北史纲》,研究了北方的问题;后来有抗战的问题,他就注意到西南的问题,其实南方的问题和北方的问题是连在一起的。刚才我讲到的鸟居龙藏这个人的研究也是这样,他也从南方注意到中国民族史的问题,后来把研究的重点转移到北方,之后呢,还保持老旧的中国民族史的看法来探讨东北原住民的问题。所以,南方的视角和北方的视角是并行考虑的两个重点。但是我今天要强调的是过去大部分学者只注意到北方的视角的问题,好多人已经研究过傅斯年的《东北史纲》的问题,但是没有注意到南方的问题,所以我把这个问题特别强调了一些。但是我的思考的背景不是要忽略北方的视角,必须要联合在一起共同讨论,这是我的一个看法。

第二个问题,我理解得不太好,可能没有听懂提问的重点,可不可以请再简单地说明一下第二个问题。

学生:

我说梁启超在1901年,好像他还没有看过鸟居龙藏的文章之前,他用的是苗种跟汉种这两个词,包括后来像凌纯声对"三苗"和"苗族"的区分,蒋介石在四十年代包括最后费孝通也用"中华民族"这个词,我是想说"种"、"种族"和"民族"这样的词语在这个时代是不是发生了很多的变化和产生了一些歧义的地方?

吉开将人:

这个研究可能有人做过了。种族的问题,比如说我为今天的报告整理材料的时候,还注意到一个小小的问题,比如史料1,梁启超的文章采用第一是"苗种",第二是"汉种",但是第六是"通古斯族"。这不是我打错的,原文就是这样的。"种"和"族"在梁启超的概念里头可能是有差别的,种族和民族这两个概念在中国的传播过程,我自己没有研究过,但是我记得有不少人研究过,所以你可以从这个线索查到中国学者专门的研究,不如看这些专门的研究吧。词汇的变化是比较重要的观点,谢谢。

学生:

吉开先生你好,我有一个地方请教一下。就是前段时间看了王汎森教授写的关于傅斯年的书,简体中文版已经出版了,他那里边其实讲到了很多傅斯年学术上的流变,其中您这里提供了史料10和史料15的问题。史料10主要记载了傅斯年夷夏东西说的观点,他认为主要存在东西两个系统,而且东部的这个系统是以龙山文化作为代表的,而且它的文化是相当发达的,在某些方面是可以跟西部的文化相比拟的,但是到材料15,1939年的时候他就特别强调汉人的环境适应能力,尤其是最后一句"使汉人永久适于新环境,经天择而愈优胜者也",傅斯年在这前后有个比较大的转换,对于这种转换您能否分析下原因所在吗?另外一个问题是,其实在傅斯年这个观点提出前后,中国学界还有另外一种比较有影响的说法,就是三分的说法,这个是四川大学的蒙文通教授和徐旭生教授提出的。他们认为中国上古的来源主要有三个源头,一个是夷,一个是苗,一个是夏,他是把夷和苗分开的,他是把苗本身就放在南方了,但是您刚才讲的苗族精英认为的苗是被赶走的,苗本来是住在中原的然后才被赶走;如果说按照徐旭生的观点,或者按照蒙文通的说法,苗本来就是在南方的,不存在被赶走的问题。所以想请问,他们是不是也是想解决这样一个问题?因为这个观点蒙文通本来是在四十年代讲的,那个时代正好有这个和谐和团结民族的需要,所以我想他们的观点和这个需要会不会有什么直接联系?主要是这样两个问题,想请教一下吉开教授。

吉开将人：

谢谢,前面的第一个问题我可以回答,傅斯年的思考没有可能转换吧?但是重点还是有变化的。因为史料10,傅斯年《〈城子崖〉序》的时候还是要超出西方人学术界的成就,要抵抗以安特生为代表的西方考古学者建立的支持汉人西来的旧理论,要用掌握到的新材料来打破西方人建立的旧理论。所以史料10这篇文章的背景,重点还是抵抗西方人,这个是很明显的思考。史料15的内容不是为了针对西方人而是为了民族团结,就是为了自己的老百姓,给老百姓讲的为了加强统一而写的东西,重点有所不同,但是他的背景一直有浓厚的民族主义色彩。包括刚才那位女同学讲到的,他研究东北问题的时候写的《东北史纲》也包括在内。所以傅斯年基本的思考没有改变,但是这两个文章之间重点有所不同,我是这样理解的。第二个问题,我没有听懂你的意思,可不可以简略地谈一下问题的重点。

学生：

重点是他们提出的三分说,因为他们是把苗单列出来的,而苗族精英的主张其实是建立在苗本来在中原地区,然后被赶走的基础上的,这样一个对于徐旭生和蒙文通他们三分说的提法,您觉得有没有道理? 或者您对背景进行一下分析。

吉开将人：

这个问题我好像在文章里提到了,不用太多口头说明。蒙文通的提法是本土的吧,南方有南方的传统,也提到了一些三苗的问题,没讲到汉族西来、苗族东来的问题,三个系统的民族都是土生土长的。没有侵略或者赶走的看法,这也算是和傅斯年在写《城子崖》序文中提出的中原文化是土生土长的看法一致。就是三十年代以后,蒙文通开始写的时候是在二十年代,从那个时代就开始有,历史学界也好,考古学界也好,比较强调一些土生土长的观念,但是傅斯年主要注意的是中原,蒙文通和徐旭生也包括了其他地区的,山东那边的还有中原那边的,还有南方的。所以每个学者个人的观点有所不同,但是同样强调土生土长。这种情况是一样的情形。我是这样认为的。所以我的文章里头强调了"外来—原住模式向土生世居模式的转化",也就是我写的文章的副标题。二十年代末期到三十年代随着考古学的发展,史学的看法也在变化,民族理论的外来—原住模式转变到土生土长模式。有这样的情况,所以城子崖的挖掘和徐旭生、蒙文通他们的三分理论都可以理解同样的情形。我是这样认为的,不知道能不能回答你的问题。

学生:

教授你好,我来自云南。云南也是中国的很边远的地区,所以我对您提的北方视角和日本史的关系很有兴趣。您说的是传统日本史的研究总是从本州地区的立场来看整个日本,那么,现在北方视角带给我们的究竟是怎样的思考,它给整个的学术思想带来的是怎样的启发? 这一点希望您能够继续阐述一下。另外,我有一个小问题,关于您一直在强调的从南方视角来看苗族,但汉族的西来说它自身也在变化。结合人类学的传播论,最初的汉族西来说是他们从很远很远的地方来到中国,但是到了后来,随着考古发掘的开展,它越来越聚集在黄河上游的比较固定的区域内,汉族西来的说法本身也在不断的重新界定中。对这个问题您是怎么看的?

吉开将人:

还是先回答第一个问题吧,北海道的北方视角对日本史研究的作用,这个问题太大了,只能简单地介绍下基本的情况。日本的史学文献的情况跟中国一样,中原地区记载多,边缘地区少,日本史的情况也是这样的,本州岛的资料比较丰富,但是东北地区和北方的史料是很少的,所以过去比较忽略北方的视角,日本北方在学术史上的位置我今天介绍了,跟中国南方的位置差不多是一样。过去比较忽略,但是可以重新开始讨论。这个问题可能你们了解到了。在日本学术界,北方的视角有什么新的成就呢? 第一个还是阿伊努人的问题,过去讲日本民族史论的形成过程,强调了大陆和阿伊努人的问题,但是最近几年来,有些日本学者注意到阿伊努人土著说在民族史论形成过程中的作用,还包括今天最后讲到的小矮人的作用,因为注意到这些现象才可以理解到日本民族史形成的真正的来龙去脉的问题。另外一个,史学界还有一个现象是,因为过去主要依靠文献记载,没法找出北方民族——就是阿伊努人——他们对日本本州岛某些朝代文化发展的影响和双方的贸易关系等等问题。因为文献的记载有是有,但都是零星的,所以只能提及一两个方面的问题而已。在北海道,过去的挖掘主要侧重原始时期,背景我今天已经说明过了,为了说明日本的上古远古的问题,许多人对北海道的史前时代考古感兴趣,没有人对北海道的历史时代的考古感兴趣,但是最近几年来很多人注意到了北海道考古的情况,发现了不少线索,而且在东北亚的俄罗斯沿海地区,还包括朝鲜、中国的东北地区都有类似的考古发现,所以很多学者的兴趣转移到历史时代以后的考古学,通过这些资料有新的发现。据说公元后的很长的时间内,文献记载虽然很少,但是北方民族和大和民族有连续性的交流,还有贸易关系等等,所以北方对日本文化、经济发展或者社会变化,还是发挥了一定的作用。北海道学术界的北方视角,简单来说的话,有这两个例子。第二个问题还是不太了解,请再简略一些。

学生：

简单地说就是汉族西来说在后来关于中国民族源流的讨论中,有怎样的一个改变的过程？西来说的范围有没有发生过变化,比如最早是从很遥远的西方,后来就不是了。

吉开将人：

这个问题已经有好多人研究了,我的文章的注释1列出了过去很多人的文章,包括日本的学者在内已经有很多研究,可以看这些。简单地说明一下吧,刚才葛教授已经提到了,最早提出这个观点的西方人是英国籍的法国学者拉克伯里,这个人的著作是通过明治时代有人翻译成日文的东西传播到清末的中国的,对中国的影响很大。拉克伯里最早提出的"西来"的"西"是什么呢?拉克伯里说是西亚。这个理论在明治时代传入日本后在日本也很流行,有些人还采用西亚起源,但是有做一点改变,就是中亚起源。西亚到中亚过来,后来梁启超为代表的中国知识分子接受的时候,中亚主要采用昆仑这个词来表达,昆仑的话是在中国的版图之内。所以"西"的概念随着采用的人的立场和背景变化,慢慢地有所改变。今天只是简略说明,西来说民国初年还流行,但中间有一段时间比较衰落了,不流行了。但是1924年,在河南和甘肃,一个名字叫作安特生的人发现了许多今天叫作仰韶文化的东西,仰韶文化的花纹跟中亚和西亚地区的花纹非常类似,有了这个新的线索,一度衰落的西来说又恢复起来了,而且西来说也有不断的变化,而且我今天也讲到了,随着中国考古学的发展,西来说最后被傅斯年、李济的考古发现赶走消灭了,所以西来说也有不断的演变过程。

葛兆光:

还有哪位有问题?如果没有问题,我简单地说两句我们就结束。现在,中国的民族史研究可能会聚焦在几个问题上面:一个是民族是原来本质上就有的东西,还是后来逐渐建构起来的,大家都知道包括台湾的王明珂他们都在讨论这个问题。就是说这个民族是从一开始就有一个核心它后来慢慢滋生,然后形成它的风俗语言特征等等,还是说不断地混融,是后来建构的一个东西,这就是原子说和建构说的一个争论。民族史的第二个争论呢,是识别民族到底应该使用什么样的标准。因为大家都知道,过去中国接受苏联斯大林的民族理论的时候,它有一套识别民族的方法,后来又接受了英国、法国和德国的一些理论,对民族识别有一整套的自己的标准,所以才界定出比如说五十六个,这样的一些说法。这五十六个,这种识别方法是对还是不对,是宽了还是窄了,是要考虑它的文化的、血缘的更广阔的因素还是说就拿这些标准确认,这也是在民族学界有很大争论的。因为许多人说:你现在界定出五十六个,哪有这么细致? 还有的人会说:按照你的标准,有些民族是不是也该界定成民族? 为什么是五十六个,不是五十七个、五十八个? 这是第二个争论的问题。第三个争论的问题,就是民族和政治之间的关系,我们本来请吉开将人先生来的时候,是想请北大社会学系做人类学的马戎教授来做这个主持人的,因为我是不合格的,我不做民族史。本来想请马戎先生来讲一次,中国过去有一个学者叫王桐龄,王桐龄写过一本书叫《中国民族史》,马戎先生认为这本《中国民族史》相对来说是几本民族史(比如还有林惠祥等人写的)之中比较好的一种,是有特色的而且合乎道理的。马戎先生虽然本来是在美国布朗大学读的博士,但是他又是费孝通的学生,他又可以传递费孝通这一系列的观点。我们本来也是想请他来谈一谈民族研究和民族史研究中学术和政治间复杂的关系,大家知道费孝通虽然在现在是代表中国主流的民族学的理论,但费孝通的这个理论显然有很多妥协、迁就的地方,实际上反对这种理论的人也很多。那怎么办? 所以民族史这个问题是非常麻烦的。我们请吉开将人先生来讲这个题目,就是因为我们文史研究院关心中国和它外部周边的复杂的关系,同时我们也关心它内在的复杂的关系,这重重复杂的关系构成我们中国很复杂的认同的困境,这个问题是很值得研究的。所以如果大家对这个问题有兴趣的话,也可以看我给吉开将人先生写的评论,这个评论发表在《南方周末》上,当然《南方周末》把很多注释给删掉了,但是基本保留了原来大概的东西,我的题目大概叫——我现在自己也记不清楚了——叫作《在历史、政治与国家之间的民族史》,就是说民族史牵扯到一个非常广泛的复杂的问题。今天我们非常感谢吉开将人先生,我们再次用掌声表示。

　　谢谢,非常感谢。

张海超　整理

陆辰叶、杨光　校对

"天下之中"与"日中无影"——神话、想象、天文学及其意义

主讲人：王邦维

主持人：徐文堪

时　间：2012 年 11 月 12 日

王邦维

北京大学东语系梵语专业博士,北京大学东方学研究院教授、院长,研究领域为梵语文学、梵语与汉语佛教文献、印度和中国佛教史、中印文化关系史等,是敦煌学、中外交通史和印度学研究领域的知名学者。著有《大唐西域求法高僧传校注》、《南海寄归内法传校注》、《唐高僧义净生平及其著作论考》等。

徐文堪 | 汉语大词典编纂处编审、文史研究院特约研究员,研究领域为古代中亚的历史和文明(特别是吐火罗问题)、古代中外文化交流史、古人类学、亚洲各族及其语言的起源等。

徐文堪：

各位女士、各位先生、各位老师、各位同学，今天，我们非常荣幸，请到北京大学东方研究院的王邦维教授来作学术报告。王邦维教授，在座各位应该都很熟悉了，我就不需要再作什么介绍了。王先生是印度学家、东方学家——我们这个东方学不是萨义德（Edward Said）说的那个意义的（我也不完全赞同他的意见），也是中印关系史研究的专家。王先生的著作，有《大唐西域记校注》（主要的作者之一）、《大唐西域求法高僧传校注》、《南海寄归内法传校注》、《唐高僧义净生平及其著作论考》，还有很多论文发表在国内外的学术刊物上。王邦维先生今天讲的题目是"'天下之中'与'日中无影'——神话、想象、天文学及其意义"。王先生有关这方面的论文，可能在座有的先生和同学已经看到过，是非常有意思的一个题目。我知道今天王先生也很忙，他有很多具体的行政事务，还参加很多国内外学术活动，可以说是在百忙当中来向我们作这个报告。接下来的时间也很宝贵，我们就请王先生作报告，热烈欢迎！

王邦维：

谢谢徐文堪先生。徐文堪先生跟我是老朋友了。我今天有点不好意思，因为徐先生比我年长，劳动徐先生来这里真有点不好意思。这是我首先要表达的一个意思。第二点，我要谢谢文史研究院的葛兆光先生。葛兆光先生当然也是我的老朋友了，我们结识的时间更早了。我来讲这个题目，是葛兆光先生定的。这个题目我在其他的场合也讲过。今年四月份的时候，我在复旦有过很短暂的停留，也讲了这个题目；但是现在有些新的思考点，当时还没有涉及。关注这个问题，是因为我在八十年代的时候，读到一本书——就是刚才徐文堪先生讲的——我做博士论文的时候，关注到一个唐朝的和尚义净，他到印度去以后，讲当时的太阳的观测时间和方位的事。他讲了很多日影方面的问题，包括时间怎么测量等等。这一段记载是天文学史上研究古代天文的一个重要资料。其中提到一件事，他说在中国的"洛州"（洛阳），夏至时候太阳是没有影子的。这是一个很奇怪的事。所以从那个时候开始，我就一直关注这个问题，后来一步步有些心得；刚好我们的葛兆光先生关注的是"宅兹中国"的问题，他的书讨论的是关于中国的问题，我所讲的这个题目和这一主题也有一定的关联度。当然，葛先生讨论的问题，范围比我讲的要宽得多，也要深入得多。我只是想把一些现象结合在一起，跟大家作一个介绍，也听听大家的意见。有些问题，我也还没有完全想清楚。

首先我想说的是，我们讲的"中国"——"宅兹中国"与此当然很有关系——一般地讲，是今天的中华人民共和国，但"中国"其实是个历史的概念。其次我想说的是，除了我们洛阳的、河洛地区的这个中国以外，在中国还有其他的地方，虽然不叫"中国"，但也曾经被认为是天地之中。同时在中国以外的其他地方，比如印度，也有被称为"中国"的地域。而且这事到了后来，例如编《四库全书》的时候，编《四库全书》的馆臣们，看到这两个字就非常地气愤，说怎么外国还有"中国"，只有中国才有"中国"啊，外国怎么会有"中国"呢？其实这是个误解。那么除此以外，与这个问题还有牵涉的是，刚才我跟葛先生也讲了,在西亚地区、在巴勒斯坦,也有被认为是"天下之中"的地方。

所以我把我的题目就分作这几个部分来讲:第一,从"宅兹中国"说起;第二,讲《周礼》,《周礼》里有很有名的一段,讲"土圭之法"与"地中";第三部分讲《山海经》,《山海经》里有叫"建木"的东西,好像是一棵树、一棵神树,它跟"天地之中"和"日中无影"有关系;第四就是我刚才提到的《南海寄归内法传》里面讲到的"洛州无影",这个疑问要怎么解释。可能有的朋友有所了解,因为我前前后后写了几篇文章来讨论这个问题,而且每一次都增加一些新的内容。再下面的一段(第五),大家可能有的知道,有的还不知道,叫"疑问怎么解释"。第六是周公观影台怎么无影? 第七是"天下之中":在中国还是在印度? 第八个是"天下之中"与"日中无影":观念从何而来? 第九部分是基督教的"天下之中":巴勒斯坦的故事。最后是结语。

我现在先谈"宅兹中国",这一段是很有名的,铭刻在宝鸡出土的一件礼器上。这是个尊,一般我们称之为"何尊"。这个何尊上面就有"余其宅兹中国",这是我们现在所能见到的所有文献中间第一次明确地提出"中国"这个概念,当然这是在金文上的东西,而且是西周时代的东西。这个尊现在还在宝鸡,是一件很重要的青铜礼器。刚才我说了,我们讲到中国,所有的都和这个"中国"有关系,所以我就来讲这个何尊。我们知道这个何尊里面讲的"中国",实际上当时指的是周文王、周武王在打败商以后传说中的"周公营洛"。这以前被认为是一个传说故事,近代以来有人怀疑是不是真的,现在看来应该是可以坐实的,因为就在这个铭文上,铭文的时代离那时很近了。所以,周公营洛这件事,我觉得也是在情理之中。

和周公营洛有关的,下边我就讲这三本书。第一本书就是《周礼》,我们都知道它分为六个部分,其中一个是地官部分。地官部分有《大司徒》。这一段,做天文学史的人,往往都要提到,就是说"以土圭之法,测土深,正日景(影),以求地中。日南则景短,多暑;日北则景长,多寒;日东则景夕,多风;日西则景朝,多阴。日至(夏至日)之影,尺有五寸,谓之地中。"中国历史上

"地中"的概念的出现,这是最早,是在《周礼》中。《周礼》这个书,大家都知道,不好说是周公的,显然也不大可能完全是周公的,但是如果说是战国以前的,大家都公认。它的资料,我觉得可能是一个有层次的资料,有些资料可能很古老,有些资料可能是战国时人添加的。尤其是战国整理《周礼》的这些学者们,他们把它逐步系统化,系统化之后就编成这个书,后来就被认为是周代的。这本书也是中国文化的最基本的典籍,中国文化最基本的一些观念也从这里面生发出来。这里面就提到这个"地中"。《周礼》在汉代的儒家学者中是一本非常重要的典籍,汉儒就对《周礼》进行解释,比如郑玄,比郑玄还早的还有郑司农(郑众)。郑玄引郑司农的话:"土圭之长,尺有五寸。以夏至之日(因为上面说的是"日至","日至"这个词的解释有时候有些分歧,但我觉得应该没有太大的分歧,因为郑玄是汉儒里面有代表性的人物)立八尺之表,其影适当与土圭等,谓之地中。今颍川阳城地为然。"颍川就是现在的洛阳,汉代的颍川郡。阳城就是现在的告成(镇),今天属于登封县下面的一个地区。这是郑玄的解释,然后,到了唐代以后当然还有些解释,也就是现在我们的《十三经注疏》里面收的这个贾公彦的《周礼注疏》。唐初的贾公彦又进一步作解释,他说:"郑司农云:"颍川阳城地为然"者,颍川郡阳城县是周公度景之处,古迹犹存。"他就说,直到唐初的时候,周公测地中的地方仍然留存。

为什么要测地中呢?因为古代的人判断方位、判断时间,最大的一个坐标就是太阳,这在全世界都一致。太阳是整个世界,或者说太阳系中运行的最大的一个天体,跟人的生活,具体说跟四季、跟气候有最密切的关系,在古代还是判断方位的坐标。所以我刚才说的周公营洛,在那个地方测地中,我觉得是可信的。古代制定历法、确定季节、确定方位、测定地中,都非常重要。那时候肯定没有指南针,即便后来有了,也不是广泛使用,人们所依靠的坐标,主要是测日影,这个"地中"就是这么出来的。

那我们回到刚才说的这个颍川阳城,那里的周公测影之处,古迹犹存。在唐初的时候,我刚刚说了,郑玄已经提到测影台在颍川这个地方,然后贾公彦又说这个地方还在,而且还能看到古迹。

那么"地中"是什么概念呢?这个"地中",一定程度上就接近于"天下之中",大地的中心,所以我们看到孙诒让(当然孙诒让比较晚了,清代的学者),他也给《周礼》做过注,那就是《周礼正义》。孙诒让说:"地中者,为四方九服之中也。《荀子·大略篇》云:'欲近四旁,莫如中央。'故王者必居天下之中,礼也。"这话说得比较迂腐一点,但是至少在中国人的眼中,地中的概念成为了中国政治文化中一个很重要的成分。而且历史上把河洛地区认为是整个中原地区的中心,认为是整个东亚以及后来延伸出来的这个中国的概念(包括地域的概念,也包括政治文化性的概念)的中心。这个观念的逐渐形成,就是以"地中"作为一个标志。这个标志后来逐渐演绎出来非常丰富的含义。这一点《周礼·地官·司徒》后面还讲了,我上边没引,它说(地中)是"天地之所合也,四时之所交也",是天地会交的地方,是四个季节所汇集的地方,是"风雨之所会也,阴阳之所和也"。当然这种话肯定是更晚的,至少是战国或者更晚的人才会讲出这样的话,具有非常丰富的、有中国特色的政治和文化意义。所谓"日至之影,尺有五寸",地中就根据这个来确定。地中的确定,跟测日影直接相关。这一点很重要,因为它跟我下面要讲的,所有关于天地之中的想象都有关系。我还要具体再讲,但是我们要注意的是什么呢?就是《周礼》里面讲的这个测日影、测地中,其实它不是完全无影的,刚才说了,还"尺有五寸"。它实际上还有一个尾巴在那里,但是它把地中确定在这个位置,也就是意味着在夏至日这天,日影最短的一个位置。后来"无影"的想象和设计,我觉得就和这个有关。因为下面还要讲,这个一尺五寸呢,怎么被称作"余分",就是它剩个尾巴。如果能够想办法把这个尾巴给解决了,就可以证明这个地方是真正的天地之中。

这是我讲的第一本书,第二本书就是《山海经》。我们知道,《山海经》在中国可以说是一本很奇异的、很有特点的书,也很著名。关于《山海经》,已经有很多很多的研究和讨论。《山海经》这本书是可以由人去说的,它跟我刚才说得《周礼》、何尊不同。《周礼》还是比较靠谱的,何尊里面的铭文是两三千年前刻在上面的,这是不可以变异的;而《山海经》里面有很多奇奇怪怪的故事,司马迁是两千多年前的人了,在那个时候他就已经说这个书读不太懂了,他都弄不太清楚是怎么回事。

但《山海经》的恢怪不经,也给我们留下了很多解释的空间和发挥的余地。不管怎么说,《山海经》写成的年代久远,我们现在见到的《山海经》,成书一般认为不晚于汉代。其中的材料,跟我刚才说《周礼》一样,其中有的可能很早,我个人觉得大部分比《周礼》还早,而且来源比《周礼》复杂。我们知道的,像夸父追日、精卫填海、刑天舞干戚,这些故事都是从《山海经》来的,可以说很神奇,也很另类。《山海经》中讲了山,也讲了海,其实讲的是今天我们中国的地域和它周边地区。现在我们见到的《山海经》是十八篇,其中《海内经》讲到一个地方叫"都广之野",里面就讲说:"西南海黑水之间,有都广之野,后稷葬焉。"这都是传说,"有膏菽、膏稻、膏黍,百谷自生,冬夏播琴,鸾鸟自歌,凤鸟自舞,灵寿实华,草木所聚,爰处有百兽相群爰"。反正这是个好地方,然后又说:"此草也,冬夏不死。"你看还有若水——这个若水现在还可以坐实,坐实到四川去。有九丘,反正是一个神话性质的地方。这个地方按照我们现在的话说,很和谐,很幸福。

《山海经》说到这个地方有树——有神丘,有木:"其状如牛,引之有皮,若缨、黄蛇。其叶如罗,其实如栾,其木若蕳,其名曰建木。"然后又讲到氐人国在建木的西边,"其为人人面而鱼身,无足",当然这也很奇怪。但我关心的还不是这个,而是它后边讲的。这个《山海经》,刚才我说了,它应该是战国、汉以前的著作,实际上在战国以前已经形成了,所以我们可以看到和它相应的一些材料,如《吕氏春秋》,也应该算是战国末年的作品。《吕氏春秋》是一部很博大的书,它就把什么东西都往里面收,这倒还不像《周礼》。我们把《周礼》这个书看作是正统典籍是在汉代以后,就是儒家的地位在汉代建立以后,它成为一个很正统的文献。其实在武帝以前不是这样的,所以你看《吕氏春秋》,它是很驳杂的,什么知识都往里收;而且当时吕不韦编这个书的时候,他就想把各方面的知识统一起来,就像我们后来编类书、大典一样。

它说:"白民之南,建木之下,日中无影。"

我刚才讲,《山海经》讲到建木,一共有三处地方。它说:"日中无影,呼而无响,盖天地之中也。"同样的这个说法延伸下来,就到了西汉的《淮南子》了,它里面说:"建木在都广,众帝所自上下。日中无景,呼而无响,盖天地之中也。"《淮南子》也说这个地方没有影子,也就是建木所在的都广这个地方。

然后到了晋代郭璞——郭璞是我们现在知道的最早系统研究《山海经》的一位学者。郭璞讲:"建木,青叶,紫茎,黑华,黄实,其下声无响,立无影也。"也是站在下面没有影子的。这也是郭璞的注,他说:"(都广之野)其城(域?)方三百里,盖天下之中,素女之所出也。"那个时候儒家的势力还没有后代那么大,所以像郭璞这种文化背景的人容易发表意见,喜欢谈这种问题。

《山海经》确实是一部很奇怪的书,从它的文化体系、表述风格、写作风格来看,都和我们现在看到的《周礼》这一类的书完全不一样,跟《春秋》、《战国策》、《国语》这些也不一样。在我看来,《山海经》这部书代表了非中原地区的、非汉族的(当然后来都叫汉族了,也就是那个时候的华夏族)文化系统的一些材料、传说、故事、地理概念。对天地的概念、对方位的概念、对山的概念、对海的概念,都反映在里面。

研究《山海经》的学者其实不少,从民国初年就开始。其实从清朝末年像郝懿行这些人就研究这个,到民国初年曾经还有一个高潮,他们都研究这个事。四川大学有一位教授,早去世了,名叫蒙文通,他写过一篇文章,我觉得这篇文章写得很好,文章中的意见很多也得到大家的认可。蒙文通讲到《山海经》的写作年代和产生地域,说有三个地方讲到"天下之中",都与中原文化所说的"天下之中"迥不相同。他说指的是巴蜀荆楚地区或者只是巴蜀地区,就是我们刚才说的那个都广之野。这个都广之野,一般认为就是现在的成都平原。那么在成都平原也有这样一个神话性的建木,这个建木所在的地方也是日中无影的,而且因为它无影,被认为是天地之中,这当然也可以引出很多想象。我多年以前,曾经在四川大学做过一个讲座,也是谈这个问题。刚才说了,上古时期巴蜀地区的文化系统跟中原地区的差异很大。关于上古时期的巴蜀地区,除了《山海经》,以及个别的从甲骨文里面也可能找到一些像"巴"一类字的东西以外,其他没有更多的材料。但最近三十年这一地区有了很重要的考古发现,那就是三星堆和金沙,金沙晚一点、三星堆更早。三星堆出土很多文物,其中有神树,奇异之处可以联想到《山海经》。四川大学历史系的林向教授研究历史和考古,他跟我说,他认为三星堆的神树就是建木。神树在三星堆有好几棵,这是其中最大的一棵,复原了以后大约有三米九高,这在中国青铜器的铸造史、乃至于全世界青铜器的铸造史上来看很少见。三星堆我们有的同学可能去过,有的同学没去过,真是非常值得大家去参观,它代表着完全跟中原地区不一样的文化。

关于三星堆地区的讨论也是众说纷纭,各种各样的说法都有,有的认为三星堆的很多东西是从西亚过来的,但我觉得扯得太远了。总之一句话,它很奇怪,它的金面具、铜面具,眼睛这么突出来,有的人说是重瞳。我给大家提供的一点资料,林向教授说是建木,因为以前对建木有解释,就是立一根木杆,把大家召集起来。这就是古代的领袖,立一根杆,起到一个集合的作用。但是现在有了这个说法,跟《山海经》的说法差不多了,这很奇怪。

我讲的第三本书,是《南海寄归内法传》,我最早对这个问题的关心就是从这里开始的。我们知道,唐朝初年,也就是高宗年间,在玄奘去印度后约四十年,有一个和尚叫义净,他到印度去了。他也到了玄奘学习的地方,那个地方叫那烂陀,是一座很大的寺庙,也被认为是一个佛教的大学。因为那个地方人最多的时候据说有一万多人,然后就像我们复旦大学或者其他的大学一样,每天的讲座有几十上百场,而且开设各种各样的科目。所以当时亚洲的僧人,包括玄奘,不少在那里学习。义净也在那里学习,待的时间还相当长,大概十多年吧。他跟玄奘往返的路线不一样,玄奘是陆路去陆路回来,他是海路去海路回来。他从广州出发,经过现在的印度尼西亚的苏门答腊岛,当时这里有一个很有名的国家叫室利佛逝。室利佛逝是一个大国,在我们的《旧唐书》、《新唐书》里面都有记载。后来义净从印度回来的时候也住在那个地方,在那里写了一本书,叫作《南海寄归内法传》。所谓"寄归",是说书写好后,把它送回中国,献给朝廷,所以叫《南海寄归内法传》。那时已经是武后时代,高宗已经去世。当时东南亚一带称作南海。

《南海寄归内法传》这本书其实很有名,尤其是在西方的东方学界很有名。1896年,一位日本学者,叫高楠顺次郎。高楠在牛津大学,师从当时一位在印度学和东方学研究方面很有名的学者,是个德国人,叫马克斯·穆勒(Max Müller)。高楠在马克斯·穆勒的指导下,把这本书翻译成英文出版,介绍给国际的东方学界。马克斯·穆勒对这本书很欣赏,写了一篇很长的前言。我们现在做佛教研究的人都知道《大正新修大藏经》,《大正藏》就是高楠主编的,当然不是他一个人的工作。日本明治以后派了一批人到西方学习,他就是作为这样一位学者去学习东方学、印度学、佛教学的。

义净在《南海寄归内法传》中介绍了当时东南亚和印度的很多社会生活情况,当然是与佛教相关的情况为主,其中卷三有一章的题目是"旋右观时",义净讲:"然赡部洲中(根据印度的观念,我们现在居住的这个世界叫南赡部洲,当然这也其实是一种神话,但是古代印度人就是这样看)影多不定,随其方处,量有参差(意思是不同的地方,日影的长短是不一样的。我们现在理解这一点很容易,但是在古代,知道这一点也是一个很了不起的。不过到了唐代,这一点大概大家已经都接受了),即如洛州无影,与余不同。"义净说洛州那个地方是没有影子的,跟其他地方都不一样。好,义净下面又讲了:"又如室利佛逝国,至八月中,以主测影,不缩不盈,日中人立,并皆无影。春中亦尔(这是指春分)。一年再度,日过头上。若日南行,则北畔影长二尺三尺。"

我们知道,室利佛逝国在苏门答腊,就是在今天的赤道线附近,所以它一年当中有两次是没有影子的,每年两次。按照现代天文学的观点,无影的区域实际上就到北回归线和南回归线,因为太阳就在这两条线之间上下移动。如果在北回归线和南回归线之间,它每年会有两次日中无影。但中国的北回归线在广东,洛阳在北回归线以北啊,所以洛阳始终没有可能没有影子,但义净却说没影。然后义净讲室利佛逝,这没有问题。室利佛逝在苏门答腊,每年两次(无影)。这一定程度上也可以看作是古代外国天文观测的一种记录。义净后来还讲到时间也就是经度的概念,就是东边和西边的时间不一样,以前编《中国科技史》的李约瑟他们认为,这是很重要的东西,是最早提出东西的时间不一样的一条材料。

好,我们现在回到室利佛逝国,这个地方在今天印度尼西亚的苏门答腊岛,这一点很清楚,但是"洛州无影"是个很大的问题。高楠顺次郎是学者,他是日本传统佛教向现代佛教研究转换的一个标志性的人物,东京大学第一任梵文教授,也是第一任印度哲学与佛教学的教授。他的著作很多,《南海寄归内法传》是让他成名的一本书,尤其是在西方。高楠明白这个道理,所以他就觉得这个问题很大。在他看来:"The province of Lo is probably Central India. Lo was the capital of China and the centre of 'all under heaven' and I-tsing may have once for all used it as meaning Central India, though very strange."他说洛州可能是中印度吧,但是他也明白——那个时代日本人的汉学功底很好,汉文的水平相当的高——洛阳是中国的首都,一般中国人认为洛阳是在天地之中。高楠认为,义净也许是把洛州这个词用来指中印度。我们知道,在中国古代的地理概念中,印度往往被称作五印度,分成五个部分,中印度、西印度、南印度、北印度、东印度。我们说玄奘到印度去是遍游五印度,有这种说法。高楠的意思就是说,义净所说的洛州是指中印度,而且他说"once for all",仅此一次。当时义净在这里没说这个洛州跟中印度有什么关系啊,而且洛州确实也跟中印度没什么关系。高楠认为它是"though very strange",他觉得很奇怪:怎么会呢? 义净怎么会这么说呢?

有一点可能大家不太熟悉。我们念《新唐书》——其实不只是《新唐书》,从《史记》、《汉书》就开始了,历代的史书中讲印度、讲天竺的那些地名,都比较怪,都是译音,都是译的什么摩揭陀啊、犍陀罗啊、迦毗罗卫啊,等等,一眼就能看出来是外国的地名。洛州,这在中国是一个非常通用的地名,就像我们现在的"北京"一样。洛州在那个时代的地位就像现在的北京一样,怎么会说北京就是印度,或者是德里呢?高楠这个理解很牵强,他没法往下解释,所以他说"very strange"。印度的中部确实是在北回归线以内,印度中部可以无影,这一点我们下边还要谈。

这当然这个问题很大,我当时做这个工作的时候,我想是不是义净的《南海寄归内法传》传抄中发生了错误?但是我能找到宋代的刻本,可以找到平安时代的抄本和唐朝敦煌卷子中的抄本,却看不出来不同,到这个地方写得一律都是"洛州无影,与余不同"。所以你从校勘学的角度是解决不了这个问题,这个问题就留在我心里面,我一直没有解决。

我做博士论文是86年、87年的事,后来一段时间我没有再想这个问题。到1992年的时候,我在洛阳,参加龙门石窟开凿一千五百周年的会议,会后他们安排去参观,就到了一个地方。到了洛阳,安排参观,一般就在登封这一块,去参观少林寺、嵩岳庙这些地方。我们当时到了告成镇的古观星台。古观星台我是知道的,但是我没去过。告成镇最有名的,也是这个古观星台,是公元13、14世纪时郭守敬修建的,被认为是当时世界上规模最大、观测水平最高的一个天文台。在观星台的前面,有一个叫周公测影台的地方。在周公测影台那里,我看到一个说明牌,上面说:"当地人称没(mo)影台。"这是河南话,"没影"就是没影。说明牌说:夏至正午,表北之影长一尺五寸,正与石座北面上沿长度相等,所以看不出明暗差别,故俗称为"没影台"。当时我也没怎么看懂,后来仔细琢磨了一下,明白了这个周公测影台是怎么个"没影"。这是我当时拍的照片。后来我就写了篇文章,发在《文史》上,来解释这个"洛州无影"。我觉得我捡了一个便宜,"踏破铁鞋无觅处,得来全不费工夫",义净说"洛州无影",这不就是洛州无影么?这不就在洛阳么?登封属于大洛阳地区。这就是周公测影台,而且我认为,当年周公营洛的时候就在这个地方测影的,就在告成这个地方,就是颍川阳城,汉代称作阳城县。那我就写了这篇文章。

写了这个文章以后,我就觉得这个问题基本上得到解决了,因为当地有这个"无影"的传说,所以义净就把这一点结合起来,说其他地方都有影,就是洛州无影。但是后来有一位研究天文学史的朋友,就是中国文物研究所的邓文宽先生,他看见我的文章以后,觉得不对,就写了一篇文章,表达了他的不同的意见。这就促使我第二次——就是在 2004 年,我就决心要去看一看究竟是怎么个无影。2004 年的 6 月 23 号,也就是夏至日那天,我就跑到那儿去了,专门守在那里,看怎么回事。这是 23 号那天拍的周公测影台。大家可以看,后面就是周公祠,再后面(北边)是郭守敬的观星台。这一天我就守在那儿,刚好天气也很好。我们可以看见这个影子,现在(当时)已经快到中午了,有个影子还露在这个地方。然后,到这个时候,还能看到一点点,但基本上没有影子了。我们看这个石表,影子打下来,就跟下面的缘齐平。当时我拍了几张照片,但没做录像,这有点可惜。这是北边的石台,上面刻了两行字:"道通天地有形外,石蕴阴阳无影中。"当然这个东西不会太早,估计最早也就到明代,反正当地人认为这就是无影。这张照片是过了两三分钟以后拍的,影子出来了,它出现在东缘。影子很短一个时间没有了,现在又出来了,当然以后就越来越长了。我画了一个示意图。现在大家可能明白了。我以前讲到这一段,有些人说:"我没明白你这哪儿有影,哪儿无影。"其实是那个石台有个斜面,说穿了,把示意图一画就很简单。这个地方不是在北回归线上,所以它实际上不能直射。这个时候影子实际上已经到了最短的距离,到最短的距离影子就"石蕴阴阳无影中"嘛,它藏在石头里面了。写这个对联的人其实也明白这个道理,上面这个石表的影子刚好就压在北缘上,看不见了。当然,影子此前有,此后也有,只有这么两三分钟的时间没有,因为太阳在不断地运动。

这是郭守敬的观星台,这个台大多了,是个正儿八经的天文观测台。

下面的就是"天下之中"的问题。这个问题是什么呢?为什么要形成我刚才说的这个天下之中呢?后来我在《四川大学学报》上发表了一篇文章,把这个详细的过程作过一个介绍。我说,义净讲"洛州无影,与余不同",正是因为今天的登封市告成镇这个地方在唐代有一座周公观影台,这座观影台在夏至日有"无影"的效果。在义净的时代,洛阳当地肯定已经有了"洛州无影"这样一个说法，所以义净在他的书里面就作了一个特殊的记载。至于为什么会无影，依照我的看法，显然是与当时把洛州看作天下之中的观点有关。古代的天文学家通过一种巧妙的、甚至可以说是匪夷所思的建筑方式在太阳之下测影，明明有影，却显示为无影，正是为了说明这一观念。其中的道理说简单也简单，说它是一种奇思妙想也毫不过分，义净讲的"洛州无影，与余不同"的背后，就有许多的文章。地中还是天地之中，以及"日中无影"所表达的无非是一种特殊的具有政治文化意义的理念。以实物而论，像无影台这样的奇观，以我有限的见闻，在全世界恐怕是绝无仅有。

还要说明的一点是，这个周公测影台，我们现在可以确认它是唐朝开元年间所建立的，因为这个在《新唐书》里面有明确的记载，而且负责建筑的是当时的太史监——南宫说。他在开元十一年（723）建造了测影台，但是他建这个石表的目的是什么，我们现在还不是太清楚，我个人认为它是为了纪念。现在的这个石表还被认为是原物。南宫说为什么要这么做？我刚才说了那个"一尺五寸"，原来还有一尺五寸，这里一尺五寸就没了。为什么要让它"无影"？这么做，跟我说的天下之中是在中国还是在印度的问题有关。

为什么呢？我们中国人从来就认为自己是天下之中，从先秦时代开始就有这么一个观念，然后逐渐固化，而且历代中央政权又不断强化这个观念。为了使自己的统治合法、有正统性，又是在中国文化的背景下，天下的概念是以河洛地区或者关中地区为中心往周围延伸，周围的都是边区，都是蛮夷，所谓"四夷"。跟四夷对比，中原的文化是最高的，而且有正统性。这个观念到了汉代以后，尤其是佛教传来之后的三国西晋时期就受到了挑战。这个挑战很简单，就是印度文化的输入。以印度文化为背景的佛教，它进入中国以后就出现了什么问题呢？就是我们说我们是"天下之中"，印度人认为他们也处在天下之中。

这些从国外，主要是印度来的和尚，把这个问题提了出来。比如说《高僧传》里的《慧严传》，这是南北朝时期的著作——梁代的著作，它讲"东海何承天"。何承天是南北朝刘宋时代一位有名的天文学家，在中国天文学史上有一定的地位。而且他也很博物，知道很多知识。他就问这个慧严，也就是《慧严传》里面讲的："佛国将用何历？"慧严说："天竺夏至之日，方中无影，所谓天中。于五行土德，色尚黄。数尚五（这是中国和尚的发挥了，在印度哪里有什么色尚黄这一类的东西，五行是中国的东西），八寸为一尺，十两当此土十二两（这句话在通与不通之间），建辰之月为岁首。及讨核分至，推校薄蚀，顾步光影，其法甚详。宿度年纪，咸有条例。"这话倒也不错，因为印度古代的天文学很发达，当时达到的程度不比中国差。古代印度的数学和天文学是出名的发达。他说这个有什么条例，而且说"承天无所厝难"，就是说何承天没法回驳慧严。"后婆利国人来，果同严说。"婆利国大概是东南亚一带的一个国家，那里的人也说是这样。

这是印度的地图，它相当部分在北回归线以南。我想说的是，因为印度有一个地方，从汉代开始翻译佛经，佛经里面会遇到一个词 Madhyadeśa。Madhyadeśa 在佛经里面就被翻译成"中国"。这个词翻译成中国，翻译得非常非常准确。Madhya 是"中"，deśa 是一个地区的意思，就是"国"，现在印度有一个邦还用这个字。它指的是印度的一个地区，就是现在的比哈尔邦这一带，这也是释迦牟尼创立佛教的地区，佛经里和唐代的史书里也把它称为摩揭陀。在印度人看来，摩揭陀这一带就是世界的中心。法显到了印度以后，他也说，他走到现在印度德里周边的一个地方叫马吐罗（Mathura），那马吐罗以南的地方，就称为"中国"。我们那些编《四库全书》的馆臣为什么特别气愤呢？就是因为这个。馆臣们的意思是，只有一个"中国"，你怎么能说外国还有个"中国"呢？但其实法显没有贬低中国的意思。法显那个时候，严格说我们自己用"中国"这个词还很少，我们自己称中国为"中国"，是很晚的事。这个 Madhyadeśa，在佛经里面很早就有，那是印度的"中国"。同时，印度人也有这个边地的概念，就像我们有中国与四夷的这种概念一样。而且它也有边地之人，跟我们一样，他们也看不起周边的人，他们把周边的人叫作 Mleccha，翻译为"蔑戾车"、"弥梨车"。印度人认为这些人也是文化不高，要通过"中国"的人去教化。佛经里还讲，释迦牟尼说，你们要去教导他们。这些边地的人,他们也不懂我们这个"中国"的语言,那你们教他们呢,还要用他们的话去教他们。这就是人们说的释迦牟尼的语言政策,是要用当地的语言去教导当地的人。

这个"天下之中"和"日中无影"的观念怎么来的? 我们可以讨论一下。立杆测影,可能是世界上最古老的天文活动;周公测影台,很可能是中国也是世界上最早的测量日影的天文圭表。我不是说是我们现在看到的南宫说建的那个,因为周公那个时代的东西,原物肯定是看不见了。将天下之中和日影的测定与日中无影联系在一起,我想有神圣的意义。这当然是我们古代天圆地方的想象与实际观测到的天文现象二者相结合形成的这么一种观念。先秦时代、汉代一直到南北朝时期形成的一些天文学理论,与这个最贴近的是"盖天说"。当然盖天说的解释也有不同:有人认为是北极盖天,就是我刚才说的何承天,他认为北极是最高,是天中。但是北极下边如果是作为地中的话,我们是达不到的,我们不可能达到北极。所有这些,如果和历史文化和政治概念纠合在一块的话,我们就能看到一种文化的优越感和话语权。

刚才何承天和慧严——也有人说是智严——的争议就是说,谁是天下之中? 这样在中国就形成了两派。一派认为,天下之中现在到印度去了,那么我们中国就不是天下之中,这一般都是那些信仰佛教的,而且是信仰佛教比较虔诚的那些人,就是印度派或者西化派——现在的西化派的"西"是欧洲啊、美国啊什么的,那个时候就指印度。然后还有一派坚持说中国是天下之中,这是本土派。两派在唐朝初年其实有过很激烈的争执。唐朝有一个和尚叫道宣,很有名,也是一位学者,《续高僧传》就是他写的。他是一个很有学问的人,也是佛教南山律宗的创始人。道宣写过一本书,叫作《释迦方志》,《释迦方志》书中有一篇是《中边篇》,讲说印度是世界的中心,我们中国这边属于边地。他举了五条理由,其中第一条就是印度那边到了夏至日日中无影。当然还有一些其他的理由,什么河流之类的流向等等其他理由。道宣接受印度是中心的说法。当然也有人反对。你看古代那些和尚,经历九死一生到了印度去以后啊,那些跟法显一起去的人、还有玄奘之后去印度的人,有的就不回来了。因为他们说,中国那是边地啊,印度这个地方多好啊,释迦牟尼的光芒就照射在这个地方,我们来了,就不回去了。当然,像我们的玄奘,用现在的话说,是爱国主义者。有人劝玄奘不必回中国,说印度这个地方挺好的。玄奘回答说,中国地方还是挺好的,就是还需要我回去弘扬佛法。于是玄奘就回来了。但是有些和尚确实没有回来,他们认为自己来自边地,到了印度,就是到了最好的地方。这当然也是一种文化认同,是在那个时代。如果按照现在的观点,其实不存在爱不爱国。玄奘对自己的国家有感情。你看唐玄奘在《大唐西域记》中谈这些问题的时候,都有他自己的说法。比如,他说印度什么什么好、什么什么好,好到一定程度,然后说我们中国还是有特别好的地方——我们的人文特别好。这和我们现在党中央的说法差不多,我们的价值观念特别先进、人文特别好。

玄奘举了"四主",什么马主、宝主、象主、人主之类,我们中国,是人主之国,我们这里的人,最讲礼仪,文明程度最高。但是呢,我刚才讲了,《四库全书总目提要》中的《法显传》提要说,"其书以天竺为中国,以中国为边地,盖释氏自尊其教,其诞谬不足与争"。《四库全书》的馆臣们最气愤法显的,就是这一点。话说到这,我就觉得,我们的《四库全书》,当时是集中了中国水平最高的、最厉害的,比今天的院士地位还要高的一批学者在做这个事。他们在有的文献上处理得非常好,讲那些文献的源流什么的,但在处理这类文献上,他们就暴露出了他们的弱点,包括《法显传》。这里我随便举一点,比如说法显讲和田这个地方佛教很盛行,讲了很多和田的东西,编《四库全书》的馆臣就说,那个地方信仰的是回教啊,法显不是乱说么?馆臣们就不知道,回教是公元 7 世纪以后才有,至于新疆和田一带,回教化就更晚了,已经到 11 世纪到 13 世纪以后的事。

现在我想讲的是,葛兆光先生说了,文史研究院的研究方向是亚洲的宗教、艺术与历史,所以我想干脆再扯远一点,扯到西亚去,那就是我想讲一下基督教的"天下之中",那是一个关于耶路撒冷的故事。基督教中古时期的文献,也讲到了"天下之中"。基督教的书里讲,有一个地方叫"雅各之泉",

也有的叫"复活柱"。我们看这段英文,这些文献是用拉丁文写的,这里翻译成了英文。拉丁文我不认识。这一段说,有一座山,叫 Gerizim,是巴勒斯坦的中心,具有中心的声望,它就是大地的肚脐。你看,洋人有洋人的想法,他们认为肚脐才是中心,这大概跟我们道家炼丹差不多。这里说,这个传说是靠 Peter Comestor 保留下来的。Peter Comestor 公元 12 世纪时法国的一位基督教神学家。这个传说讲的什么呢? 它是这样说:"夏至的那天,太阳是没有影子的,它照射在雅各布的泉水之上。"这个泉水就在 Gerizim 附近。Peter 继续说,下面是拉丁文。拉丁文有英文的翻译,意思是说他们把这个地方称作我们居住的大地的中心、大地的肚脐。(Mount Gerizim, in the center of Palestine, was undoubtedly invested with the prestige of the Center, for it is called "navel of the earth". A tradition preserved by Peter Comestor relates that at the summer solstice the sun casts no shadow on the "Fountain of Jacob" (near Gerizim). And indeed, Peter continues, "sunt qui dicunt locum illum esse umbilicum terrae nostrae habitabilis. ")

　　除此以外,另外一种基督教文献又讲到了复活柱。这一段说:"我们必须简单地讲一下在这座城市中心的很高的一根柱子,这根柱子面对从北方的圣地而来的某人。柱子竖立的那个地方,曾经有一位已经死去的青年,当主的十字架放置在他身上时,他就复活了。神奇的还有,在夏至日的中午,当太阳升至天穹的中央,阳光下没有影子。夏至过去,也就是 6 月 24 日,三天以后,白天渐渐变短,出现短短的日影,然后随着时间一天天过去,日影变得更长。因此,在夏至日的中午,当太阳位于天穹的中央,光辉从上方直射下来,照到每一处角落,这根柱子证明,耶路撒冷城位于大地的中心。因为这是位于爱利亚(Aelia)城内耶稣受难和复活的圣址,一位赞美诗人由此也就预言而且吟唱到:主啊,我们的王,当岁月在大地之中成就拯救以前,也就是说,在耶路撒冷,这座位于中心的城市也被称作大地的肚脐。"(We must speak briefly about a very lofty column, standing in the middle of the city, which meets one coming from the sacred places northwards. This column is set up on that spot where a dead young man came to life again when the Cross of the Lord was placed on him, and marvelously in the summer solstice at mid-day, when the sun comes to the centre of the heaven, it casts no shadow; for when the solstice is passed, which is the 24th of June, after three days, as the day gradually lessens, it first casts a short shadow, then a longer one as the days pass. Thus this column, which the brightness of the sun in the summer solstice at mid-day, as it stands in the centre of the heaven, shining straight down from above, shines upon all round from every quarter, proves that the city of Jerusalem is situated in the middle of the earth. Whence also the Psalmist, prophesying on account of the sacred sites of the Passion and the Resurrection which are contained within that Aelia, sings: But God, our King, before the ages has wrought salvation in the midst of the earth, that is, in Jerusalem, which, being in the middle, is also called the navel of the earth.)这就是基督教的传说。当然,我们知道,耶路撒冷其实也在北回归线以北(北纬三十二度),那个纬度跟我们的洛阳好像差不多,在这个纬度上不可能出现日中无影的状况。但是它也这么说,当然没有像我们这样弄一个无影台,它没有。耶路撒冷城已经建成两千多年了,也不大可能留下这类遗迹。而且我也怀疑他们会不会有我们中国人这种机智,能够弄出这么一个无影台来。他们似乎没有这类建筑。以上是在文献里面留下来的一些证据,我们所知道的就是这么一个情况。

最后再说几句吧。这个说法是怎么产生的,我们不清楚,不过有趣的是:我们可以看到中国与外国,巴勒斯坦、印度、中国中原地区和巴蜀地区的先民,都把"天下之中"与"日中无影"结合起来考虑,这里面是不是有一种必然性?这是我在考虑的一个问题。当然还有一个问题就是,日中无影本来是地球上南北回归线以内每年都可以见到的一种普遍现象,但是我们这里所讲到的古代先民大都居住在北回归线以北,一般来说他们是见不到这种现象的。但是为什么他们会注意到这个现象,并赋予其某种神圣的意义,是这些族群对此有一种遥远的记忆,还是他们本来就知道这种现象,再加以想象和发挥？这些问题是不是还可以作进一步的考虑？在古代世界的两端，都有"天地之中"的说法，都与"日中无影"有关，背后也都有宗教与政治的意义。这是基督教的说法，基督教把耶路撒冷看成是一个很神圣的地方。所有的这些，各自发生在人类历史上最主要的文明起源地——中国、印度、巴勒斯坦，这难道是一种历史的偶然吗？

我跟大家介绍的大概就是这么一些内容，如果大家有什么希望跟我讨论的，不妨提出来。大家有不同意见很自然。我一开始写了第一篇文章以后，我的学长邓文宽先生，就说那个表是开元十一年建立的，义净见不到，因为义净是开元十一年以前的人啊，他是高宗时代、武后时代的人，开元时期已经是玄宗的时代了，他怎么会见到无影台呢？他见不到无影台对不对？当然我也有我的一些理由。后来，上海交通大学有一位做天文学史的先生，叫江晓原，这位先生我至今没有谋过面，他也发表过一篇文章谈这个问题，大致的意思是说义净是用典，好像是用一个典故来说明这个问题。后来还有一位四川大学的同学，谢一峰，也写过一篇文章来讨论这个问题。我挺高兴，这个问题有人讨论就好，没人讨论、石沉大海，就有点失望。大家有不同的意见，这个很自然的。关键就是《周礼》里面讲的，它有个"余份"，就是它剩的那一尺五寸。和尚跟他们讨论有影无影的问题，当时就有人指出，中国为什么不是天下之中呢？就是因为你有余份，还剩了一个尾巴嘛，在印度我们这个尾巴就没有了。那么在无影台这种特殊的情况下，把影子藏起来了，也可以说是没有了，就把这个余份问题解决了。

但是这个东西我现在也没有弄得太清楚。你说这个日中无影的观念在西方、在基督教的系统里，它也有。因为这个太阳是与人类生活最早发生联系的最大的这么一个天体，它跟我们的生活有密切关系，而且其本身也具有一定的神圣性。那怎么把这个太阳的影子和这个地中或者说是天下之中的观念结合在一块？其实《山海经》中讲的建木之下，日中无影，这个观念，从《吕氏春秋》就在讲，它一点不比《周礼》讲那个地中晚啊。但《周礼》的"地中"比较实在，讲的是实际观测的结果，因为《周礼》是所谓正儿八经的书啊，不讲神话的,有点正襟危坐的感觉,是讲礼制的书。至于到了后来,像义净这种人到了印度以后,了解了这么多事,义净的书中的一章就是讲这个时间和方位的测定,叫作"旋右观时",就是讲这个。但是他把所有的都提了以后,就说"洛州无影,与余不同",他认为洛阳这个地方跟其他地方不一样,是个特殊的地区。这个"特区"除了它的政治、文化地位以后,连它的天文观测也是不一样的。那么所有的这些和我们刚才说的像古代的盖天说,这一系列的问题纠结在一块,所以形成了这么一个现象。当然,我对天文学史和天文学理论了解非常有限。前不久在登封开一个会,就叫"天地之中"。因为登封那个地方,把那十几个遗址绑在一块,跟联合国教科文组织申请了一个天下之中文化遗产什么的。洛阳不是有中岳庙么?嵩山是中岳,又有这个观星台,当然还有嵩阳书院等等,都绑在一块申请。所以他们开了一个会叫"天下之中",专门讨论这个洛阳为什么被认为是天下之中。不过我最近在《光明日报》上看到一篇很短的报道,说天下之中未见得在洛阳。在哪里呢?在山西的临汾,临汾那里有个陶村遗址,说那发现了最早的天文表,也是用来测日影的,据说他们测日影可能也是为了确定天下之中。所以现在"天下之中"好像成了一个"毛病",让大家都"传染"起来。大家都想,立表就是要确定天下之中。其实立表是古代最基本的一种天文观测活动。人类最早从事的天文观测活动可能就是立日表,因为需要测定时间、测定方位、确定季节,都是靠这个东西,所以就引出了这么些话题。我要跟大家报告的就到这里,欢迎大家提出批评意见和建议。

提问与回答

徐文堪:

刚才邦维教授作了很精彩的报告。他的这个研究,是从撰写博士论文看到义净的这句话开始的,而且邦维先生还去做了实地的考察,提出自己的看法。在邦维先生的论文发表以后呢,也有一些讨论,今天在座的也有同学参加过这个讨论。所以我个人觉得邦维教授的报告非常有启发性,实际上在刚才他举的例子中我们可以看到,用日中无影来证明自己是天下之中的这样一种观念,在中国、印度、巴勒斯坦,在《山海经》中,乃至联系到三星堆的考古发现,在巴蜀地区,都有这样的观念。可能还有更多的地方,都有这样的观念。下面我们还有时间进行一些讨论。

学生:

王老师,我想问一下。您讲的第七个——天下之中:在中国还是在印度? 这个地方讲的"于五行五德,色尚黄。数尚五,八寸为一尺。十两当此土十二两"。那我就想问您,这里的"八寸为一尺"有什么根据? 我们中国的计量单位应该是十寸为一尺。这里的僧人慧严讲,印度的计量单位是八寸为一尺,这是怎么回事呢?

王邦维:

这是乱说的,纯粹是乱说。

学生:

还有我就想,它那个"十两当此土十二两",我刚才听您的意思是他这有点乱说的味道。但是我想我们中国古代的计量单位是十六两为一斤,那根据它这里的意思,印度"两"再往上的计量单位是什么?

王邦维:

印度根本没有"两"这个概念。它有它自己的概念。玄奘法师写的《大唐西域记》,有一部分叫"印度总述",很长,讲印度的各个方面,其中也讲到计量,每一个计量的单位基本上都是音译,所以印度根本不存在斤、两、尺、寸等单位。当然它们有"肘"这一类的计量单位。印度当然有计量单位,而且印度的计量很发达,甚至比我们的计量观念还要发达,比如说它可以到

"微尘",就相当于我们说眼睛基本上都看不见了,它还在往下面分。印度人在这方面的想象力特别丰富。印度整体就是这样一种情形,它什么都可以往前不断地推,推到极小极小。时间也是一样,我们现在说的"刹那"的概念,它本来是个时间的概念。它是梵文词的译音,叫作 kṣaṇa,古代翻译成"刹那"。"刹那"这个词已经进入汉语,被汉语充分吸收了,我们现在说的一刹那就是眼睛眨一下的时间,其实它是一个固定的时间概念。它有"时",有各种的分类方法。像刚才讲的这种文献,比如说慧严——有的讲是智严,我记得江晓原那篇文章好像就怀疑这个僧人是智严,因为智严到过印度,慧严没到过印度——他说何承天他们讨论这个问题,前半段还有点靠谱,后面这种五行、土德、色尚黄等等,就纯粹是中国人的想象了。我们可以看见那个时代跟我们这个时代一样,现在还算好一点了,因为现在中国跟外界的交往多了,到个美国容易得不得了。一百多年前中国对欧洲的了解其实也很少,很多都是想象。清朝的时候我们不是想象洋人的膝盖是不能弯的吗?这里讲有想象,但是也不全部都是想象。我举的那个例子,就是说明,当时认为印度是天下之中的观念跟中国的观念发生了碰撞,争论谁是天下之中。到了唐朝初年,唐太宗、唐高宗时代的和尚道宣写《释迦方志》的时候,道宣跟玄奘是同时代的人,他要讨论这个"中"、"边"的问题。他是印度派,信仰佛教,彻底接受了外国的理论。但是实际上我们看这前后有一个过程,最后当然还是中国人胜利了,我们当然认为我们是"中心"。一直持续到满清末年,我们都还认为自己是中心呢。明朝的耶稣会士来的时候,中国人的中心概念还很强烈,直到清朝末年中国经历了数次的失败以后,经由西方科学技术的传播,才明白我们在世界上也不是什么中心。这一百多年来我们不仅不是中心了,已经成了边缘了。这几天党的十八大就在争取重新进入中心啊。

学生:

还有,王老师,我就想问一下。因为印度古时候就讲"四大",中间好像就没有讲"土"。

王邦维：

它的"四大"里面有类似"土"这个概念，它其实是元素说。我们的五行是一种从元素的概念延伸出来的一种哲学概念了，它说金、木、水、火、土，是从实在的物质把它抽象出来，认为世界就是由这五种东西构成的。但是印度没有五行。印度的"四大"在那个时候对我们来说，实际上就是西方来的观念，它对中国的传统观念是一种冲击。这种冲击的结果，一个是可能互相之间发生影响，一个就是有的我们也不接受，或者被一部分接受。像"四大"这种观念，佛教徒就接受，而像我们一些信仰道教或者受道教影响更大的人，比如说中医，它就不接受这个。但实际上中国古代医学史的有些理论，一定程度上也受到印度的一些影响。

学生：

因为说到红色、黄色嘛，很多佛教徒都讲黄色，那中医这边有五行对应五色，印度的"四大"里面有没有颜色的对应？

王邦维：

没有。曾经有，但那是伪经。佛经里面有一部经典说穿什么衣服，还有什么颜色，把它算作安世高翻译的。安世高很早了，是后汉时期的人，但是那个显然是伪经。为什么会出现这种状况，我觉得倒是值得探讨的。因为它是比较后期的，后期有些佛教经典名义上是印度的经典，但它其实把中国的一些观念也掺杂进去了。就像安世高翻译的经典里面有扁鹊这些名字，怎么会有扁鹊呢？这就是中国古代的传说被加进去了。这一方面是一种翻译的策略，另外一方面是受了中国人自己的影响。说到扁鹊的这部经，还是被公认为是由安世高翻译的，我刚刚说的那部有关颜色的经典，是挂名安世高翻译的，不能算安世高的作品。

学生：

王老师,您好。我想问一下您,"天下之中"这个概念除了能够用太阳的影子去证明以外,是否还有其他的方式可以证明自己的"天下之中"？这是第一个小问题。第二个小问题就是您刚刚提到有些和尚去了印度以后就没有再回来,那么国内对这些没有回来的和尚有什么惩罚措施么？谢谢。

王邦维：

没有,哈哈。先说第一个问题吧,我们看《释迦方志》,它是道宣写的,道宣当时是一个很有学问的和尚。道宣编这个《释迦方志》的时候,它分为五篇,第三篇叫作《中边篇》,这篇一开篇就提了五条证明印度是天下之中的理由。第一条就是这个日中无影,第二条、第三条包括水路等各方面,详细的我记不太清楚了。反正一共有五条理由证明印度是中心,中国就不是中心。按照今天"愤青"们的话来讲,就是属于卖国的那一路人,怎么你帮印度人说话？这是第一个问题。第二个说到惩罚,那个时候没惩罚,怎么可能惩罚呢？当时的佛教徒有这种虔诚的信仰,他有时候就不愿意回来了,觉得印度好。我在北大出版的以书代刊的《国学研究》上的有一篇文章中谈过这个问题,我举了好多例子,而且详细地去分析当时义净法师、玄奘法师他们的心态。义净、玄奘这些人到了印度以后,当然是觉得印度有佛教,还有很多很好的地方,但是回过头又说中国也有很多很好的地方,有些地方不比印度差。这就符合我们现在党的政策,到外国学了回来还说我们好,这就比较好。有的跟法显的,就说我是来自边地,那我不回去了,在这个地方更好。当然那个时候出国又不要护照,什么都不要,自己想去就去,不回来也无所谓,中国人多着呢。

孙英刚：

非常感谢王老师的精彩报告。我以为虽然是一个很小的细节,但王老师揭示出来的是一个事关中古史的非常大的一个情结,也是中古时期非常大的一个层面,可实际上是被我们忽略的。它背后其实是两种天下观的冲突,用古代的话讲就是"华夷之辨",用白话讲就是"谁处在世界的中心",用现在的话讲就是文化冲突、民族认同这样一些话题。这个确实在当时是非常重要的一个内容,特别是我们读中古时期关于佛教的书写的时候,里面的"中国"大多数时候基本上指的都是印度,用来指现在中国的情况是比较少的。另外就是王老师原来给我寄的那本书里面讨论到玄奘给印度写的几封信,它里面也是反映了这么一个情结:就是说他一方面作为一个佛教徒,这是他的一个身份;另一方面他又是一个中国人,又有另一重身份,所以他很矛盾。玄奘几封信的主要内容就是讲,我们现在的唐朝也蛮好了,我们这里的佛法也很流行,我们这里出了一个转轮王,然后统治非常好,所以用了一个佛教的语言来形容,就是我们现在已经脱离边地了,具有了与佛陀出身地相同的一个地位。实际这个是非常重要的一个层面,这也启发我们对于中古时期佛教的传入,可能要在更深的层次来探讨。其实包括江晓原、陈金华他们几个,都讨论中心与边缘的这个问题,江晓原虽然不同意这么一个细节的问题,就是说到底是"格义"还是翻译的这些问题,但他的中心思想跟王老师是一样的。他也是在讨论文化冲突、身份认同的这些问题。这是一个很重要的层面,但是这个天下之中的观念可能还有一个很重要的层面,就是中国本土思想史的发展脉络,这个也很重要。那第一个层次当然就是民族认同、国家定位,第二个层次所要讲的就是统治与被统治,所谓"王权的神圣性"了。其实如果我们看这个洛阳地位的神圣化,是一个非常复杂的过程,特别是从东汉以后纬书的兴起,开始用各种神圣化的语言来描述洛阳的天下之中的地位。当然纬书已经散佚了,但是如果我们看那个条目,像安居香山、中村璋八他们的《纬书集成》,里面很多的条目就是关于洛阳的,就是讲洛阳是天下之中,具有神圣性,有非常多这样的内容。另外就是郑玄作了很大贡献。所以从汉朝灭亡一直到武则天时期,其实在洛阳和长安的竞争中洛阳是占据优势地位的,绝大部分的时间首都就在洛阳。这一直都在争论,到底是长安还是洛阳。

王邦维：

现在西安跟洛阳都在"打架"。

孙英刚：

当时可能更激烈。

王邦维：

现在主要是争旅游资源。

孙英刚：

那如果我们再重新读一下武则天时期的《大云经疏》和《宝雨经》——就是那个菩提流支的《宝雨经》，我们就会发现实际上把洛阳树立为神圣的天下之中是武则天时代一个非常重要的议题，而《南海寄归内法传》就是在这个时候寄回国内的。洛州无影的听众是中国人，其实就存在江先生说的那个用典的问题，因为比如说用 Kumudana 来指长安，因为它的对象是外国人，这个好理解，但如果是一本要寄回洛阳的书，怎么会用洛州来指一个外国地名呢？这大概没有问题，就是说在那样的一个政治氛围内，义净也是武则天时代非常重要的一个政治和尚，所以他实际上是隐含着附会当时政治神圣性的一个动机，特别是当时建明堂、建九鼎，当时洛州那个鼎是最大的，其他的鼎要比这个次一号。这实际上除了从华夷之辨这个角度来讨论，可能跟经学、谶纬等这些中国传统的政治思想也有关系。我后来想了想，这可能还是比较重要的一个问题，也不知道王老师有没有新的看法？

王邦维：这个问题我说了，我今天讲的这个其实是从四个字开始的，二十多年前这个"洛州无影"的问题就困扰我，存在我脑子里，后来有机会到了周公观影台，看见了这个"没影台"。看见这个"没影台"后，我就继续考察它，把研究做下去。这个问题高楠顺次郎当然受限制，他显然不会有我们对于中国文化的理解这么透彻,虽然他是日本研究佛教一个非常著名的,具有开创性的学者,是日本近代佛教研究代表性的人物之一。你刚才说的那些,我非常同意,而且在中国佛教和中国思想史的发展过程中,印度佛教开始是以保持它的自我形态的方式进入中国的,但是逐步逐步地,中国人就开始改造佛教。在佛教以印度为中心还是以中国为中心的争论中,到了后来中国就渐渐占了上风。说到武则天的时代,当然牵扯到武则天整个的政治策略、文化战略,她的战略就是首先要脱离李唐政权,她的新的大周政权的政治中心放在洛阳,义净最后也死在洛阳。义净是一个随侍武则天的和尚,他受到武则天极大的推崇。从印度回来的时候,武则天亲自到城门外去迎接他。他翻译经典的时候,武则天就坐在下面,帮他抄写。当然,武则天有武则天的动机,她有她的政治含义。在佛教中心从印度到中国的转移过程中,典型的就是把印度的菩萨搬到中国来,五台山成为文殊菩萨的道场。后来更晚的时候,像舟山的普陀山,称为观音菩萨的道场,峨眉山成为普贤菩萨的道场,都是这个原因。陈金华对有的问题有点怀疑,比如说到中唐以后印度和尚到中国来朝圣,不是中国和尚到印度去了。他们到中国哪里朝圣呢?到五台山来朝拜文殊菩萨。因为有的佛经,好像是《华严经》里面讲,文殊菩萨住在一个什么什么山,好像是清凉山。另外有佛经讲,山有五顶,这就跟五台山差不多了,五台山不就五个"台"吗?而且在初唐时代,义净在他的那本书里面讲到文殊的事,他说文殊菩萨是住在并州,也就是山西,就是现在的五台山,所以这个就反映了佛教的中心开始从印度向中国转移了,中国逐渐成为东亚佛教的中心。我们看到中国周边几个国家的僧人,比如说新罗,就是现在的韩国,他们的僧人到长安和洛阳一带学习佛教。他们学习了佛教以后就进而往前走,像有名的慧超,他就到了印度,坐船去,陆路回来。义净就说,这些新罗的僧人们也跟着到印度去了,他们是主动去的,日本也有个别的僧人。但是后来他们就不用去了,到中国就够了,我们就算"重新夺回了我们的话语权了"。佛教本来是源自印度,到中国后发生了变化,这牵涉到中国思想史上很多复杂的问题,葛兆光先生以前做过很多研究,例如禅宗的研究。我们看到,就在隋唐时期,佛教冒出来一大批宗派,中国佛教渐渐地脱离印度了,玄奘法师和义净法师就处在这个转变期间。宋代以后,从印度获取的新的思想资源很少,前边应该说我们学他们的多,到了后来,印度佛教已经呈现出一种新的状态,所以到后来我们求法的人也少了,翻译的经典,尤其是对中国思想史发生影响的经典就越来越少,几乎就没有了。此前,在后汉时期,在南北朝时期,这些经典对中国人来说具有极大的吸引力,它提出的一些宗教哲学上的新观念,还有文学的形式、体裁、人物等等。这些一步一步吸收到中国来以后,中国人就觉得似乎不需要再寻找印度的资源了。周边的国家,像韩国和日本,也到中国来。这些周边的国家更多体现的是中国佛教的一个延伸。当然它们也有它们自己的特点,但主要的部分是在中国吸取的,像新罗的圆测等等,都主要是接受了中国佛教各宗的观点。日本也是,日本佛教的宗派基本上都是中国佛教宗派的延伸。像我们中国佛教,在早期受印度的影响是比较大的,到后来就逐渐中国化了。我想所有的文化在交往的过程中,这是一个普遍的现象,就是成熟了。当然这也牵涉到政治方面,你看武则天在这个政治运作过程中,除了《大云经疏》的那一段以后,她后来加什么圣号,成为"金轮圣神皇帝"之类,那都是从印度的观念吸收过来,借用一下,把自己神圣化,为她自己的政治服务。当然武则天吸取的思想资源不光是佛教,像明堂,那就是把儒家的思想进行了改造。武则天是一个很了不起的人物,在中国历史上一点不比这些男性的皇帝差,所以她的时代在历史上很重要。我们看整个唐代,几乎都能看到这种观念,洛州无影也好,天地之中也好,日中无影也好,这些一方面与天文观测有关系,另一方面也是一种想象,最早是一种神话,然后又和那些历史的、思想史的观念纠结在一块。我觉得这给我们提供了一个例子,说明我们应该怎么去认识古代人的思想。当然,按照我们现代人的说法,也可以给我们的现实提供一点认识的基础,因为我们现在也挺想成为中心的。中心的话语权强啊,我们现在老觉得我们的话语权不够。

谢一峰：

王老师,您好,首先非常感谢您的演讲。我关注到这个问题应该说是三年以前在川大上学的时候,然后写了一篇小文章,探讨这个洛州无影的问题。当时我主要是有两个方面的疑问,其中的一个就是,洛州无影出现"无影"的时间实际上跟夏至日正午十二点洛阳的地方时是有差别的,当时我算了很久,大概是有三十多分钟的差别。那么这样的一个差别,我当时看了一些参考书目来探讨唐代天文学和计时的水平。然后呢,我总体的感觉是:这个东西如果是唐代官方的作品的话,它出现这么大差误的可能性我当时认为不是很大的。所以我当时对这个地方持有一个疑问,就是它这个东西造得可能并没有那么的巧夺天工。虽然它基本上可以实现一个无影的效果,但是它是有误差的,而且这个误差还并不是很小。所以我当时有一个疑问就是:为什么会有这个情况,这个东西到底是谁造的? 然后,刚刚听了孙老师讲的这段之后,我觉得很有启发,因为当时我提出的主要有两种可能,一种它是偶然的,但是现在我觉得这个可以放弃,因为刚刚也听王老师讲了一系列的例子。那么现在我觉得它一定是有一个故意造作的可能性,但到底是哪一些人造作了这个东西。因为我当时的一个猜想是,如果说我们考虑到这个地方当时正好是佛教非常发达的地区,比如说禅宗的祖庭都是在这一带地方,而且禅宗的兴起正好代表着佛教中国化高峰时代的到来。这一时期正好是佛教中国化一个很重要的阶段,那么是不是有可能这个东西的制造者不见得是官方,可能是有其他的人造作了这个东西,然后来实现这个"无影"的效果。因为实际上来说的话,您刚刚也讲到了,这个"无影"的问题主要是印度佛教跟中国这一派争正统的问题。如果我说洛阳是天下之中,就把这个佛教的正统也争到我们中国的范围之内了。所以当时我的想法就是:是不是它这个东西的制造者可能不一定来自官方。当时我是通过这一个小小的差误得出了这样一个小小的看法,现在这个疑问我觉得仍然存在在这里,也想继续请教王先生。

王邦维：

是这样，我很感谢谢一峰同学认真地去对待这个事。本来我开始时有点游戏笔墨的意思，想着有这么个问题吧，就写一点东西。我关于洛州无影的文章开始都写得很短，也就是札记式的，后来引起了邓文宽先生一些不同的意见，后来我又作了更仔细的研究，就具体去做实地的观测。后来也就是孙英刚老师的那些想法，我觉得这个问题好像牵涉到更多的一些方面，比如说文化心理、政治心理、宗教心理、外国和中国的认识这些方面。

孙英刚：

我觉得这个是不是真的，对于整个的讨论并不是很重要，就这个地方到底是真的还是后来建的还是怎么样，就像耶路撒冷一样，他们拿不出证据来证明的。文献记载就是有，但有时候我们难以把它比对出来。

王邦维：

我继续回答谢一峰的意见。你那篇文章其实我也看了，我还是认真考虑过的，你说那个差半个小时，这一点是我没考虑到的。因为当时我觉得洛阳当地的地方时跟北京的标准时是有差距的，我不知道每个时区之间它定时是定在什么位置上，就是那个标准时？

谢一峰：

它是定中央经线，就是东经 120 度，然后洛阳是 112 度，相差 8 度。

王邦维：

是，但是有一个问题，我还是在想，没有完全想通。就是说如果我们当时观测的就是在一点过几分的时候，那个情况你说差半个小时，但那个时候是不是洛阳这个地方日影最短的时候？如果照你这么说那个时候就不一定是日影最短，也可能从肉眼上看不出来，但从理论上来讲它建这个没影台的话,影子缩到最短的时候就是这个时候,它应该就是这个时候最短呢! 因为此前和此后,洛阳这个地方,或者具体讲是周公观影台那个位置,它一年只有一个时间是它日影最短的时候,过了这个时间就会长一点,只有在夏至的那一天是它最短的时候。就那个位置,你说差半个小时,所以我没有完全想通这个问题。

谢一峰:

对不起,我再补充一点点,实际上我那篇文章的有一个意思是这样的。因为洛阳,我刚才讲,它跟北京的标准经线差了 8 度,然后每一度是相差四分钟,总共就是 32 分钟。那么,如果说它日影最短的时间应该是当地时的十二点的话,我们换算成北京时间就是 12 点 32 分,而您讲的是一点多钟,所以我讲的差半个小时是讲的这个意思。那么,如果说他们有一个比较精确的考虑的话呢,他们应该保证至少是在 12 点半前后出现无影。因为这个时候是影子最短的时间,只有是在这个时候出现无影,从理论上才能证明洛阳是天下之中。要不然,如果说以一点或者两点、或者说十一点出现这个无影,因为太阳本来就是有个倾斜角度,所以我们无论怎样设置,很有可能总会碰巧出现无影的情况,所以我当时讲的是这个意思,但是确实就像孙老师讲的一样,可能有点太钻到牛角尖里面去了。不过我总体的意思就是,它可能并没有那么精确。

王邦维:

我在那篇文章里也讲了,我说南宫说建这个台,现在我们都接受了这是唐代南宫说留下的遗物,因为记载一直没断过,所以大家认为现在这个石台是南宫说建的。以南宫说的水准来讲,他不应该造成你说的这么大的差错,但是我在文章里面讲了,这个东西不是一个天文观测的用具。为什么呢? 有很多原因,我只提了一点,就是它不能设置水平。观测这个日影,很重要的就是水平。你看郭守敬建的观星台,它有一个投日影的地方,那个水平非常长，大概有二三十米，他修了一条道。他当时观测的时候，就把这个道灌上水，灌上水以后就可以确定水平。他利用那个二十多米高的台，在台上设了一个孔，让太阳影投在那个水道上，这就让郭守敬当时的天文观测水准达到了当时的世界一流，它是精心设计的。但这个表（周公测影台），它实际上就是一个纪念性质的东西。如果说南宫说要做这个的话，就像《新唐书》讲的开元十一年南宫说要在这立表的记载那样，按照我的想法，可能当时就是为了纪念。因为在传说中，至晚可能从汉代开始，大家就认为这是周公测影的地方。郑玄、贾公彦他们都讲了，周公曾经就在这个地方测影。当然周公在中国历史上是一个很重要的人物，而这个测影又是一个很重要的举动，所以在这个地方就建了这么一个台，至于是不是要那么精确？因为他不是一个真正意义上用于天文观测的表，而只是一个纪念性的东西，从这个意义上来讲，可能做得粗糙不粗糙并不是那么重要。而对于义净来说的话，他脑子里一定有一个概念，就是"洛州无影"。他讲赡部洲到处都有影，"随其方处，量有参差"，意思是不同的地方有不同的影，只有"洛州无影，与余不同"。在当时来说，他也算是在世界上走得很远很远的人了，从东南亚坐船到达印度，在印度还作了一定的旅行。在当时来看，他也算出过国、留过洋，到过很多的地方，也作了很多观察，但他说"洛州无影，与余不同"，就是说在他的脑子里面，洛州是无影的，而且与其他地方都不一样。其他地方都可以有影，就是洛州无影。所以他脑子里面装着这个概念，那么这个概念从哪儿来的呢？我就认为在南宫说建这个表之前，这个地方可能就有这样一个东西，而且"洛州无影"这个说法在南宫说以前在当地就已经有了。当然这个概念是怎么来的，他们做这个东西是不是为了跟印度对抗、争夺这个中心，我们还不是很确定。因为根据义净的经历，他在出国之前也在洛阳这一带游学过，也算是一个有学问的和尚，受过很好的教育，所以他把这个装在心里，到他写这个书的时候要单独提出来讲。而高楠顺次郎说这个洛州是指中印度，这是毫无根据的，不可能。我刚才讲说，这个洛州在当时的地位就像我们现在的北京，你说北京就是德里，那怎么可能呢？北京就是北京，这个名字是清清楚楚的,还不像清朝末年葡萄牙和西班牙可以混淆,这是不可能混的。尤其对义净这种人,洛阳是何等神圣的地方,他怎么能拿洛州这个名字去指中印度? 而且他也是在印度住过十多年,印度的地名他都很清楚,他怎么会突然想到用这个地名去指代印度的什么地方? 高楠顺次郎说仅此一处,他自己也觉得奇怪,所以我觉得高楠顺次郎说得不对。因此他也有些犹豫不定,但他提出的这种解释的可能性是完全不存在的。我一开始就觉得不存在,从义净的经历,从当时的形势来讲,他绝对不可能拿洛州这个词去指中印度。这当然是一个细节问题,我看过你的文章,你觉得它好像是那种民间弄的比较粗疏的小玩意儿,然后就把它放在那儿。我觉得这不单纯是一个民间的问题,它还是有很多很重要的政治文化含义在后边。而且严格说义净是一位很严肃的作者,我们看他那本书就会知道,所以他的书在西方的东方学界颇受重视。像他的《大唐西域求法高僧传》,19 世纪末 20 世纪初研究西域很有名的一位学者——沙畹(Edouard Chavannes),是伯希和(Paul Pelliot)的老师那一辈了,就把它翻成了法文。所以他们都把义净的著作看作是很严肃、很重要的著作,大量地引用。高楠顺次郎做的这个工作也是很重要的,他在莱比锡大学拿的博士学位,就是依靠这本书的前言,大概二十来页吧,这我见过。

学生:

王老师,我想问一个小问题,是关于周公观影台。在您梳理早期儒家经典的过程中,可以看到"地中"这个概念一开始是跟颍川阳城有关的,后来它又跟周公观影台有关系。我觉得这里面有个变化,就是周公观影台是一个建筑,而颍川阳城是一个地点,那我不知道在文献里将周公观影台这个建筑跟"地中"这个概念建立起联系是什么时候?

王邦维:

从文献上讲,把《周礼》作为一个战国时期形成的文献来考虑的话,我们知道的第一个文献恐怕就是《周礼》。这个测地中就成了一个很重要的活动,记载在《周礼·地官·大司徒》里,这牵扯到很多与礼制相关的很重要的问题。从汉代开始,也就是郑玄,指明这个测地中的地方是在颍川阳城。当然,郑玄并没有说就是告成镇现在观影台那个位置,因此我们不好说它是不是就在现在那个位置,但至少是在阳城这个范围内,阳城就在现在告成的那个位置。郑玄以后,像贾公彦就指出,阳城那个地方就是我说的告成,而到开元十一年南宫说去立表的时候,那就是在现在的这个位置立表。我觉得虽然文献没有说得那么详细,就是说一定是现在那个位置,当时他也没法像现在说经度多少多少、纬度多少多少那样去标志,而且那么小一个地方,我觉得应该是在现在这个位置。为什么这么说呢?我还有一个理由,就是在那个地方观测天文的话,一定是个好地方,合适的地方。郭守敬为什么选这个地方作观星台呢?郭守敬是行家啊,他不是随便选的,他不是说像现在那些造假古董的人啊。刚才谢一峰的意思大概就是说当地民间在造假古董,但郭守敬绝不是一个造假古董的人,他要编历法,他组织了一些很重要的天文观测。他选择的那个地方,实际上你现在到那里也可以看到,就是它的山川形势,在古代来说做天文观测确实是一个很好的位置,比较开阔,各方面都比较方便。就像我们现在说上海天文台,上海天文台在哪儿我不知道,但它肯定不会是在人民广场,而是在上海的附近选一个合适的位置。我的理解是这样。

学生:

老师,我就是想问一下,您刚才提的地中,那这个地方刚才讲了一个"天中",因为佛经里面讲的是三十三天,那么这个"天中"是指的哪一个天的天中?

王邦维:

这个"天中"与三十三天其实是不一样的概念。你说的三十三天是印度的概念,是从佛教传过来的三十三天,我刚才说的那个"天中"是中国传统的概念。中国古代有什么浑天说、盖天说,这是中国自己发展起来的。比如说我刚才说的刘宋时代的天文学家何承天,他就提出"天中"的概念。我们看《晋书·天文志》里面就讲,他说天中在北极,北极的顶上就是天中,所以这个概念和印度实际上是没有关系的。我们古代的天文学说有的受印度影响,有的是中国独立发展起来的。

学生:

那如果这样说的话,这个"无影"的问题是怎么将地中与天中联系起来的呢?

王邦维:

不,这个不一样,地中和天中是有差别的,它的理论基础不一样。我只是说它可能是在盖天说的影响下,因为我们讲的是天圆地方。你看我们刚才讲的基督教,它也有所谓的"the center of the heaven",也是"天中"的意思。但是我们说的这些词汇在不同的语境下,标准是不一样的。你比如说我们现在在上海或者在河南,这个天中就在你说的那个位置,但是你在地球上不同的地方,它所对应的顶点是不一样的。刘宋时代的天文学家何承天,他曾经解释过这个盖天说。何承天不信佛,他在那个时代就已经提出来一种观念,就是把天中放在北极点上,但北极点在中国这块土地上是达不到的,只能从理论上认为是在北极点,因为我们离北极始终是有距离的。这一点中国古代的天文学家也很清楚,而且他们通过什么经度、纬度来度量这个大地的长度,同时观测日影。唐朝还有一个很有名的和尚叫一行,我们认为他是天文学家,他的那些天文学知识,有些我们认为也很了不起、达到很高的程度,你像测子午线这类事情。但是他的有些东西也跟印度的很多东西混在一起,尤其是和那些神秘佛教,也就是密宗(Tantra)的一些观念纠结在一块了。宗教和科学我们现在当然分得比较清楚,那个时代其实不完全是这样的。人类的文化认识是有一个过程的,就像这种"天下之中"的观念。哪有天下之中啊？地球是圆的，哪里都不是天下之中，这开始是一种想象，然后就变成了政治文化的一种心态，在某种情况下得到一种鼓励和支持。一般来讲，作为统治者，像皇帝，他要强调自己的正统性、权威性，就要强调我是住在天下之中。像基督教那个，也是为了说明耶路撒冷是它的圣城，所以它就说它是天下之中，欧洲信仰基督教的人可能在某种程度上也接受。这个"天下之中"好像在所有的文明里都被认为是一个很重要的观念，都是在强调自己的正统性。

徐文堪：

刚才王先生作了一个很好的报告，刚才我们又进行了比较充分的讨论，相信大家都很有收获。限于时间，我想就不再继续了。对这个问题，我一点研究、一点认识也没有，所以也不敢赞一词。刚才谈到佛教传到中国来，这确实是一桩很大的事情，对中国文化产生了很大的影响。应该说中国人从佛教和它的文化中受惠是很多的，像那么多的经典从印度语言和其他中亚语言翻译成汉文，这是人类历史上一个非常伟大的翻译工程，中国很多的学问是从这里面受到启发的。你像这个音韵学，王先生也研究过所谓鸠摩罗什《通韵》。中国的音韵学毫无疑问受到了印度的影响，还有天文学等等。国外有的学者还认为，中国的这个格律诗，一定程度上也受到印度的影响，像陈寅恪先生就有很有名的《四声三问》的文章，这里面有很多讨论，我们今天不必再详细谈了。当然，实际上中国对印度也是有很多贡献的，可能一直到现在，人们往往还认为这个印度人是信佛教的，其实印度人早就不信佛教了。现在的印度人基本上不信佛教，虽然有一些佛教信徒，但这是到后来重新传去的。实际上印度人多数并不信佛。很多古代印度的佛经，是靠了汉文或者藏文的译本才得以保存下来的。根据敦煌、西域发现的文书也可以看到，中国在当时西域人的心目中也是一个佛教中心，比如于阗语文书里就有朝五台山的文书。另外，像粟特文、回鹘文佛经实际上也是从汉文翻译的，不是从梵文翻译的。所以中印两大民族实际上是互相影响，互相从对方受惠。我个人感到,中国文化和印度文化都非常伟大,世界上各个民族都创造了辉煌灿烂的文明。为什么一定要争哪一个是中心呢? 当然到了近代,有一些民族主义的情绪,这个很正常,但争谁是中心实际上是一个很没有意义的事。在比较世界上各种文化的时候,我很同意费孝通先生所说的"各美其美,美人之美,美美与共,天下大同"。我个人认为:中国、印度、其他许多国家所创造的文明都是造福于全人类的。至于许多地方的神话传说与记载之中都有相同的观念,这个刚才我们王先生也说了,是出于偶然还其间存在某种联系,我觉得也是一个可以讨论的问题。有一名美国学者 Michael Witzel,他也去过北大,他专门写了很厚的书来讲世界上各个民族的原始文化、神话传说。

王邦维:

他是哈佛的,我们还专门开过一个会来讨论比较神话学。

徐文堪:

这也是可以再进一步研究的。今天我想就到这里,我们对王先生精彩的报告再次表示感谢。

谢一峰　整理

陆辰叶、杨光　校对

礼仪之争中的中国声音：一个地方问题的全球化，1701—1704

主讲人：钟鸣旦（Nicolas Standaert）

主持人：董少新

时　间：2012 年 11 月 19 日

钟鸣旦

　　荷兰莱顿大学汉学博士,比利时鲁汶大学汉学系主任、教授,比利时皇家科学院院士,加州大学伯克利分校客座教授,哈佛大学客座教授、复旦大学文史研究院国际评鉴委员会委员。主要从事明末清初中欧文化交流史的研究。著有《杨廷筠:明末天主教儒者》、《可亲的天主:清初基督徒论"帝"谈"天"》、《本地化:谈福音与文化》、《文化相遇的方法论:以17世纪中欧文化相遇为例》、《礼仪的交织:明末清初中欧文化交流中的丧葬礼》、《礼仪之争中的中国声音:行记、社群网络与跨文化论争》等。

董少新 │ 复旦大学文史研究院研究员,主要研究领域包括中外关系史、中国天主教史、明清史、东亚海域史、科技史等。

董少新:

好,我们准时开始。今天下午的文史讲堂,我们提前了半个小时,因为钟鸣旦教授还要赶飞机返回欧洲,所以提前了半个小时。各位老师、各位同学,先生、女士们,下午好!今天我们的复旦文史讲堂有幸邀请到比利时皇家科学院院士、比利时鲁汶大学汉学系系主任钟鸣旦教授为我们来做演讲。长期以来,钟教授一直从事明清时期的中欧文化交流史的研究,已经出版了很多非常有影响力的著作,例如《杨庭筠:明末天主教儒者》、《可亲的天主:明末清初基督教徒论帝谈天》、《本地化:谈福音与文化》、《文化相遇的方法论:以17世纪中欧文化相遇为例》,还有《礼仪的交织:明末清初中欧文化交流中的丧葬礼》——这个是我们文史丛刊的系列之一,等等。钟教授也是我们的老朋友了,十年前我曾经访问过鲁汶大学汉学系,得到了钟教授非常多的帮助和指教。2007年文史研究院成立以来,钟教授一直担任我们国际评鉴委员会的委员。自从2007年以来,钟教授已经为我们做过两次的文史讲堂,一次是2007年的6月份,讲的是《明末清初中国官方礼仪中的舞蹈》。第二次是2010年的7月,讲的是《中欧"之间"和移位:欧洲和中国之间的图片传播》。刚刚钟教授又有一部力作出版,这部力作的名字叫作《礼仪之争中的中国声音》,这本书已经出版,不过我还没有拿到,这也是钟教授今天演讲的题目。我们知道,1643年,曾经到过中国传教,并遭到驱逐的多名我会士黎玉范(Juan Baptista de Morales)在教廷传信部公开指责耶稣会对中国礼仪的包容,由此挑起了长达三个世纪的中国礼仪之争。1693年,福建宗座代牧、巴黎外方传教会阎当(Ferdandez Navarette)主教向教区发布讯令,禁止耶稣会尊重中国礼仪的传教方式,禁止中国基督教徒参加任何形式的祭祖和祀孔礼仪,这使得中国礼仪之争迅速升级,并导致了康熙末年的禁教。中国礼仪之争是中国天主教史,乃至东西方文化交流史当中最重要的问题之一,长期以来受到了国内外学界的高度关注。在已有的研究当中,一般普遍认为这是一场欧洲各个传教修会之间的争论,跟中国好像似乎没有太多的关系。那么在这场旷日持久、非常复杂的争论之中,中国教徒和中国知识界到底扮演着什么样的角色呢?虽然这个问题,国内学者比如说韩琦、李天纲、黄一农诸位教授也已经有过研究,但是仍然有很多深入的空间。钟鸣旦教授就新近发现了一批中国教徒致罗马天主教廷的书信,并以这批书信为基础完成了一部著作,就是刚才我提到的《礼仪之争中的中国声音》。那么接下来呢,我们以热烈的掌声欢迎钟教授对此问题进行演讲。

钟鸣旦:

1702年10月7日,星期六,中国籍耶稣会士刘蕴德(洗名Blasius)召集了一群来自南京及附近天主教社区的教徒们。刘蕴德是一位颇有学养的士大夫,在1672—1675年间担任钦天监监副。正是在钦天监,他遇到了著名的耶稣会士南怀仁(Ferdinand Verbiest,1623—1688),后者于1684年为其施洗,而且他出于尊重使用了南怀仁的欧洲姓氏Verbiest。1686年刘蕴德加入耶稣会,1688年晋铎。随后,他在当时中国天主教徒最集中的地区进行牧养工作,那里拥有大约130000个天主教徒。

1702年10月,十九个天主教徒接受了刘蕴德的邀请。他们当中的一些人是在南京参加科举考试,而其他的则是陪考的家人或朋友。就在他们"按照中国的习俗"互相拜访之时,他们讨论了当时中国教会所发生的一些事情,尤其是在福建省,那里的主教颜珰(Charles Maigrot,1652—1730)禁止拜孔子,禁止供祖宗牌位,并禁止用"天"和"上帝"指称天主(God)。10 月 7 日的会议显然是经过精心筹划的,一份通用文本已经拟好,经过协商之后,他们共同签署了这个文本,并作为致教宗的集体信。在信中,他们"恳祈转达教皇以安圣教以救中国万姓灵魂"。在表达了反对颜珰禁令的意见之后,他们指出了颜珰这些行为的深远影响:"今若以此三件为异端,则中国之人反疑圣教为无礼无义扞格不行矣。不几负各神父梯航行教之至意,弃中国万姓灵魂于魔鬼乎?"在信的最后,他们表示,"实无他意,无非为中国万姓灵魂起见"。

这封信提到他们的名字,并有他们的亲笔签名:姚斯德望(Stephanus Yao)、冯依纳爵(Ignatius Feng)、许奥吾斯定(Augustinus Xu)和许方济各(Franciscus Xu),他们是当时朝廷或地方的候补官员;许多明我(Dominicus Xu)、许依纳爵(Ignatius Xu)、许安多尼(Antonius Xu)和张伯多禄(Petrus Zhang),他们是国子监生;还有 11 名国学生:许伯尔纳铎(Bernardus Xu)、冯安当(Antonius Feng)、冯方济各(Franciscus Feng)、徐若望(Ioannes Xu)、徐雅俟多(Hyacinthus Xu)、许类思(Ludouicus Xu)、徐依仁诺(Hyginus Xu)、徐安当(Antonius Xu)、徐若瑟(Iosephus Xu)、徐巴相(Sebastianus Xu)和艾伯多禄(Petrus Ai)。为了将信送往罗马,南京主教、耶稣会士罗历山(Alessandro Ciceri,1639—1703)随后将其译为拉丁文。集体上书不仅仅发生在南京,类似的行动也发生在当时遍布中国的至少十二个其他的天主教团体中。在一些地方,写给教宗的集体信上有多达 50 名教徒的签名。除了集体信之外,还有个人证词。在收集起来的约 60 封信中,署有数量可观的、约 430 个不同的签名。所有这些都被翻译为拉丁文,于 1704 年间抵达罗马,并呈交给教宗①。

①Nicolas Standaert,*Chinese Voices in the Rites Controversy*:*Travelling Books*,*Community Networks*,*Intercultural Arguments*,Rome:Institutum Historicum Societatis Iesu,2012,pp. 7-8.

一、历史研究的转变

17、18 世纪的中国天主教常常与礼仪之争相关联,后者根源于利玛窦的适应政策,在 1704 年教宗对中国礼仪的谴责(1715 年和 1742 年分别再次确定)中达到白热化程度。这个决定常被视作是当时天主教在中国失败的主要原因之一。1939 年教宗取消禁令,很久之后关于礼仪之争的研究才开始出现。然而,这场争论和可利用的史料的重要性,却与专门研究该课题的较少的学术成果形成了鲜明对比。直到 1992 年,关于礼仪之争的第一次学术会议才召开。① 然而近年来,汉学家们重燃对这个主题的兴趣。

这个话题能够重新引起大家的注意,有以下几个原因。很明显,首先的原因是这个话题的敏感性发生了改变。之前的研究者常倾向于选择一个阵营,同情争论中的"赞成"或"反对"的一方,就好像耶稣会士或多明我会士的观点需要得到辩护与追随一样。当前有更多非宗教的或非天主教徒学者在研究礼仪之争,虽然他们尚未完全排除这种冲动,但为我们远观这场争论提供了机会。其次是礼仪之争通常被视为纯属欧洲的事务:它是一场在中国的欧洲传教士之间的争论,也是这些传教士与罗马和欧洲其他地区之间的争论。而且,相关文献都是用欧洲语言记录。近年来,学者们发现了一批数目可观的出自中国学者的关于礼仪之争的中文文献②。这些文献表明,中国人以他们自己的方式和他们自己的问题积极地参与了这场争论。因此,汉学家们开始研究这个故事里的"中国一方"。再次,前述两个原因已经引发了一些问题,而这些问题超出了神学家和教会史家所关心的范畴。例如,大部分关于礼仪之争的研究都强调欧洲传教士之间对教义的讨论,但他们都

①关于这次会议,详见 David Mungello (ed.) , The Chinese Rites Controversy: Its History and Meaning (Nettetal: Steyler Verlag, 1994) .

②这些材料的概述详见:"Rites Controversy", in *Handbook of Christianity in China: Volume One* (635 – 1800) , ed. Nicolas Standaert, Leiden: Brill, 2001, pp. 680 – 688; and the CCT database: Ad Dudink & Nicolas Standaert, Chinese Christian Texts Database (CCT–Database) (http://www. arts. kuleuven. be/sinology/cct) .

出人意料地忽视了争论中的礼仪层面。专门从事道教研究的学者施舟人(Kristofer Schipper)在其一篇富有启发性的文章《浅析礼仪之争:一项未来研究计划》中,呼吁学者关注礼仪之争中的礼仪方面,这可能对于比较中欧的礼仪制度具有潜在的重要性。通过这样的比较,学者们或许可以深入地了解这两种全然不同的礼仪传统之间的相互理解和相互作用。施舟人鼓励研究他们各自的适应性(adaptability)与渗透性(permeability),因为这样会有助于我们理解中国和基督宗教的礼仪文化①。最后,之前关于中国礼仪之争的研究是孤立的。而现在通过跨领域、跨学科的比较研究,它被置入一个更广阔的视野之中。例如,由欧洲科学基金会(European Science Foundation)和法国国家科研中心(CNRS,France)于 2011 年 5 月组织召开的研讨会,汇集了不同历史研究分支领域(民族史、宗教史、社会文化史、书籍史,等等)的汉学家、印度学家、美洲学家和欧洲学家。在前现代时期发生过各种各样关于礼仪的争论,例如马拉巴尔礼仪之争、秘鲁和巴西的争论和涉及东方礼仪的冲突。在与这些争论的比较中,中国礼仪之争不仅被置于一个新的研究视角,同时也提出了一些新的问题。

因此,对中国礼仪之争的研究是一个欣欣向荣的研究领域;而本文在新材料出版之际,讨论这些材料所带来的某些挑战。

二、礼仪之争简述

一般而言,中国礼仪之争的中心议题是"天主"的译名和敬孔祭祖的礼仪②。对于"天主"的译名,主要的问题是来自中国经典中的"天"和"上帝"

---

① Kristofer Schipper, "Some Naive Questions about the Rites Controversy: A Project for Future Research." In *Western Humanistic Culture Presented to China by Jesuit Missionaries (XVII-XVIII centuries): Proceedings of the Conference held in Rome*, October 25-27, 1993, ed. Federico Masini, 293-308. Rome: Institutum Historicum S. I., 1996, p. 308.

② Francis A. Rouleau, "Chinese Rites Controversy", in *New Catholic Encyclopedia*, New York: MacGraw-Hill, 1967, vol. III, col. 610-617. See also "Rites Controversy", in *Handbook of Christianity in China: Volume One* (635-1800), ed. Nicolas Standaert, Leiden: Brill, 2001, pp. 680-688.

等术语是否能够表达天主教中"天主"的概念。抑或这些词语根本没有或是很少有神性(theistic)意义,从而必须寻找或创造新的术语(terms)?这方面的争论常被称为"译名之争";它与关于"礼仪"的问题有所区别,却也密切相关。争论的第二点涉及士大夫阶层在庙堂之上所举行的敬孔仪式,以及深植于各个阶层社会结构中的祭祖仪式,表现为这样一些表达虔敬的形式——在尸体、坟墓或牌位前面叩头、烧香,献祭等。此处的问题是:是否应该禁止天主教徒参加这些"迷信"活动?或者,这些活动应该被认为是"世俗性"的、至少不违反天主教信仰的,从而被容许?抑或传教士是否可以采取第三种方法,在谴责仪式某些方面的同时,允许教徒举行这些已经修改过的仪式,并期待基督徒的良知最终会放弃举办这些仪式或进一步修改它们?

教宗颁布的第一条法令禁止了某些中国礼仪和术语(1645 年 9 月 12 日),第二条法令又允许那些礼仪和术语(1656 年 3 月 23 日)。从这些法令就可以看出,两种观点之间的冲突在 17 世纪末愈演愈烈;也正是在那时,福建代牧主教颜珰(Charles Maigrot M. E. P.,1652—1730)于 1693 年 3 月 26 日发起对译名和礼仪的谴责。同时,在欧洲,特别是在巴黎,由于一些支持和反对中国礼仪的出版物的推动,争论变得更加激烈了。1704 年 11 月 20 日,教宗克莱芒十一世(Clement XI,1649-r. 1700-1721)批准了反对中国礼仪的法令《至善的天主》(*Cure Deus optimus*),法令禁止以"天"和"上帝"称呼"天主",同时禁止天主教徒参加祭孔或祭祖的活动。这份文件在使徒宪章《自那一天》(*Ex illa die*,1715 年 3 月 19 日)中得到重申;宪章《从特殊处》(*Ex quo Singulari*,1742 年 7 月 11 日)结束了这场争论。1939 年 12 月 8 日,罗马传信部颁布法令《众所周知》(*Instructio circa quasdam cceremonias super ritubus sinensibus*),废除了很多禁令,取消了自 1742 年的教皇诏书(《从特殊处》)以来传教士们都必须要做的反对礼仪的宣誓[①]。

---

①George Minamiki, *The Chinese Rites Controversy*: *From Its Beginning to Modern Times*, Chicago: Loyola Univ. Press, 1985.

三、披露的新材料

近来披露的材料①是关于 1704 年禁令《至善的天主》(*Cure Deus opti-mus*)颁布前夕的协商讨论。这些不同寻常的中文的和欧洲的材料产生于1701—1704 年，被保存在罗马耶稣会档案馆(ARSI)。它们为礼仪之争中的中国声音提供了新的证据。

这些文献源于时任耶稣会中华副省会长安多(Antoine Thomas, 1644—1709)所采取的行动。他的行为在很大程度上将中国声音带入了这场辩论。似乎有两件事情促使安多积极投入中国礼仪之争当中。第一件是耶稣会总会长 Tyrso González(1624—1705)写给中国传教士的通函②。这封信要求(传教士)提供凡与争议相关的、涉及各种问题的证词。这些证词需要来自于传教士，不仅来自于耶稣会士，还要包括其他修会和传教团体，以及宗座代牧与主教。此外，这封信还要求来自天主教徒士大夫与异教官员的证词。所有证词都需要适当的鉴定证明，需要中文以及译文的文本，且用印鉴与署名进行验证。第二件是差不多与这封通函同时、于 1700 年 12 月 30 日在北京发生的事情。那天，康熙皇帝接见了几个耶稣会士。在之前的 11 月 19日，他们就写好了呈文，询问皇帝关于礼仪之争中的一些基本问题——诸如天堂、孔子和祭拜祖先等——的观点。对此，皇帝同意了耶稣会传教士的观点，即在耶稣会士与颜珰的冲突中支持了前者。耶稣会士相当重视皇帝的支持，并据此出版了《1701 年中国康熙皇帝有关中国礼仪之争的简短回答》(*Brevis Relatio*)。

随后，安多采取了两大行动。首先，他派遣卫方济(François Noël,

---

①Nicolas Standaert, *Chinese Voices in the Rites Controversy*: *Travelling Books*, *Community Networks*, *Intercultural Arguments*, Rome: Institutum Historicum Societatis Iesu, 2012. ［ISBN 978-88-7041-375-5］本文基于这本书中的研究。

②Paul Rule, "François Noël, S. J., and the Chinese Rites Controversy", in Willy Vande Walle & Noël Golvers (eds.), *The History of the Relations between the Low Countries and China in the Qing Era* (1644-1911), Leuven: Leuven Univ. Press, 2003, pp. 137-165.

1651—1729）和庞嘉宾（Kaspar Castner，1665—1709）作为代表，在 1702—1704 年间，将中国人——包括皇帝和士大夫——的观点报告给罗马。他们随身携带了大量的中国典籍和中国天主教徒撰写的作品，它们被引用在拉丁文献《刚刚来自中国经授权的新的证言（欧洲人和中国人的）的摘要》（*Summarium Nouorum Autenticorum Testimoniorum*）里。当卫方济和庞嘉宾在去罗马的途中时，安多采取了第二个行动，也就是直接从中国天主教徒那里收集证词。1702 年春夏，安多想必是发给各省的耶稣会士信函，要求中国天主教徒的证词。回应意义深远。在总计 60 封信函里收集了大约 430 个不同的姓名，正如本文开头提到的例子。所收集的信件都来自耶稣会的重要传教区：来自直隶省的天主教团体（共计 50 个姓名）；来自江南地区的天主教团体：江宁（南京，共计 20 个姓名），松江和嘉定（约 33 个），苏州（32 个），上海（13 个），常熟（50 个），以及太仓（56 个）；来自江西省：赣州（10 个）和南昌（15 个）；来自湖广的不同的团体：黄安和其他地方（41 个）；来自湘潭和其他地方（28 个），汉川和其他地方（27 个）。除了这些集体信之外，还有大量的来自这些和其他省份的个人证词。他们都支持耶稣会的观点，正如《康熙帝简短回答》那样。这些信件和证词在 1703 年以不同的路径运往罗马，于 1704 年上呈教宗，并通过再次鉴定后于同年出版，名为《中国更新的证言摘要》（*Summarium Novissimorum Testimoniorum Sinensium*）。所有这些中文文献和证词都是独一无二的，它们有理由受到研究。正是由于这个明确的原因，刊印这些原始材料的本人新书，主要目的就是关注"被忽略的声音"，并且恢复他们最初的反响。在以更具体、集中的角度探讨礼仪之争的研究中，它们从来没有被使用过。

　　这些文献材料证明了中国声音在礼仪之争中的回响。本文不会讨论中国礼仪之争本身，而是要作为例子，开始关于礼仪之争的新的研究。本文将利用这些特殊的文献，探索有关中国礼仪的知识是如何在 18 世纪早期的中国和欧洲的知识界里，被"生产、流通、交换"的①。其目的是从以下三个主题

---

①Cf. Nicholas Dew, *Orientalism in Louis XIV's France*, Oxford：Oxford Univ. Press, 2009, p. 13.

充分发掘这些材料的丰富性:文本实践引起的观念位移(mental displace-ment)、天主教徒社区网络(networks of Christian communities)以及文化间的论争(intercultural argument)。

四、文本实践引起的观念位移

因为安多的第一个行动,卫方济和庞嘉宾从中国返回欧洲,这是与传教士的流动方向相反的。同样,他们携带的中文书籍和材料不是从欧洲带到了中国,而是从中国带到了欧洲。这些文献展现了第一组的中国声音。对中国古籍以及中国信徒著作进行翻译、引述,并将其纳入欧洲图书馆,最终引发了欧洲知识分子在观念上的位移。

礼仪之争促使耶稣会士对公元前500—200年间的中国古典文献进行深入研究。他们正是在这些古典文献中为自己的观点寻找支持。耶稣会士不仅研究这些经典,而且翻译它们。这种翻译的艺术也包含了一种跨文化的维度[1]。将中文文献译成欧洲文字是较近的事情。17世纪早期的耶稣会士(诸如利玛窦)的著作,通常都是对中国的描述,而对中国文献的翻译较少,几乎没有一个文献的完整译本[2]。《中国贤哲孔子》(1687,巴黎)的问世是一个突破性的进展,因为它是诸如《大学》、《中庸》、《论语》等中国主要古典文献在欧洲大陆的第一个完整译本[3]。接下来的重要翻译是由卫方济在欧

---

[1]关于"翻译的艺术"和"跨文化",参见 Peter Burke, " The Jesuits and the Art of Translation in Early Modern Europe", in John W. O′Malley, Gauvin Alexander Bailey, Steven J. Harris & T. Frank Kennedy(eds.), *The Jesuits II: Cultures, Sciences, and the Arts 1540-1773*, Toronto: Univ. of Toronto Press, 2006, pp. 24-32; Peter Burke & R. Po-Chia Hsia(eds.), *Cultural Translation in Early Modern Europe*, Cambridge: Cambridge Univ. Press, 2007.

[2]关于这些译文,参见 David Mungello, "The Seventeenth-Century Jesuit Translation Project of the Confucian Four Books", in Charles E. Ronan & Bonnie B. C. Oh, *East Meets West: The Jesuits in China 1582-1773*, Chicago: Loyola Univ. Press, 1988.

[3]Thierry Meynard(ed. & trans.), *Confucius Sinarum Philosophus*(1687): *The First Translation of the Confucian Classics*, Rome: Institutum Historicum Societatis Iesu, 2011

洲逗留期间完成的。他的努力最终促成《四书》和其他古典文献的新译本的出现:《中国六本经典》(*Sinensis imperii libri classici sex*)(布拉格,1711)。这些译本为欧洲开辟了一个新的思想世界,可与欧洲知识界对古希腊哲学家的继承相提并论。

卫方济不仅翻译了整本书籍,而且还挑选了与礼仪之争直接相关的引文,将它们译入《刚刚来自中国经授权的新的证言的摘要》。该书实际上是欧洲首批刊印于世的关于中国的参考书之一,很多引文都是直接从中文文献中提取的。其引用的技艺同样涉及一种新的跨文化的维度,因为非欧洲的材料在这里被当作权威引用。这一点相当独特:对中国礼仪之争中的神学观点进行辩护,不仅要基于教会领袖或传教士的论述,还要根据中国古典文献和没有受过具体神学训练的中国天主教徒的著作。值得注意的是,这些翻译过来的引文,至少在最初并不是针对普罗大众的,而是写给枢机主教和教宗的顾问们等"圈内人"。正因为如此,这个跨文化翻译的过程使中国声音抵达那些直接参与关于中国礼仪讨论的人那里成为可能。这样的翻译对于读者来说也是一种旅行:借助于这些引文,读者于阅读之时可以在一个中国文本和另一个欧洲文本之间来回跳跃。

重要的是,当时的欧洲读者不仅能够获得这些引文,还能获得这些书籍本身。实际上卫方济和庞嘉宾搬运到欧洲的不仅仅是一些书,而是整个中文图书馆。那时的欧洲已经有了一些中国书籍,它们大多是被当作古玩,或是证据,以证明传教士在一个印刷普及且没有印前审查制度的国家中自由地践行"刊书传教"。在这种情况下,这个图书馆仍然独特,它是我们所知道的、较早地被实际使用了的、在欧洲的中文图书馆之一:卫方济在罗马仔细地研读和引用他触手可及的书籍,其他传教士之前在广州、在同一个图书馆里,也做了同样的事情。就这一点而论,它是一个活着的图书馆——首先它被有效地使用于世界的一个地方(广州),随后又被有效地使用于世界的另一个地方(罗马)。在这两种情形中,这样的图书馆并非为猎奇,而是为博学;今天,人们仍然可以在罗马的耶稣会档案馆或梵蒂冈图书馆里查阅它们。

这些译本、引文以及书籍和图书馆的流通,缩小了中心与边缘之间的距离①。对罗马而言,作为边缘的中国不论是从空间上还是时间上都遥不可及。这些书籍被运到罗马的事实,从某种角度来看,即是边缘进入中心。打比方说,书籍的好处是——过去是,现在也是——它们能够缩小生产知识的地区与阅读书籍的地区之间的空间距离。旅行中的传教士主要凭借记忆讲述有关中国故事;与此相反,书籍是照原样传递着它们所包含的信息。而且,它们还可能会产生新的意义。这些文本产生了一定的影响,因为它们生成了新的文本,特别是《刚刚来自中国经授权的新的证言的摘要》。这些文本流通到欧洲,使新的相遇成为可能。故而,耶稣会士提供了中国式的思想框架,而后者与欧洲主流的观点大异其趣。这可能正是来自这些中文著作所提供的意义。雷蒙德·施瓦布(Raymond Schwab)在其著作《东方文艺复兴》(*Oriental Renaissance*)中,令人信服地展示了对东方的发现如何导致了欧洲质疑自己的传统:"东方学者破解的著作,在人类历史上,首次让世界变得完整。随着东方学的建立,一种全新的含义被引入'人类'一词。"这就导致了"一种非常重要的观念上的位移"②。书籍具有一定的持久性。即使作者离世,保存在图书馆里的它们,仍然能够证明曾经发生过的辩论。那些与礼仪之争相关的书籍也是一样,仍然继续打开欧洲人的思想。

五、天主教徒社区网络

除了书籍之外,还有一些信件被运到罗马,它们展现了第二组的中国声音。在卫方济和庞嘉宾启程一年后,安多收集并发出了大量信件,这些信件

①Daniel Roche, "Livres et culture: Religion et société a l'âge moderne. Quelques réflexions", *Revue d'Histoire de l'Eglise de France* 83 (1997), pp. 215-225: p. 221.

②Raymond Schwab, *The Oriental Renaissance: Europe's Rediscovery of India and the East*, 1680-1880, trans. Gene Patterson-Black and Victor Reinking, New York: Columbia Univ. Press, 1984, p. 4 & p. 473.

来自于他的第二个行动。有大约 14 封集体信和 48 封个人信件,它们都是
"证词",都写于同一时期(1702 年,约夏秋时节),且都是关于礼仪之争的重
要议题。这些信件都是手稿,现在是首次刊布,大部分信件的拉丁文译本收
入了印刷版的《中国更新的证言摘要》(1704)。后面这本书尤为有用,因为
它系统地编排了这些信件。这些信件提供了独特的见解——不仅关于礼仪
之争中的争论,也关于 18 世纪早期的本地天主教徒社区的社会结构及其网
络。这个网络包括三个不同的但相互作用的层次:地方性的、全国性的、跨
国的。

地方性的网络是一种具体有形的网络,由签署了特定证词的人组成。
不同的集体信展示了一定规模的网络——人数在 20—50 之间,而密度是可
变的。这是一种实在的相遇,就如由刘蕴德、姚斯德望、冯依纳爵、许奥吾斯
定和许多其他这样的人一起组织的那次集会,他们就是在中国的某一个省
的当地天主教徒社群中聚集起来。本文的开头已经提到这个例子。此类的
集体行动相当独特:即使到了今天,一个教区号召 20—50 个教友共同向教宗
写一份请愿书也需要很大的努力,更不用说在通信方式完全不同的 17 世纪
早期。至于网络成员的社会阶层,北京与各省社区之间有着明显差异——
北京的大部分成员来自中央政府机构,而各省的很多签名者只有较低的功
名。例如,江南地区的整体情况印证了许理和在其对 1630 年代福建地区的
研究中所展示的、教会的"另外一面"。它所展现的基督宗教在中国的画面,
显不出与宫廷或中央政府机构的交往,却似乎深深地植根于中国社会。那
是一个低层文人的世界:贡生,生员,监生,教谕,学正,训导。就像七十年前
的福建省,大部分审核过的信件的签署者都是卑微的举人,他们只能被任命
为府学、县学的教谕(或训导)。然而,他们较低的官位并不意味着他们在当
地是无关紧要的人①。因此,18 世纪早期的天主教的社会构成仍然类似于明
末,尽管传播范围更广了。然而,这幅图景不可忽略一个事实,即约到 1700

①Erik Zürcher, *Kouduo richao*, *Li Jiubiao's Diary of Oral Admonitions*: *A Late Ming Christian Journal.*
Translated, *with Introduction and Notes by Erik Zürcher*, 2 vols., Nettetal: Steyler Verlag, 2007, p. 78.

年为止，天主教徒中的最大群体是贫民（pauperes）：身无长物的普通人，没有家财的、不识字的人。

第二个层次是全国性网络。文献表明，存在着一个全国性的网络，涵盖的区域与今天欧洲大部一样大。这样一个全国性网络是传教士所特有的。尽管距离遥远，耶稣会士网络之内的联系仍然相当频繁。这些全国性网络也存在于中国人当中，既包括集体层面又包括个体层面。其中，集体网络的一个实例是：北京地区的天主教徒们的证词被当作范本寄送至其他天主教徒社区。更为重要的是通过个人联系建立起来的网络。低层文人极有可能与其他省份（与今天较大的欧洲国家一般大小）的天主教徒社区保持联系。这同样是较高地位文人的情况。17 世纪末和 18 世纪初，有较高功名的天主教徒人数，比学者们已估计的要多。而且，在某些地区如湖广，传教士和信徒与已经拥有或即将拥有较高功名的非天主教徒们，保持着紧密联系。一个与中国科举制度有关的因素，在全国性网络的构建中起到关键的作用：众所周知，较高功名的士大夫有高的流动性，因为根据禁止地方官在其原籍任职的规避原则，他们通常是在不同地区任职。较高功名的中国天主教徒也是同样的情况。但这里更为重要的是，这些较高功名的文人的流动，扩大了天主教的传播。

还有第三个层次的网络，即跨国网络。证词本身的流通就为此提供了例证。它们中的大部分首先被从各省送到北京，跨越 1000 多公里，再送去广州或澳门；其他的则被直接送到广州或澳门；最终它们被送交罗马。我们可以看出，礼仪之争培育出同属于一个较大社群的、跨国性的意识。签署者深知这些文件会被送去罗马。这就表明，这些文本的流通"毫无疑问扩大了信徒的视野：他们深刻意识到，自己是一项遍及中国乃至全世界的传教工作中的一部分"①。同样，耶稣会士的信息网络②也促成了地方问题的全球化。正是通过这种交流手段，中国人的声音虽来自遥远的中国的小团体，却也能够响至罗马。

---

① Zürcher（2007），p. 79.

② 初见于 Luke Clossey, *Salvation and Globalization in the Early Jesuit Missions*, Cambridge：Cambridge Univ. Press, 2008, chapter 9.

这三个层次的网络告知了我们相关中国人(天主教徒)的身份。这些网络是通过传道员、社区领袖或神父这样的中间人建立起来的,诸如本文开头例子中所提及的、让参与者在共同证词上签名的刘蕴德。这些中间人必须调动资源,为此他们可以利用一个在某种程度上既已存在的网络。在签署这些证词的过程中,签名者围绕着一个共同的原因、共同的观点,建立起了一种社区和认同,这与他们既是中国人又是天主教徒的身份有直接关系。他们的身份是通过与他人的相遇建立起来的。事实上,集体证词是不同寻常的社区行动①。这个行动的基础是当地社区的存在。这些社区受到一个共同威胁的挑战:他们的礼仪实践被颜珰否决,罗马教廷可能会对他们做出类似的谴责。这个挑战引发了一种动员——既有全国层面的动员,由安多始发的那种;也有地方性的动员,由本地(外国)神父或传道员发起的那样。需要强调的是,这项挑战是外国传教士所经历的,而中国人同样如此。动员即导致了集体行动:在证词上签名。这项行动的表达方式即是一个故事,一个通过书面文本娓娓道来的故事。此次披露的礼仪之争的文献,正是这些群体活动的见证。

六、文化间的论证

这些文献所传达的故事包含了一个共同的核心,此核心是传教士与中国人共同感受的,专门以文化间的论证表达出来。耶稣会传教士第一次来到中国,他们很快就面临着许理和所称的"文化强制性"(cultural imperative):"文化强制性"在帝国晚期,是组成中国人宗教生活之深层结构的一部分②。倘若不遵循这一模式,想要从外部进入的次要宗教根本无法在中国社会生根

---

① 至于社区行动的具体方案,参见 Charles Tilly, "Do Communities Act?", *Sociological Inquiry* 43:3-4 (1973), pp. 209-240: p. 216.

② Erik Zürcher, "Jesuit Accommodation and the Chinese Cultural Imperative", in David E. Mungello (ed.), *The Chinese Rites Controversy: Its History and Meaning*, Nettetal: Steyler Verlag, 1994, pp. 31-64: pp. 36-37.

(至少在地位较高的社会阶层中);而且,这一模式的强制性在帝国的最后几个世纪里愈演愈烈。儒家代表了在宗教、仪式、社会与政治意义之中的"正"或"正统"。为了不被归为"邪"或"异端",为了不被视为"邪教",次要宗教必须表明他们属于正统那一方。儒家的权威性、广泛弥散性和吸引力是如此之大,以致所有来自外部的宗教系统均受到此一力场的吸引,皆朝向其中心。于是,在面对此一文化强制性时,17世纪的中国基督宗教具备了其他次要宗教(例如佛教、犹太教与伊斯兰教)的所有特征:强调次要宗教与儒家的一致性与并存性;使用补充性的概念,以外来信仰补充和完善儒家理念;通常将外来教义的存在建构于早期历史的基础之上,使之能够像中华文明一样追根溯源;采用中国的价值观与仪式。中国礼仪之争是动态的;一个看待它的新视角便是将其视为一场对文化强制性所做出的不同回应之间的争论。传教士,尤其是耶稣会士对于特定的礼仪活动的认可,诸如敬孔、祭祖,以及采用"上帝"和"天"称呼"天主",也属于欧洲对中国文化强制性所做的回应。本文并不主要关注传教士,而是关注在文化强制性下成长起来的中国学者们,是如何面对它的。信徒和传教士之间的互动,导致了对于仪式和文化间的论证的不同态度和实践。

这些签署信件的中国人(天主教徒)做出回应的方式,与传教士或早期的中国信徒类似,但也有不同。例如,在调查的文献中,中国人一开始并没有为天主教辩护而反对当地的儒家传统,而是如同之前的中国信徒所做的那样,声称外来的教义与中国古典思想相一致。而仔细分析这些材料可知,中国人——应那些支持其事业的耶稣会士的要求——在罗马的外来权威面前为儒家传统辩护。在对"天主教(文化)强制性"所做的回应中,他们坚称儒家传统与天主教传统相一致。值得注意的是,他们讨论的主题一开始并不围绕着"天"、"上帝"或"祭"的确切含义,而是关注这些术语与实践是否与天主教的解释相容。因此,这些讨论可在某种意义上被视为两种文化强制性之间的对峙。

显然,传教士与中国人之间存在着关于此一论证的互动。例如在分析中国礼仪时,耶稣会士主要关心的并不是这些礼仪行为,而是它们的含义①。比之关乎礼仪的中国著作,此种关注点相对新奇。在中国的传统中,礼仪行为本是最重要的,中国思想家很少去思考他们这样做的原因。例如,中国小孩从很小的年龄就开始并一直学习上香的正确动作——它是请愿书里提到的中国礼仪中的一个基本动作,然就其原因并无解释。礼仪之争的特点之一是它在传教士和中国信徒中提出了"为什么"的问题。中国天主教徒的著作和信件可以就此而论:它们是为回答传教士"为什么"的问题而写,并建议使用经典引文,从而支持信徒与传教士都认可的那些解释。

这些分析进路对于礼仪之争的参与者处理礼仪的方式,提出了新的理解。中国经典的作者们很少解释礼仪活动的原因,关于祭奠时祖先是否在场的问题,他们的著作至少表现出一种模糊性。礼仪之争可被视为各种群体处理这个模糊性的不同方式。耶稣会传教士和信徒的所有尝试,在于去除这个内在的模糊性。为此,他们并不是质疑礼仪的正当性或采取反对礼仪的态度;他们更愿坚称这些礼仪只是"好像"(即,就"好像"祖先的灵魂在那里,但其实并不是真的在那里),因此也为礼仪引入一种新的正当性,即指出他们所认为的礼仪的"真实"目的②。礼仪的反对者也要消除这个模糊性,但是用了不同的方式:他们揭露礼仪的"真实"意图(即向祖先灵魂献祭,他们被认为是真实存在且享用祭品)。在他们眼里,那些礼仪意味着应被视作"迷信或偶像崇拜"的动作。

用于这方面的词汇同样具有重要意义。实际上,中国信徒的文本,并没有包含任何与(关乎礼仪之争的)欧洲议题核心里的专门术语相对等的中文词汇,如"迷信与偶像崇拜"对于"民间的与政治的"。"邪"和"异端"仅仅出现过几次,且被拉丁文译为"迷信"和/或"偶像崇拜的"。在中文语境中,

---

① 关于这一区别,参见 Adam B. Seligman, Robert P. Weller, Michael J. Puett & Bennett Simon, *Ritual and Its Consequences*: *An Essay on the Limits of Sincerity*, Oxford: Oxford Univ. Press, 2008, pp. 11, 115.

② 关于"好像"和"真实",参见 Seligman et al.(2008), pp. 8, 11, 20 etc. 这本书的作者声称仪式能够建立一个"好像"或"似乎"的虚拟空间。这些空间不是以"好像",而是以往往会走向极端的"就像"视角,比较世界上的礼仪与自然观点,明确真实地幻想"确是如此"。

"邪"和"异端"（表示"heterodox"或"heteroprax"）与儒家的"正"和"正统的"（"orthodox" and "orthopraxy"）相反。文化强制性便是要求，在宗教的、礼仪的、社会的和政治的层面上适应儒家的正统性（"orthodox" and "ortho-praxy"）——这是如基督宗教这样的边缘/次等宗教不被列为邪教组织的唯一方法。然而，这里的术语要获得一个不同的含义，因为对基督宗教的描述来自教会自身。因此，这些中国天主教徒被夹在两种拒绝之间：教会当局视其为"迷信"，或中国当局视其为"邪"。

中国人的证词不仅提供了关于敬孔和祭祖敬天仪式的看法或定义，而且提供了证据来支持他们的观点。不同类型的论证大约可划分为五大类：参考中国经典文献、史实证据、基督宗教价值观和文化、类比，以及推论。对我们的话题至关重要的，除了关于中国文化的论证——诸如使用中国古典文献和从中国历史中取证，还有跨国性的论证。上文的例子显示出，中国人如何能够对他们的礼仪提出前所未有的问题。但他们也对欧洲文化提出了跨国性的问题。尤其是用类比的形式表达出来。例如，有五个北京天主教徒写道："今有一比喻，设如中国十余人侨寓西洋，见其国中所行之礼，自思于理不合，亦不究其所向原意之美好，即欲更变其定例，不知西洋通国人肯服与否？"[1]因此，论证是相互的。耶稣会士的论证部分地基于非欧洲的经典文献，也基于未受过正规神学训练的中国天主教徒学者的著作。中国学者将自己的、本土的、中国式的解释，转移到另一个地方（欧洲）。就像他们意识到自己是遍及中国的乃至整个世界的传教事业的一部分；同样地，他们开始采用这项传教事业中的论证形式，并将他们的观点引入辩论之中。

七、结论

尽管长期以来，中国礼仪之争都被认为是教会的议题；然近年来，它再

---

[1]ARSI, Jap. Sin. 157, fol. 38; see Standaert (2012), pp. 238-239.

次成为学术界里新的研究主题。这主要归功于各领域研究者对新发现的原始材料的探究,这些领域也包括把"中国声音"带到学术前沿的汉学界。他们的研究指出一些广泛的特征,而这些特征很少被前人提到。例如,当遭遇到来自中国的古典文献时,17、18世纪的欧洲思想界经历了一场"观念上的位移"。相反,本地天主教徒社区也通过他们的网络和与欧洲的交流,获得了一个属于更广泛群体的跨国界的意识,并发展了自己的文化间的论证。分析文化和礼仪的现代理念,让我们有可能从另一个角度看待礼仪之争。关于"文化强制性"和礼仪自身的模糊性,有不同的应对方式,而礼仪之争则可以视为一场这些不同方式之间的辩论。中国礼仪之争,对于那些参与了17、18世纪的中欧早期交往的人来说,是一项挑战。对礼仪之争的新兴趣表明,这些主题至今仍然具有活力,并可能在全球化时代的今天提供某种启示。

提问与回答

学生:

我想请教一下第二次全国调查的这次普查,它的调查对象主要都是耶稣会士这些教徒,还是……

钟鸣旦:

耶稣会士的教徒,是的,是的。

学生:

然后一个问题就是说是,他们的证言,所有的证言是不是都是一边倒地倾向于支持耶稣会士?

钟鸣旦:

是,是,是,是。

学生:

那么这样的话,会不会给罗马造成这样的一个印象:就是这些证言的可信度是有问题的,是不是有这种可能?

钟鸣旦:

是是,有这种可能。

学生:

好,谢谢。

钟鸣旦:

可是,也可以相反地看。因为在罗马他们已经有不少关于这些问题的讨论。所以耶稣会的总会长说,他们不相信有中国人有这个看法,所以给我们这些看法,结果呢,都是失败了。他们不相信或者是不正式相信,可是他们有别的一个看法。所以,我完全同意你的想法。

学生:

非常感谢您精彩的演讲。我也姓徐,虽然我也不知道跟徐光启有没有关系。我有两个问题,第一个问题是,您刚才提出了当时在中国有一些天主教徒,这些天主教徒是怎样统计出来的呢? 它的可信度有多少? 第二个问题是,当时就是以罗马教皇为代表的罗马教廷看到了这些中国教徒写来的信,有没有资料记载他们看到这些信的时候,他们对中国教徒的认识是什么样的? 他们是不是觉得中国教徒又祭祀祖先,然后又信仰天主教,他们属于异端呢? 谢谢。

钟鸣旦:

关于这个统计的问题,我专门写了一篇文章。到现在大部分的人认为一共有 30 万教徒。可是,我们仔细地去看那个时候,主要是传教士的资料,不止是一个人,而是四五个传教士在不同的地区,我们可以说,差不多有二十万的教徒。可能性是相当高,为什么呢? 因为受洗的时候他们记录受洗人的名字,所以可信度是相当高的。第二个问题就是我本人实际上对礼仪之争一直到现在没有太多的兴趣,因为我已经说过它主要是一个西文的讨论,也有很多很多西文的资料。可是我发现这些资料你们一方面感觉到跟礼仪之争有关系,另外一方面跟中国的教会或者是中国的宗教和中国的跨越文化的那些问题有关系。所以,我用不同的方法来看,利用这些资料更进一步看到这么样的一个情况。关于礼仪之争,在罗马档案馆,实际上从 1700 年左右到 1704 年的那个时间,四年的时间差不多每两三个星期有差不多十五个人开会,他们开会的记录都有。所以他们每次讨论一个问题,比如说祭孔的时候,能不能用饭? 每个人的看法他们都写下来,不是所有的人都同意,有的人说这个可以,或者这个不可以,所以他们真正地用过这些资料。可是我没有研究,因为这些资料太多,并且我觉得多要了解中国的情况对我更有意思。

董少新:

还有没有问题? 那个我讲一个小插曲,钟鸣旦先生的比利时名字叫 Nicolas Standaert,然后呢,他的中文名字叫钟鸣旦,钟鸣旦呢我一直以为他的名字是来源于明末的时候中国的教徒,有两个教徒叫钟明仁、钟明礼,那么他叫钟鸣旦。而他今天跟我讲,不是。他取了这个名字以后,才发现有这样两个教徒。钟鸣旦先生呢,他本人是耶稣会士,是出家人,他也继承了耶稣会的光荣传统,对中国文化也非常喜欢,所以他重视中国的研究。对中国文化和礼仪、礼俗,他都很习惯,很适应,所以一起吃饭的时候他也会敬敬酒啊。所以我们看到耶稣会士对异文化的这种包容性是很大的。我们觉得这种方式应该是一个潮流,一个原则,就是不能太过于文化本位而坚守于自己而排他,过于排他的话恐怕是会引起很多麻烦,因为世界文化是很多种多样的、多元的,那么其他方面有没有继续可以讨论的问题?

学生:

您好,我想问一下就北京那些天主教徒他们在政治上有没有联合？或他们在一些政治事件中的表现是怎样？就是在他们的信仰上面。

钟鸣旦:

实际上在政治里面,我提到的那些人的名字除了钦天监以外,基本上没有教徒。所以我提到的那些名字是非常少的,可是他们得到了荣誉的诏令,没有特别的教友或者基督徒的行为,没有。

董少新:

您是不是问中国的耶稣会士是不是在政治方面有一些参与或者是怎样？

学生:

因为我考虑北京的地域环境,因为它是一个政治中心,所以那些官员之间、朝臣之间平时就他们的交往可能会比湖广那些地方比较密集,就是您当时统计的那个数字……

钟鸣旦:

对,你谈到耶稣会士或者中国人……

学生:

有一个教友分布的统计,就是说湖广地区的联结度没有北京的这么强。所以我在想教友的网络,除了他们在共同的信仰上面以外,他们平时如果是大学士或者什么,这些人他们政治上的联系是不是比其他地方本身就更近一点……

钟鸣旦：

对的,这些大学士不是教友,这些是非基督徒。钦天监的博士当中他们是教徒。

学生：

我想请问钟教授,其实我也是第二次听您的讲座了,第一次在杭州是用英语听,不像这次那么清晰,这次用中文更清楚。我想其实在两次听的过程中我都对那个花笺特别感兴趣。我想请问一下您在这里出版这本书中,最后会对这些书信,其中有一些是集体的,还有一些是个人的,那么您有没有对这些书信——集体的当然是一种分析——那么对个人的比较个性化的比如说一种花笺什么的书信,您有没有一些特别的研究? 就是您对这些书信的具体内容,您刚才说的是一个结论性的分析,是一个方法论的分析,那么您在这个书籍中,有没有一些个别的、具体的分析? 就是对这个书信本身,包括这些书信体现了他们的一些故事,个人的一些东西的研究。比如说我刚才注意到您提到的一些名字,比如焦秉贞,其实他的圣名其实是焦保禄,我想到的是一个翻译方面的问题,可能是中国人自己根据英文来翻译的,中国文化更为中意的字,那我看到的就是这些有意思的东西。除了这个之外就是有没有对于他的一些个人的书信的背后的故事有一些更多的阐发,书中有没有这样的内容? 谢谢。

钟鸣旦：

有,有,有。所以每次能查到的他们原来的名字,我查到他们简单的背景是怎么样,或者他们的关系是怎么样。我上次来这里用这个方志库,你会找到很多人的背景或者传,在地方志里能找到不少的传,并且发现他们的家庭的关系等等。我可以重新塑造这个网络。除了这个以外,我也分析了书信的内容,当然大概有四十多页,或者五十多页,是分析这个内容。

学生:

好的,谢谢,那我也很期待您的这个书。

钟:

并且所有的原文的资料也都包括在内。

学生:

中文原文?

钟鸣旦:

中文原文。我跟档案馆说这是那么少见的,一定要好好地保存。第二也要还给中国人去分析,这是为什么我们复印每封信的原本。

学生:

这是第一次能够真正地让外界能够看。

钟鸣旦:

对对对对,是是是是。我以后会把一本书赠送给这个中心,原来我希望带到这里来,可是还没有收到,所以我自己还没有看到。

学生:

钟先生你好。我的问题呢,跟刚才这位同学的问题有点相似,就是说你今天所讲的是一个方法论的问题。我在想就是你这本书有没有增加一些实质性的研究,比如说你刚才讲到了一个身份认同的问题,就是说很多人他在信上签了名,当然您就得出一个结论说一个共同体,那么我就在想就说签名和建立共同体之间能不能画一个等号? 是不是需要有更多的一些证据? 比如说,这些签名的人他们自己是否已经认同了这样一个共同体? 对他们来讲,这样一个签名的行为所具有的含义到底是什么样的？他们对耶稣会或者基督教是怎么样看待的？有没有他们本人自己的一些想法、证据在里面？我们知道,对江南籍进行研究的时候,也讲到这个签名的问题,他们江南人和英国人进行交易的时候,他们这个签名,在各自的情况当中是不一样的,我的问题就这些,谢谢。

钟鸣旦:

好,我用这封信的例子。你看我们的资料是什么。一方面要他们得到什么功名,然后有他们的名字,他们的西文的名字。这些信大部分人我们没有看到他们的中文名字,我没有办法,有的时候有办法,可是在这里我没有办法找到。那,他们的信仰怎么样？我根本不知道。所以,你提到的问题,我觉得很有趣,可是我不能回答。可以说,我们对他们的信仰会有一点怀疑,我想你一方面说得对。可是,从另外一个角度来看,第一我们要说,通过这些文献,我们找到很多很多的资料,我们现在根本没有了。所以,比方说南京的那个时候的教区,我不知道是什么样的情况,通过拉丁文的文献,我要多一点的资料。因为他们说,他们编辑的时候是考科举的一个时间,所以他们彼此讨论,讨论阎当的问题,然后决定一起签名。他们的身份,我觉得这个身份很有趣的就是至少他们用一个圣名,我想这个圣名跟他们的身份有一点关系。所以这是我现在所能说的,并且他们自己认为他们是教友。所以,我不能看到他们的心理情况怎么样,对我来说也不那么重要。这是值得研究的一个问题,可是如果我没有这个资料,我不能回答。可是,我想我们还是可以用这些资料,意思就是说,好像可以从这个团体的角度去看,他们做什么,有什么一个相遇,好像对他们来说相当重要。并且我们也发现,我们多要了解那个时候的自己认为或者认同是天主教徒的中国人是怎么样的一个社会网络,所以这是我们做的。我们看这些文献,我们会有两个看法,还是两个重要的看法:一个完全怀疑,另外一个是签名。我们认可他们签名的那些文献,这个他们跟我们一模一样,我们也会怀疑我们签名的资料。这至少说明了当时教会的社会情况。

学生：

所有人的签名都非常相似，都是好像一种符号一样的一个横，然后……

钟鸣旦：

对对对对对对。

学生：

这个签名有没有什么说法呢？像……

钟鸣旦：

因为这是我以前也不太了解的，徐老师也跟我说过，就是这些很快就要用他们自己的方法来做研究。因为实际上在中国，最重要的是，印章或者用这个方法，或者你写你自己的名字。这些问题我都研究过，因为这是很复杂的一些事情，你看在这里，一个人写，同样的写法，行草，然后他们……

学生：

那个一横然后下面……

钟鸣旦：

对对对，这是不一样的，一横是另外一个方法……

学生：

是对耶稣会士徽标的一个……

钟鸣旦：

没有没有没有。

学生：

画押？

钟鸣旦：

画押，所有的一部分信都是这样的，从不同的地方来的……

学生：

都是这样相似。

钟鸣旦：

是是是是是，以前你没有看到过，可是专家跟我说这个这是正常的一个方法。

邓菲：

我有一个很简单的问题，其实就是关于材料的区分。是不是所有的西文名字都是教徒或者是教友？但是因为我看到许多有叫朱玛窦、黄保罗，因为你们区分非教徒和教徒之间是不是名字是重要的标准？还是有其他的区别方式？我不太清楚。还是有一些非教徒他们在签名之后被改成了受洗的名字？我不太清楚他们的区别。

钟鸣旦：

可以说，基本上如果他们有一个圣名，说明他们是教友。可是如果没有圣名的话，可能是教友也可能是非教徒。我找到了一些例子，有的人他们两次签名，或者拉丁语的资料有他们的姓名，中文的没有，这样的情况。可是在大多数的书信里，说得很清楚。

董少新：

那个时候的中国人还没有时髦到这种地步，就是没洗礼、没入教就给自己弄个洋名，还没有达到这种地步，就是说有个洋名基本上就是洗礼时候的洗名。

邓菲：

所以您说湘潭地区、湖广地区很多都是非教徒，所以他们一般都是没有西文名字。

钟鸣旦：

是是是是是是。

邓菲：

没有西文名字能确定他是非教徒？

钟鸣旦：

我专门研究西文的名字，西文的名字"玛窦"比较流行，可是也有很少见的。比如说福建的一些西文的名字，这些圣人，实际上是与艾儒略相关的一些圣人。意思就是说，艾儒略去世70年以后，还有中国的教友们用他那个地区的圣人的名字。实际上这些资料非常丰富，因为你可以从很多不同的角度来研究。

董少新：

还有问题吗？我简单回应一下那位同学对这个资料提出的质疑。就是说现在后现代史学有一种观点可以否定任何的文献，只要是文字都有可能是伪造的。那它也有它的道理,你也可以说这些全是伪造的,耶稣会全伪造的,伪造签名。我们可以完全用中国人的思维来想这个问题。但是就像钟鸣旦先生说的,我们历史学家与历史文献之间是有一个距离的。我们在用这些史料的时候,我们不会完全相信它,或者一下子完全否认它。我们必须,一、历史证据,就是尽量在同时代的各种各样的证据中找证据;二、历史逻辑,就是有一个历史脉络,有一个语境,有一个逻辑,才能出现这些东西的。不是凭空一下就能出现这些东西,就伪造这些东西。所以呢,要符合这两个方面,我们大致上可以判断这些资料是真实可靠的,不是说武断地就去相信它或者完全否认它。其他还有什么问题吗?

学生:

我还是问钟鸣旦教授一个技术性的问题吧。因为刚才也牵涉到这个问题了,就是您是怎么把这个教徒的洗名跟他的中文名字对应起来的? 当时一些有名望的人,因为有些他是直接写出来的,那么大部分人都是只有洗名的,但是您也能够对应上一些人,就问您是怎么对应上的? 还有能够对应上的能占的比例是其中的多少?

钟鸣旦:

这个比例我不太清楚,我的记忆力不是太好。我这么说吧,比方说,钦天监。90年代有一个中国的学者,他编译了一份资料,关于钦天监所有人的名字跟他们的官职。所以,如果有一个姓包的跟这个官职、年代是一模一样的,那没有别的办法,就是他。所以我们只能知道是这个人,这是一个方法。另外一个方法就是用不同的信。这是非常很少见的,有一个或两个例子是用了他们的字或者他们的号来对应,实际上是圣名,在地方志你会找到。这是非常少见的,总之我有一两个例子。可是也有很多的名字我没有找到,根本没有找到。

董少新：

所以历史研究永远是存在遗憾，因为我们没有办法起死人于地下，没有办法。由于时间的关系我们今天的讨论就到此为止，那么我们再以掌声感谢钟鸣旦教授的报告。谢谢！

邵小龙　整理
陆辰叶、杨光　校对

关于中国古代婆罗门教与婆罗门文化之探索

主讲人：严耀中

主持人：刘震

时　间：2012 年 12 月 4 日

严耀中

　　文史研究院特约研究员,上海师范大学历史系教授,从事中国古代史和宗教学研究,中国魏晋南北朝史学会副会长,上海市宗教学会副会长,享受国务院专家特殊津贴。主要研究方向为魏晋南北朝隋唐史、中国佛教社会史、宗教学等,著有《北魏前期政治制度》、《中国宗教与生存哲学》、《汉传密教》、《江南佛教史》(《中国东南佛教史》)、《佛教与三至十三世纪中国史》、《佛教戒律与中国社会》、《两晋南北朝史》、《魏晋南北朝考论》、《宗教文献学入门》与《宏观与微观视野里的中国宗教》等。

刘震　复旦大学文史研究院研究员、复旦大学甘地与印度研究中心主任,研究领域为吠陀和吠陀宗教文学、中印文学比较、印度大小乘佛教、印藏汉佛教文献比较以及梵语写本。

刘震：

好，那我们现在就开始。今天我们文史讲堂邀请的是严耀中教授。严耀中教授是我们文史研究院的特约研究员，这个等会儿我们还会再交代；他也是上海师范大学的教授（严耀中：现在我已离开了）。他专门从事古代史和宗教史研究，就我比较熟悉的范围来看，他是专门从事佛教史研究的，可以说是上海地区研究佛教史的权威。他也是中国魏晋南北朝史学会的副会长，是上海市宗教学会的副会长，而且还享受国务院专家的特殊津贴。严老师的著作非常多，可以说著作等身，他著有《北魏前期的政治制度》《中国宗教与生存哲学》《汉传密教》《江南佛教史》《佛教与三至十三世纪中国史》《佛教戒律与中国社会》《两晋南北朝史》《魏晋南北朝考论》《宗教文献学入门》《宏观与微观视野里的中国宗教》等等。今天严老师为我们讲的题目也是非常吸引人的，他讲的是"关于中国古代的婆罗门教与婆罗门文化之探索"。那么我们一般知道婆罗门这个宗教跟婆罗门的宗教文化是属于印度的，而且婆罗门教跟佛教不同，它不像佛教有那么强的传教积极性。它基本上是留在印度本土的，只是在近现代的时候才开始传教。但是严老师认为，通过对中国历史和中国宗教史的研究，还是能够发现很多婆罗门教的痕迹。

因此,我也对严老师的报告非常地期待,很想从中学习一些新的知识。今天非常可惜,我的嗓子不太好,很难配得上严老师的精彩报告。那么接下来我闲话少说,还是把时间交给严老师,让严老师为我们作报告。

严耀中:

主持人、各位先生、各位朋友,很高兴葛兆光院长给我一个机会向大家交流、请教。今天我来讲这个题目呢,是有这样一个缘起。我到过印度几次,当我看到印度的这些石窟、遗迹,我就在想:这个婆罗门教(现在叫印度教,是西方人给它的一个名字)在印度是广泛而深入的存在,印度又是作为我们的邻居、邻国,那么为什么佛教在古代中国成为唯一外来能够存在下去的宗教,而且也可以说是唯一一个外来的意识形态体系。跟佛教相比在印度甚至有更深入存在的印度教,为什么在中国古代好像没有明显地被认为存在过? 除了佛教以外,我们所谓古代的外来宗教实际上就是三夷教——摩尼教、祆教、景教,当然景教后来有也里可温教、天主教等等。那么婆罗门教为什么会这么不被人注意呢? 究竟是它的宗教性质决定了其不能传到中国来,还是传过来了没有被充分地注意到?

我想,之所以产生这样的情况,或者说像这样一个题目,就是中国古代的婆罗门教与婆罗门文化没有被注意到,可能是由于两方面的问题。一个原因是因为佛教的进入,先入为主地进入了,进入了以后所有进入到中国的印度文化都被打上了佛教的烙印。不要说婆罗门教、婆罗门文化跟佛教的文化是在同一个地域文化里面滋生出来的,就是像景教之类的也是如此。我们研究敦煌文书都知道,景教的文献、摩尼教的文献在很长的时间里面都被当作佛教的文献看待。婆罗门教由于更容易混杂,所以也不被人们所注意,我想这是一个原因。

另外一个问题就是什么叫宗教的传入,或者什么叫宗教传入过来了? 其实这是宗教交流、文化交流的一个大问题。但是由于这样的一个问题是牵涉到很多宗教利益的,所以这个问题虽然我们,包括国外都开展过讨论,但仍旧没有解决。很多大学里都有宗教研究系,我们现在很多大学里也有宗教学系,但是什么是宗教传入的标准,其实没有被很好地讨论过。就拿佛教来说,佛教什么时候传到中国来的? 任继愈先生在他主编的四卷本《中国佛教史》里面,列了八到十种佛教传入的说法,其中大部分是佛教教内的说法,说得很早,甚至在周。那么就算是学术界接受的,也是最后一种、最晚一种说法,那就在东汉——东汉永平年间或者说明帝的时候。但是我们回过来看,说是佛教传入教内、教外承认的最低限度的那个时间,其实根据我们学术的传统来说,也不过就是两三条的记载。就说汉明帝做了一个梦,派使出去;楚王刘英说他崇拜过浮屠的像。除此之外,佛教在文献上被公认的,那要到东汉的晚期才有广泛的存在。那么,如果这样子来看,现在有人就想这就算宗教传进来了吗? 派了一个使者带了一两部经回来,这就叫佛教传进来了吗? 这种标准其实是没有被讨论过的。其实我们在讨论伊斯兰教进入中国的时期、摩尼教进入中国的时期,同样也是这个标准啊! 某一位来过了,就算这个宗教传到中国来了。其实你从佛教来说,一直到十六国东晋之前,西晋的法律、曹魏的法律、汉的法律,都是禁止汉人出家的。偷偷摸摸有人吧? 有,但他是偷偷摸摸的,比如说像朱世行,他是到西域受了戒,成为沙门。一直到永嘉之变以后,权威被打乱了,儒家的一统地位也被打乱了,北方的大部分统治者都是胡族,所以佛教才广为传播。东晋又是借了玄学的流传,使得佛教的空宗能够接上去,被士大夫所接受。这样子,佛教才在中国站住了脚跟。因此佛教真正地作为社会一个有影响的存在,实际上是从东晋十六国开始,或者说是在永嘉之变以后开始的。

正因为对什么叫宗教存在的界限不明,所以也难以讨论婆罗门教的传入与婆罗门文化的传入。如果按照现在佛教传入的标准来看,或者说通过祆教、景教、摩尼教这些三夷教传入中国的标准来看,那完全可以说婆罗门教是来到过中国的。但是也因为被佛教所掩盖,所以我们要系统地来归纳婆罗门教与婆罗门文化在古代中国的存在,要做很多工作。主要有两个方面,一个是文献方面,一个是从图像方面。

从文献的角度来说,前一年我到北大,王邦维对我说,你这是在大海捞针啊。但是大海里如果有针的话,这针还是捞得起来的。最直接的证据现在有一本,就是真人元开的《唐大和尚东征传》。这里面说得很清楚,有婆罗门寺三所。这条史料已经有一些前辈学者提到过,这也不是一个孤证。就是说我们都看过《法显传》、《佛国记》,法显是一个伟大的僧人,真正的高僧,他是从陆地上面的丝绸之路跑到印度,兜了一大圈,然后从海路回来的。他从海路回来是在斯里兰卡上的船,这个船除了他以外还有两百多个商人,是一条商贸的船。当时的斯里兰卡(狮子国)信奉的是婆罗门教。这船一路开,将近要回到中国的时候,海上起风暴了。船上的人都要把法显投到海里面去,说就是因为你这个异教徒,信佛的,所以惹恼了神,兴起了这么大的风暴。当然这个故事的结尾是因为法显的缘故风平浪静了。那这条材料可以反证什么呢? 反证这些来华的商人大部分都是婆罗门教徒,因为他把佛教徒看成是异教徒嘛。这里说是从斯里兰卡的来的,这个国度又是信奉婆罗门教的,那当然应该是婆罗门教徒了。因此,也可以证明这三所婆罗门寺,就是给那些商人进行宗教活动的场所。当然,到了唐末,因为黄巢在广州杀了很多外国商人嘛,所以以后便看不到关于这些寺庙的记载了。但是像这样一种寺庙的性质,它应该同袄教的寺庙、摩尼教的寺庙、存在于长安的景教寺庙是相同的。既然我们把《大唐景教流行中国碑》,这个景教寺院的碑看成是景教在中国存在过的主要证据,那么也不能否认在广州存在的婆罗门教寺庙应该算作是婆罗门教进入中国的标志。

文献里还有其他不少的一些比较直接的记载:这个刘言史呢,是中唐的一位诗人,在《全唐诗》里有他一卷诗。其中有一首诗就是《送婆罗门归本国》,送一个婆罗门回到印度去了。那么这个婆罗门是谁呢? 这首诗里第一句就说得很清楚,"刹利王孙字迦摄"。因为我们知道在正史里也好,在其他材料里也好,在《高僧传》里也好,有很多婆罗门僧。这个婆罗门僧有两种,一种普遍得到公认的,也是数目不少的,就是婆罗门种姓出身的佛教僧侣,可以称为婆罗门僧。还有一种我认为就是婆罗门教的传教士。这个婆罗门是刹利,而刹利在唐代是刹帝利的一个简称,他是一个刹帝利种姓出身的婆罗门,所以他不可能是婆罗门种姓出身的佛教僧人,他的王孙的属性也跟他的种姓是相一致的。我们再看下面,这个婆罗门为什么要到中国来呢? 因为"遥知汉地未有经"。已经到中唐了,已经经过鸠摩罗什、玄奘那么多的翻译,佛经在中国已经是非常之多了,汗牛充栋了。那么在当时丝绸之路还很畅通,有很多中国的汉僧在印度留学的情况之下竟然说汉地没有经,(如果这个说法成立,)那么这个经不可能是佛经,而应该是婆罗门的经典,所以他要来传教。但是基于宗教的性质,基于各种情况,他虽然陆路走不通走海路,海路来了以后忙碌了一生,似乎也没有能够传教成功,所以只好回去了。那么作为他朋友的刘言史(其实孟郊也有送婆罗门的诗),很同情,所以作了这样一首诗。这首诗也证明有婆罗门教的教徒直接到中国来传教,虽然没有成功,但也是一个证据。

　　当然这样的证据不止一个,其实还有很多啊。比如说在《宋书》里面,那是正史啊,《宋书》里面说魏太武帝请了一个婆罗门来占卜,这个婆罗门肯定不是佛僧。为什么这样说呢? 因为当时魏太武帝已经灭佛了。其实中国历史上三武一宗的灭佛,第一次的灭佛——太武帝的灭佛是最血腥的,僧侣都要杀掉、寺庙都要摧毁;后来的唐武宗、周世宗的灭佛,实际上是对佛教的限制,你一个州还可以有一个寺,长安、洛阳还可以有四个寺。最血腥的就是第一次。那么他既然自己发了诏令要这样做了,他还会请一个婆罗门种姓出身的佛教僧侣为他占卜吗? 所以,这个婆罗门绝对不可能是个佛教僧侣。那么印度的婆罗门教,它有一个特点,你婆罗门种姓出身的人天然就是婆罗门教的教徒,除非你长大以后自己皈依到其他宗教里去了,那是另外一回事情。所以像这样的一些人啊,应该就是婆罗门教徒来到中国的一种证据。

　　因为宗教是文化的一部分,尤其像一些宗教。其实宗教跟生活是分不开的,有的结合得紧密一些,有的结合得松散一些。因此,一种文化的进入跟一个教义的进入,它们是相互配合的。我们从《隋书·经籍志》里面可以看到,有相当一部分以婆罗门为名的占卜书、医药书、数学的这种书的传入。

而且像医药的书,在《经籍志》里说得很清楚,有些是龙树的,或者是某个僧人的药方等等,有的是婆罗门的。为什么要把它分开来?这证明虽然同样是从印度来的医药的书,但他们是从不同的源头来的,有的是属于婆罗门的,有的是属于佛教的,所以在《经籍志》里把它分得很清楚。

北大的陈明教授,我想你们也知道,他的梵文跟我们的刘震教授一样好。因为在新疆发现了一些婆罗米文字的医书,像《医理精华》,像鲍威尔文书等等,在这些书里面可以看出一个东西,就是对酒、葱、蒜这些佛教戒律所禁止的东西是很广泛地应用的。佛教不是不能用,非要到你生命攸关的时候,你才能够用一些酒之类的东西,这个戒律里面有说明的。但是在鲍威尔文书、在《医理精华》这些医学著作里面,是随便用,小毛病也用。所以这些书的性质应该也是属于婆罗门教的文化,能够同《隋书·经籍志》里面的这些佚书配起来。那么也有人会说,在《高僧传》里很多僧人,尤其是早期来的佛教僧侣,也用了很多占卜、医学的东西。这毫无疑问,就像利玛窦到中国来,他先拿出来的不是天主教的教义,而是天文的知识,然后是数学的、几何的知识,使你很佩服他,然后不知不觉地接受了他的教义。像徐光启,我想是因为佩服他渊博的知识,然后才成为一个天主教徒的。

问题是这样,一些当时从天竺来的、西域来的高僧要在中国打开传教的局面,用了一些原来佛陀所反对的方法来协助传教。但是,手段的借用一定会跟它的目的性挂起钩来,尽管你只是把一些其他文化的一些东西作为自己的一种手段,但它最终会改变你本身的性质。不要以为有一个高尚的目的,就可以用一些卑鄙的手段,手段的卑鄙最终会使你的目的也卑鄙起来,最终会使你的本质也异化起来。昨天因为韩昇教授主持开了一个会,是魏晋南北朝方面的,他现在搞人类学跟史学相结合。会上讲到一个情况,因为我们都可以从 DNA 来找出人与人之间的关系,那么李平教授就提了一个问题。他说现在不是有人工器官移植吗?那你如果移了一个别人的心脏,你这个 DNA 怎么算啊?会不会改变你自身的 DNA 啊?那如果移植的器官多一点,比如说你肺也坏了,心也坏了,肾也坏了,都给你换了,你这个 DNA 算谁的 DNA 啊？所以任何的东西一旦吸引进来了以后，它会改变其本身的性状。如果佛教它占用了很多婆罗门教的手段，它本身也至少部分地被异化了。佛教最后为什么在印度消失？我到印度去碰到一些自称为佛教徒的人，细问下来，他们还是印度教徒，就是因为佛陀本身也作为毗湿奴的一个化身，所以他也是印度教徒。佛教从小乘佛教到大乘佛教，再到密教，到了密教的阶段，它大量地吸收了婆罗门教的内容，最后为其并入婆罗门教创造了条件。所以，别的东西是不好随便借用的，借用了你会改变你自己的。这些东西的传入，占卜的手段、医学的手段以及其他一些天文历法的手段，使得佛教本身在这一方面也成为婆罗门教和婆罗门文化传入的载体。

　　包括舞蹈、音乐等等艺术。我们现在一般都把西域、天竺传进来的音乐说成是佛教音乐，但这个佛教音乐的起源在哪里？实际上是起源于婆罗门教。那么我找到了《乐书》中的一段记载，可以很清楚地看到，至少一部分所谓佛教的音乐，它是来自于婆罗门教和婆罗门文化的。那么文献呢？原始的婆罗门经典传到中国来的，只有真谛翻译的《金七十论》。但是在其他的一些佛教经典中间，也有不少婆罗门教的内容，这个内容大致上有一些是整段地作为批判性的东西来记载的，因为牵涉到佛教和婆罗门教的斗争，要把对方的观点亮出来嘛。那么这些呢，北大的姚卫群教授已经做了一部分的工作，他写过两三篇文章，就是介绍佛教经典中有关婆罗门教的一些整段整段的内容和一些观点。姚先生写过两三篇文章，发表在《南亚研究》等等这些刊物上面。

　　至于佛教里面所介绍的或者说引用婆罗门教观点的东西，其实还有好多好多。我刚才讲唐诗的时候，说有个婆罗门，刹帝利种姓的，到中国传教来，其实在他前面还有人。这里是《高僧传》里面的一段记载，也是说斯里兰卡有个婆罗门，听到鸠摩罗什的弟子在中国传播佛教很成功，他气不过，也来了。来了呢，跟鸠摩罗什的弟子辩论，当然，这是《高僧传》里所载的，辩论肯定是失败了。失败了以后呢，他不得不愧悔。但是这段记载又说明什么？说明有婆罗门教的教士到中国来传播过教义，大庭广众之下，竟把它的教义亮出来进行辩论,听到的人我想不会比现在听我讲的人少。那么这算不算婆罗门教到中国来过啊?因此,这样的例子一次又一次地证明:婆罗门教传入中国的努力没有停止过,当然,最后失败了;怎么失败的,我最后会讲。

以上这些,都是比较直接的,在各种史料里面还有大量间接的证据。像直接的东西其实是很多了,我曾经写过一篇文章《唐代的婆罗门僧和婆罗门教》,主要是剖析这个婆罗门僧与婆罗门寺。其实除了刚才介绍的两个唐代的婆罗门僧以外,还有很多的,剖析一下就能够看到。在段成式的《酉阳杂俎》里我们就能够看到,他就说有个婆罗门拿了一个佛牙在长安的街头用东西敲,就说你们看这个东西是坚硬不破的,来炫耀自己。那么像这样一个婆罗门,他不可能是佛徒。把据说是佛的牙齿(这种佛牙现在也很多)用东西来敲,是一个佛教徒应该做的事情吗?他这样做说明从心里到外面他都不是一个佛教徒。那这样的一个婆罗门,他当然不可能是婆罗门种姓出身的佛教僧侣。还比如说唐太宗、唐高宗的时候,都通过王玄策从印度请婆罗门来为他们合成长年药,就是不死药、延年益寿的药。那么在印度本身有一种婆罗门叫长年婆罗门,是婆罗门教徒的一种,延年益寿,这本身就是婆罗门教的一种追求。而佛教徒要求的是解脱,所以不会在这方面努力的,应该不会努力的。因此像这样一种以合成长年药为己任的婆罗门,应该也不是婆罗门种姓出身的佛教教徒。那么为什么说故事里面的胡僧或者说梵僧是一个婆罗门教僧人呢?就是我下面这个一、二、三的分析。当然,这种比较间接的材料呢,我搜集了很多,每一条材料都要进行一下剖析。当然,这种剖析也有可能有人不认同,但是大量的这种剖析结集起来,就算我推理的水平不高,总有几分事实吧。再加上前面的证据,这些都可以说是文献方面的材料。

由于文献的有限,现在我想用另外辅助的一种证明方法,就是图像的比较,用图像来说明婆罗门教也到过中国。这里提到吴文良先生,他有一部很重要的著作,就是《泉州宗教石刻》,很厚的一本。里面有七十页是写他在泉州一生考证的(婆罗门教)材料,当然也有摩尼教的,也有基督教的,也有佛教,也有道教的,其中有七十页是写他认为在泉州的婆罗门教神庙遗址的。所以,这就能够同广州的材料对照起来看,其中包括林伽。这个林伽实际上就是跟我们古代的石且是一样的东西。我们看到新时期时代的陶且、石且啊,都是很小的。因为这个婆罗门教在印度它有前期跟后期,后期的婆罗门教集中在毗湿奴崇拜和湿婆崇拜,那么湿婆崇拜里面的一个特征,就是强调他生的作用,就是与生命的这种关系,所以你在印度到处可以看到林伽的崇拜。甚至在街头的小庙里面,庙很小,林伽很大,印象非常之深刻。那么在泉州的石刻遗存里面,吴先生发现了林伽,还有一些特殊的装饰和不少石构件。吴先生认定这些是婆罗门教的。

那么婆罗门教的图像传到中国来,我认为它有三种存在的形式,一种就是吴文良先生举的例子,像林伽,完全是属于婆罗门教的。还有一种是佛教的寺庙里面或者是佛教的造像艺术里面所保留的具有婆罗门教特色的图像。第三呢,就是受到婆罗门教造型艺术影响的佛教艺术。这些佛教艺术又进而影响到中国的造像艺术。所以有三个层面:第一个层面除了我刚才说的,你们可以去看,我相信这个图书阅览室里肯定有,就在那个《泉州宗教石刻》里面,你们可以看吴先生是怎样破解的。那么像这样一个丹丹乌里克的湿婆形象,如果我们跟印度的这些印度教艺术来对照的话,它基本上保留着婆罗门教图像的特征,不能在里面找出什么佛教的影响。这是比较完整的。那么从丹丹乌里克考古的情况来看[当然从伯希和(Paul Pelliot)、斯坦因(Aurel Stein)他们以来已经有发掘了,前年我也去过],那些遗址现在被考古学界一致地称之为佛教遗址,我认为可能不是。这些遗址有的是很小的,也可能确实是佛教的,就是非常小的一个寺庙里面,一尊主佛,四周有壁画,这是保存得最好的了。那么他实际上只有两三个平方米这么大,最多四个平方米了。

但在和田地区、南疆地区,应该有很多婆罗门教的神庙。婆罗门教的神庙是可以跟佛教寺庙和平共处的。印度最大的石窟之一艾罗拉(Ellura),艾罗拉三十几个遗址里面一部分是佛教的,一部分是其他教的,一部分是婆罗门教的,相互之间是和平共处的。其实我们以前一直认为中国的宗教是能够有一个融合的,其实印度的宗教也是相互融合的,原本在印度的那些宗教,有对立有辩论,但是好像没有以宗教圣战的名义进行宗教之间的那种残杀。因为我不是搞印度史的,只是看了一些,好像没有。印度的宗教对立是在伊斯兰教传入以后才出现的,到现在才紧张起来。宗教之间跟人之间一样啊,一旦谁先升了级,也激发起对立一面的升级。所以我认为,在中国古代的南疆地区,婆罗门教和佛教的和平共处是完全可能的。而且,在南疆地区实际上当时居民的主流应该是印欧人种,有的记载说,最早的一些于阗的国王就是婆罗门种姓出身的。其他的一些,像婆罗米文字(因为我不搞语言的啊),这些文字虽然不是梵文,但至少也是受婆罗门文化或者说印度出来的文字的变体。有关印度的印欧人种,我昨天也问过李峰教授,他说印度的DNA测试(因为我们知道,印度主要是四个种姓:婆罗门、刹帝利、吠舍、首陀罗),据他所知,首陀罗的DNA的Y染色体肯定跟婆罗门、刹帝利的是不一样的。这也跟我们知道的印度史的史迹相吻合,印欧人种从中亚、西亚进入到印度,然后征服了当地的人,把当地人下沉到首陀罗或者更底层的贱民。这样子,他们的人种当然不一样。当然,最早的人,根据李峰他们的说法,我们都是来自东非的峡谷里面的。但是他会不断分化,这种分化,李峰他们都是从DNA的测试来进行判定的。因此,由于这些婆罗门种姓出身的人在南疆地区的大量存在,婆罗门教曾经在那边存在应该是毫无疑问的。那么这种存在,我们说也是在中国的存在。谭其骧先生说古代中国的疆域怎么算啊,就根据现在的边境线来算,所以边疆的存在就是在中国的存在,这一部分也能说。

　　上一个月我到云南大理去开会,大理的密教里面实际上有很多是婆罗门教的东西,而且直到明代,他们的一些阿吒力的墓碑还是用梵文写的。当然我不懂,我是根据人家翻译出来的说的。他们声称自己是婆罗门种姓出身的,那么这也是一种存在啊。这是比较直接的那种存在,那么进来了以后呢,虽然高昌,就是吐鲁番有很多汉人存在,但是从造型艺术来说(吐鲁番文书虽然出土不少,但是很零碎)因为吐鲁番的数量有限,敦煌还是一个比较重要的存在。那敦煌石窟的佛教性质这是毫无疑问的,但它实际上里面保留了不少婆罗门教的神祇形象,而且比较完整地保留着婆罗门教神祇的特色,像这两幅就是。那个梵志呢,实际上刘先生您看,应该是婆罗门的意译之一。在我们的古籍里面也有把梵志称之为婆罗门的。还有一个比较明显的存在,我认为就是那个加内萨(Ganesa),在《敦煌莫高窟内容总录》里面,把他当作是毗那夜迦(Vināyaka)。那我想之所以当时制定《总录》的人,像段文杰、史苇湘他们把他当作是毗那夜迦的这个图像啊,就是因为佛经里面有毗那夜迦这个名称,没有加内萨这个名称,所以认为他是毗那夜迦天。这个问题你们可以参看《总录》中有关 285 窟的图像。

但这样一来性质就不一样了,一个是密教经典里面的,一个是纯粹作为婆罗门教的,那么我为什么认为他是象头神,是婆罗门教里面比较重要的一个形象呢? 这个象头神的形象,我们到今天的印度还可以大量地看到,因为他是属于湿婆崇拜的,据说是湿婆的儿子。那因为在密教的经典里面,这个毗那夜迦他是欢喜佛,是双身的,而我看到这里面他是单身的。而且这个双身相抱,象头神有两个,而他是单个。另外,毗那夜迦应该是有六个手臂的,而这里我们看他没有六个手臂。这个形象跟我们现在在印度能够看到的象头神的形象是一致的。其实这个形象在丹丹乌里克也可以看到,我没有展示出来,也是一致的。或者你们看勒柯克(Albert von Le Coq)或者斯坦因在南疆拍的一些照片,里面的象头神从形态上来说、从造型上来说,都应该是一致的。当然,这不是我的发明,实际上西方的一些学者早就有这个看法了。但一直到八十年代以前吧,西方学者的著作很难传到我们内地来,所以在《内容总录》里有这样一个判断也不奇怪。当然,这也说明了一些随意性,因为无论是《内容总录》里说毗那夜迦天也好,还是我说的加内萨天也好,其实根据周叔迦先生的论文,内地的"二十四天"里面都没有他们的份。所以,随着佛教的深入,婆罗门教的影响是在不断减低的。

还有一个,这是我最近写的一篇论文。因为我们前年去参观丹丹乌里克遗址的时候,他们的博物馆馆长说他们有个震撼人心的镇馆之宝,就是木版画。尤其是靠紧我的那个木版画(不知道你们有没有看清,这个图片的清晰度不是太高),当中有一个小的佛像,然后整个木板都画满了眼睛。我们知道,现在进每一个寺庙,几乎都能看到千手千眼观音,就是密教的观音。但是这个千手千眼的观音造像在印度是找不到的,至少我跑过那么多印度的洞窟、石刻,找不到千手千眼观音的造像,所以这是佛教在中国的一个发展。当然,现在写观音书的文章也不少,有石泰安(Rolf Alfred Stein)的,有于君方(Yu Chun-fang)的,也有内地的李利安的,我想他们大概也都提到了这一点。那么这个千手千眼观音造像的依据是什么?这个观念从何而来?我认为这块木板是一个非常重要的中间环节。这个千眼千手的观念,肯定是来自于婆罗门教的,来自于《吠陀》的,因为婆罗门教的几个特点之一,就是"吠陀至上"。以《梨俱吠陀》为主的四《吠陀》是婆罗门教里面的"圣经",千眼这个说法,就是来自于《吠陀》的。这个《梨俱吠陀》的出现,大约在公元前1500 到 1000 年左右,要远远早于佛教,更早于佛教中观音的出现。我认为:因为在《吠陀》里面眼的分布在时空上面是无限制的,所以它体现在木板上面也是没有界限的(当然除了木板本身的界限以外)。它要在木板上面画满眼睛,就是要体现这种眼的无限制,因为你即使是千手观音,他也是有限的。在中国的造像中是 41—42,当然千也有,像大足石刻现在在维修的全国重点文物保护单位,据说是将近一千只手、一千只眼的。那么这种表达,正是广泛而时空无限制的一个千眼的表现。这种表现在后来的婆罗门艺术里面继续以一种艺术形式表现,这就是系列画里面千眼的形象。但是中国人把它更加直观地联系,因为中国很多的东西,包括《易经》里面的很多东西都是根据直观经验的积累作为占卜的一种依据,就是将直观的联系来作为一种观念的基础。那我们看在印度,它这个婆罗门教的千眼的表达,从这幅图上也可以看到跟丹丹乌里克出土的那个木版画上的眼睛在观念上的联系。它是一种没有时间限制的、弥漫于整个时空的分布。这种观念到了中国被改造以后,就成了千手千眼观音了。那这个千手千眼观音,从大足的那个全国重点文物保护单位中实际千手千眼的那种表达,可以看出中国文化的一些特点。因为以前西方哲学认为中国哲学没有本体论,没有本体就重视实在的这种表达,就是一千只手,一千个眼,而不是具有象征性的东西。我这篇文章可能《文物》要用,但是《文物》的稿子积累太多,所以现在还在排队。《文物》的稿子发表以后,可能比今天会有更多的文献来证明,到时候请大家指教。

那么我想第二种分析就跟现在比较流行的图像学能够结合起来,这个图像学就是以文字来阐述文物,以图像来证明文献,以后可能在我们学术研究中会有更多的这方面的内容出现。现在被介绍进来的,像日本学者宫治昭,有一本《涅槃与弥勒的图像学》。除了文章以外,他有两部著作被翻译过来。其实我们华裔的一些学者,像巫鸿,甚至于像李零他们搞的,实际上从某种角度上面来说也是图像学。这个图像学对宗教学来说应该说是更加有用的,因为尽管佛教开始不搞偶像崇拜,但是它的一些宗教的属性越来越增加的时候,它必定要搞偶像崇拜,而且是以这个为特征传到中国来的。所以佛教进了中国就被称为像教,带动了中国造像艺术的发展。

说到这里,我想可能有人要问,那为什么婆罗门教没有在中国站住脚跟?我花了很多力气从文献、从图像去大海捞针,有不少证据还需要推理,而这个推理可能还会有不同的意见。那么我想这两者(佛教和婆罗门教),如果你到印度有了实地的观测以后,就可以看到同一个地域文化里面所滋生出来的不同的宗教走的完全是不同的路。印度教在印度这个民族里面,它是根深蒂固的;而佛教则走向了世界,成为世界三大宗教之一,但是它在印度(现在)几乎是没有实体性的存在了。我刚才说过了,我见到很多印度的自称是佛教徒的人。有一次我到孟买大学开一个佛教方面的会,不用说是印度的所谓佛教研究者了,就是所谓的印度佛教徒,问到后来他还是信奉婆罗门教。为什么会有这个不一样?佛教要晚于婆罗门教很多,印度人的文化、生活习惯构筑起来的时候婆罗门教就开始了。因此,我刚才说了,婆罗门教跟印度民族的文化、习俗是打成一片的。但正因为是打成一片,当这种文化也很难为其他民族的文化所吸收的时候,你这个传教就不能取得成功。所以我前面讲的两个婆罗门教的热心的传教士,到了中国以后灰溜溜地回去了,就是因为婆罗门教的教义跟它的生活习俗是密不可分的,这种密不可分妨碍了它的教义被其他民族、其他文化所吸收,只能有割裂的一部分间接地、婉转地传入到其他的文化地域里面。

那么佛教之所以不能在印度生根,实际上有两个原因。佛教在一开始的时候,声势是压倒婆罗门教的。我们一般的印度思想史也好,通史也好,都说是因为佛教它提倡平等。当然,这是一个非常大的区别。佛教的平等来自于它的因缘和合说。因缘和合,任何的东西,诸行无常,诸法无我,所有的所谓的"有"都是因缘和合的结果,它是在不断变化中的。任何的东西呈现在你的面前的时候,它只是一个过程,一个变化中的过程。正是因为如此,所有的东西之间没有高下可分,因此它是平等观念提出的依据,这种平等观念毫无疑问是对种姓制度的一个挑战。这种挑战可以在一定程度上在当时对社会矛盾起某种安抚作用,但是它不能改变这种社会存在。这种社会存在是他们的社会环境,他们的生产力,他们的社会结构等各种条件所形成的,不是一种学说所能够改变的。但是佛教在开始能够占了有利条件,而且佛教为什么能够先跑到中国来,占了先手之利呢?就是因为佛教从一开始的时候佛陀就把它搞成一个组织,有僧团、有戒律,而印度教始终是松散的,它将传教的责任放在一个阶层上面,一个婆罗门种姓的阶层,而没有一个严格的教派组织,至少在前期婆罗门教时期是这样的。那么,组织的力量是非常重要的。所以对任何有组织的东西,我们是睁大了眼睛看的,因为组织体现了一种力量。这个僧团组织,是用戒律作为组织纽带的。道德跟纪律,永远是群体构成的纽带。这个纽带强了,道德观念强了,纪律强了,这个群体的力量也就强了;如果道德沦丧、纪律涣散,这个群体也就趋向于解体。

那么佛教在印度刚成立的时候,它的声势是比较高的,而且有组织才有向外传输的动力,所以不断有高僧先到中国来传播它的东西。但是至少从《法显传》里我们已经能够看到——公元3世纪到4世纪的时候吧,更不要说玄奘后来在《大唐西域记》里面所描绘的:实际上从小乘佛教到大乘佛教,一方面是它本身教义的发展,另外也是形势所逼。其实到了公元 1 世纪左右,佛教已经开始走下坡路,所以才不断有变招出现,才有大乘佛教。很明显,如果我们去看一下 8 世纪的大乘佛学和小乘佛学的比较的话,大乘佛学里面吸收了不少婆罗门教的理论,包括大乘有宗。我们把大乘有宗说成是瑜伽宗,那么大乘有宗本身就比小乘佛教里面要吸收更多婆罗门教的方面。至于到了佛教在印度发展的第三阶段——密教,那里面大多数的东西已经是婆罗门教的东西了。所以我觉得,在佛教里面我们光说从小乘佛教到大乘佛教是佛教的一种主动行为,是教义的发展,这有它对的一面;但是这种发展是形势所逼的发展,是在婆罗门教压力下的发展。因为佛教这个东西虽然克服了印度社会的一些弊病,但它终究来说是不适应印度文化的,所以它在不断地吸收婆罗门教的东西而改变自己的时候,也完成了自己的异化。这种异化在中国走的是另外的途径,就是三教合一,就是儒家化、民间化等等。这个当然是另外的课题了。

我之所以做这个题目,我的起心是到了印度以后才有的。(婆罗门教)这么大的一个宗教,为什么让佛教作了先锋,在中国、在世界各地传播开来,而印度教不能如此,是这样一个起心。但是到 2010 年的时候呢,我就用这个题目拿到了一个国家社科基金项目,准备在明年把它结项。所以我的工作还没做完,实际上除了我刚才讲到的吐峪沟的木板的这篇文章还没有发表,其他有些内容已经发表了。最近一期的《敦煌学辑刊》里面我有一篇文章就是讲的敦煌壁画里面婆罗门教神祇的形象。我两年前参加龟兹学会的一篇论文也刚刚印出来,但是它是论文集,可能这里还没有看到,也是讲壁画,但是吐峪沟的没有加进去,丝绸之路新疆段里面比较直接的那些湿婆的形象等等都涵盖在里面了。

今年十月份我到澳门大学参加一个会,我写的一个东西实际上也带到了一些关于婆罗门教的东西,这个题目叫《北朝的四面像碑》。这个四面像碑就是长方形的立柱,四面雕刻佛像,我们知道以北朝为顶峰有很多造像碑,唐代也不少。造像碑四面都雕刻有佛像,这个称为四面像碑,是比较常见的一种,比较流行的一种。但是还有一种四面像碑,在前年的《文物报》上面,说山东发现了一个石构件,大概是立体、正方形的,四面雕塑同一个头像的。这个头像很怪,我没放在这里面。那这种一佛四面(我们暂时称他为佛吧)跟四面雕像,应该是有区别的。因为四面造像碑,我们知道新疆和敦煌或者云冈有中心柱石窟,这种中心柱石窟再往前就是印度的支提窟(Caitya)。中心柱窟跟支提窟还是有区别的,支提窟是舍利塔倒覆的形状,但是它有个特征,是不接顶的,与石窟顶部是不相接的。但是从新疆开始起,克孜尔石窟也好,柏孜克里克石窟也好,到敦煌、到云冈,中心柱都是接顶的。那为什么呢? 我看到有一篇文章。因为我也看过,说阿旃陀(Ajanta Caves)也好,艾萝拉也好,它们的石窟是非常之大的,它的平面空间远远要比这个教室大得多,甚至两个、三个、四个都有,因为他的石质非常好,是青石,跟花岗岩差不多的。而从新疆开始一直到甘肃,这些中国北方石窟所在地的确我也跑过非常多了,它基本上都是砂页岩,砂质的,石头的硬度都不大。中心柱还有一个什么作用呢? 它是接顶的,还可以起到一个支撑顶部的作用。还有就是颜色不同,我也观察了,这个支提窟它各个面是没有主面跟次面之分的,但是从中心柱开始到四面像碑,都有主次之分。主面的是一个主佛,然后其他旁边的体现出一个主次之分,这应该说体现出中国佛教的一个特色。那么我所谓的一面四佛,最典型的你们可以到东南亚去看,尤其是柬埔寨的吴哥窟。柬埔寨这些东南亚地区我们一般把它作为小乘佛教的流行区域,实际上它是小乘佛教跟婆罗门教的混合体。这种混合是反映在它的造型艺术上的。我们如果到柬埔寨去看吴哥石窟的话,它的一佛或者是一个梵天的四面形象到处都是。那么这种到处都是的像,实际上也是来自于《吠陀》,来自于《奥义书》,应该说它也是受婆罗门教影响的。那么我在中土找到的那些记载跟实物,实物还有一个是香港博物馆藏的,也是一面四体的佛像头像。这个很明显是佛,但是在山东找到的那个石构件,你判断不出是一个佛来。如果我们跟吴哥对照的话,那至少是受到婆罗门教造型艺术的影响,它体现为一佛四面。就说密教里面的一佛多面,比如说十一面观音,或者三个面、三个头等等,这些毫无疑问从观念的延续上来说都是受到了婆罗门教的影响。

所以你看在中国这么多的造型艺术里面,包括我们说的《西游记》中孙悟空(注:应是哪吒)的三头六臂,这种多臂多手的影响,从印度图像发展的观念上看的话,都是受婆罗门教的影响。这个观念谁在文献记载上最早,就应该是接受了谁的影响。我想这个比较应该是能够成立的。谢谢大家。

提问与回答

刘震:

时间也差不多了,那我们接下来还有两个议程,第一个当然是提问,第二个就是我们还要进行一个简短的受聘仪式,就是聘任我们文史研究院的三位特约研究员。那么如果我到时候忘了第二个议程,请大家提醒我一声。我们先进行第一个议程,在座的各位对于严老师的报告有什么问题么?

学生:

在上博的雕塑展厅里面有一个北魏时期的石塔节,它也是四面的。您刚才讲到四面像碑,我想问一下它们之间会有什么联系吗?

严耀中:

我到上博去过几次,但是我没有注意到这个。上博里面的确是有四面像碑的。四面像碑很多,你如果到河南、山西、陕西的很多博物馆里都能看到,但在我的印象中,这个四面像碑是四面雕像的碑,不是一佛四面的。一佛四面的碑,就像山东发现的那样,就是四个头像、四个面,没有其他的东西,最多是旁边略有一些装饰。我觉得四面像是一个像均匀分布在四方体的四面,所以这跟四面造像碑还是有区别的。四面造像碑的东西很多,有龛,上面有装饰,有飞天,下面还有小的佛,旁边还有佛啊等等。这些一般的都是属于四面像碑,不是一佛四面的四面佛碑,所以您看到的我不知道是哪一种？可能我印象中就是前面一种，就是四面造像碑。

孙英刚：

严老师，您好。您今天这个题目很有意思，因为我们之前很少关心到佛教以外的婆罗门教，往往提到的都是三夷教这些。突然我想起来实际上好多其他史料可能要重新地来看一下，就是其实在南北朝到隋唐时期在中国有好多印度裔的家族，有一些是以天文占卜著称的，比如说那个瞿昙家族。《开元占经》就是那个瞿昙家族的人修的，其实里面的内容可能跟印度古代的占卜是有一些关系的。还有就是像笔记小说里面提到的一些材料，我想到的一个例子是在《太平广记》里头记载的，具体原出自哪里不晓得了。但是那个很有名，就是讲这个李淳风和唐太宗，然后他说第二天有七个婆罗门会到西市去喝酒。那这些人肯定是婆罗门的信徒，不是婆罗门群体的人。

严耀中：

婆罗门是种姓，婆罗门教的种姓里面的人除了明确皈依其他宗教的以外，一般都是信奉婆罗门教的。

孙英刚：

而且就是喝酒的嘛，那应该不是佛教徒，又跟占卜有关系，所以像这样的材料就很有意思。另外就是在墓志里面，也有一些与中国人通婚的印度人的后代，他（她）也会讲自己的背景。有时候我就很奇怪，他们没有提到佛教，就是说好像没有佛教的信仰，像这样的我想很可能也是有婆罗门教信仰的成分的。另外一个就是婆罗门教之所以没有能够在中国占据上风，严老师提了很多原因，我想都是不错的。然后另外一个原因也许是由于佛教自身演进的一个问题，中国的佛教跟印度的佛教本身就不是一个体系，比如说那个阿弥陀信仰、弥勒信仰等等，这不是印度所本有的，其实是到了中亚之后在中亚当地形成的。所以从某种程度上来讲，中国的佛教跟印度的佛教是两个差别比较大的系统,而且沿着丝绸之路到中国的这条线上大都是佛教国家,所以很难越过这么辽阔的佛教区域进入到中国来。严老师提到的很多例子都是泛海而来的,就是以前像广州、泉州的婆罗门就比较多,似乎是如此。

严耀中:

是啊,是啊。

孙英刚:

不知道严老师有什么看法?

严耀中:

您说得很对。关于为什么海上丝绸之路进来比较多,因为我们想传教的路线往往跟商贸的路线是一致的,对吧?很多教徒之间的往来都是搭乘了商队的交通工具,但是印度婆罗门教从陆上过来的话它要经过中亚,经过今天的新疆地区,而这些地区的佛教国家比较多。因此它传播的时间线很长,每一次经过一个国家,其原风格都会有一种衰减的可能。而海上来的,比如说我刚才举的法显的例子,你一旦上船了以后,这个船就是个封闭的环境。也就是说,在这个封闭的环境里面你可以从斯里兰卡、印度原封不动地到广州、到泉州、到山东,没有经过其他文化的干扰,所以能够比较保持原汁原味。像你刚才提到这方面的例子很多,比如译经的译场,从隋唐、五代到宋。这个译场里面是分开来的,有的就是婆罗门大首领。凡是佛教僧侣它会写明佛教的法名,还有些就写婆罗门甚至婆罗门首领,这是因为这个梵文太难了,像我们刘先生那样精通梵文的人是很少的。我是不敢学梵文的,自己也年龄大了,学梵文要比学古汉语还难啊,因为现在有些梵文是拉丁化的东西,它不是原汁原味的东西。确实有很多婆罗门在中国存在,外来打工的,包括占卜的等等。也有眼医婆罗门,刘禹锡写一首诗送给了眼医婆罗门,就是专门治疗眼睛的医生。根据李约瑟(Joseph Terence Montgomery Needham)的《中国科学技术史》来说,眼医是印度很擅长的一种医疗。就是说中国治疗眼睛的医术,主要是从印度来的。可能由于天气热,眼睛容易上火发红。反正就是印度眼医的医术要比中国高明,所以眼医婆罗门,就好比婆罗门出身的江湖郎中在中国打工。还有呢,我们可以从敦煌的一些户籍文书里面看到很多姓名中含婆罗门字样的,这个我想就像昭武九姓——粟特人到了中国,姓曹、姓史、姓石一样的。婆罗门种姓出身,流落到中土了,但他还保持婆罗门这三个字。这在敦煌文献中里也有好几处。所以刚才说有不少不是佛教徒的婆罗门,就像现在也有很多各个国家的人在上海、在广州打工一样,各种各样的都有,不一定是同一个宗教出身的。

学生:

请教老师一下,刚刚老师有提到那个佛陀有千眼的形象。

严耀中:

这个不是。这个木板呢,是当中有一个佛的形象,然后整个木板都充满着眼睛。

学生:

我刚才听老师说这个有可能是从婆罗门的《吠陀》书里面出来的,但我有另外的看法,我就觉得是不是这也有可能是佛经里面出来的。因为像佛教经典中讲到佛第一次转法轮,《转法轮经》(*Dhammacakkappavattana sutta*)当中有提到 dhammesu cakkhuṁ udapādi, ñāṇaṁ udapādi, paññā udapādi, vijjā udapādi, āloko udapādi 这样的一句话,在这句话中 Dhamma 就是法,Cakkhu 就是眼睛。然后,是不是自从那一段引用出来之后?开示结束之后,最大的比丘就开悟了嘛。

严耀中：

我们无论是说从文献的比较来说还是从图像的比较来说,谁早,就是谁影响谁。佛陀虽然本来不是婆罗门种姓出身的,但他的弟子中间,像迦叶等,好多都是婆罗门种姓出身的。婆罗门种姓出身的人他生来就是一个婆罗门教徒,《吠陀》是他必须要学习的,这是他的权利,也是他的义务。就是说你是婆罗门种姓出身的人,你一定要读《吠陀》的,所以《吠陀》里面的内容,婆罗门种姓出身的人他不会不知道。尽管你以后皈依了佛教,但之前你肯定已经读过《吠陀》的东西。以后出现的佛经,因为佛经比佛陀说法还要晚得多。季先生说佛陀开始讲的经是地方的一种语言,后来到了佛经产生的时候,已经是几次结集之后的产物了,于是就有"如是我闻"这些。所以它至少要比佛陀的说法要晚了几百年吧,一两百年那是肯定的;而这个时候《吠陀》早已是整个婆罗门种姓出身的人都清楚的,包括一些刹帝利出身的人也应该读过《吠陀》。这些婆罗门教经典形成的时候,这个概念存在已经有几百年、上千年了,所以是婆罗门教的观点影响到佛经,然后再影响到宗教的造型艺术,这么一步步来的。这里还是有一个时间早晚的问题,因为图像学本身,包括我们看宫治昭的《涅槃与弥勒的图像学》,他就是按照年代来比谁对谁产生影响的嘛。我们文献也一样,哪个文献早,那肯定就是它影响其他文献,除非你是没看到过,但是你也不能证明你没看到过。总之,在印度有文化的人都看到过《吠陀》应该是没有问题的。

刘震：

我能不能接一下刚才那个问题再补充几句。就是你刚才说的那个Dhammacakkhu,我觉得它的概念可能是来自于天眼(Dibbacakkhu),就是在眉心当中、额头上的一个眼,所以很难说是有千眼。但在佛经当中呢,是有可能有一位有一千眼,就是严老师您前面提到的那个帝释天,他有个外号叫"千眼者"。我觉得所谓"千眼",可能就是说他身上充满光明,充满千道万丈的光明,所以你从远处看它的时候,就好像是千眼放光,一根根光线放出来,有可能是这个原因。那么佛教呢有可能就是就近取材,把原来非它的神祇归化到自己门下,然后由一位菩萨来充当非佛教神祇的作用,后来就可能产生了这种形象。另外在新疆还有一个非常明显的婆罗门教的文物,好像就是上一期的《新疆文物》里面发表了一个毯子,上面是黑天(Kṛṣṇa)的故事,故事的内容跟《往事书》是完全一样的。

严耀中:
上一期《新疆文物》我还没看呢,哈哈。

刘震:
好像是去年还是前年的吧,我也觉得很奇怪,好像就没有一点佛教因素。

严耀中:
有的是祆教。当然,我没看过那篇文章。

刘震:
那个太像了,就是完全跟那个故事一样的。我还有一个问题,就是关于藏传佛教。藏传佛教它代表了印度佛教晚期的那种形态吧,那么它所提倡的五明,只有内明是真正的佛教,其他四明与其说是佛教,还不如说是婆罗门教或者印度本土的文化。另外一个像藏传佛教的《甘珠尔》《丹珠尔》,特别是它的《丹珠尔》有很多明显就不是佛教的经典。这在中国佛教就很少,而且《金七十论》明显就是为了排斥外道,作为一个反面教材给翻译出来的。但是藏传佛教则完全是将婆罗门教的一些文本当作正面的东西翻译进去的,有很多经典的文学作品,比如说迦梨陀娑的《云史》、檀丁的《诗镜》,甚至还有一些语法书啊这些东西。那么,严老师您认为像藏传佛教它保存了婆罗门教的各种文献和其他形态的东西,它是抱着一种什么样的态度呢? 是真的在客观上没有作什么区分呢？还是为了传播佛教而做了一种方便法门，吸纳了很多婆罗门教的文化元素？

严耀中：

因为我刚说过，佛教的发展是不断地吸收了婆罗门教的因子使它不断地异化。那到了末期的密教阶段，实际上有些西方学者统称为是 Tantrism，并没有把这个佛教里面的神秘主义跟婆罗门教原有的神秘主义作很严格的区分。那么我想，因为你刚才说的也有道理，就是说西藏所接受的佛教其实已经是后期的佛教，就是密教。这个密教里面混杂着很多婆罗门教的东西在里面，所以当西藏接受印度佛教的时候，它也同时吸收了很多婆罗门教的因子。我想在印度的很多奉佛的僧侣来看，这些就是佛教的东西，并不是把它当作一个手段来进行，因为他本身就是把它当作佛教的一部分吸收进来的。到了后期的时候，其实佛教在印度最后到 12 世纪、13 世纪的时候，实际上就是在那烂陀寺跟其他的两三个地方还保持着比较明显的佛教传统，其他的地方都已经混合在一起了。因此，当佛教传进（西藏）的时候，它就是把很多婆罗门教的东西当作佛教的东西传进来的，所以藏传佛教毫无疑问要比内地佛教的婆罗门教因素更多。内地的佛教实际上从南北朝末就开始在理论上的中国化了，所以从天台宗开始，它就标志着成系统的中国佛教理论的开始。在这样子的情况下面，密教的东西翻译进来就会受到冷淡和抵制，比如像无上瑜伽的部分。无上瑜伽的部分在西藏是很盛的，在中土的北宋时期翻译了一些内容，后来就束之高阁，当作邪的内容看待，所以在中国社会没有流传。那个无上瑜伽的部分跟婆罗门教的观念是非常一致的，因为瑜伽跟一般的气功不一样，它是认为心（思想观念）跟身体的动作是相互影响的。就是说不仅是你的动作影响到你的观念，你的观念也会影响到你的动作，这跟气功还不一样。密教三密中的身密，就是说你想定一个东西，这个东西就使得你自己与大日如来的本真合二为一。所以像这种观念，都更多地是受到了印度教的影响，而且西藏的佛教是把无上瑜伽看作是佛教的一个组成部分的。

刘震：

对对,好的,谢谢。

白若思(Rostislav Berezkin)：

非常感谢严老师今天精彩的演讲。我对这个题目实际上不太了解,但是有很多问题还是很感兴趣的,因为我的老师梅维恒(Victor H. Mair)先生一生都在研究印度对古代中国的影响。他的很多学生都做中印文化交流的历史研究,但是我做的题目跟这个没有任何关系。那今天我是想问一个问题,您刚才正好提到孙悟空这个人物。据我了解,之前有不少学者研究这个问题,因为在印度的一个宗教有这个神,就是猴王。然后不但印度有史诗讲猴王的故事,中文译名叫《罗摩衍那》。那之前一直争论它到底跟孙悟空有什么样的关系,因为看起来孙悟空有一个原型,在中国也有拜猴神的这样一种情况。但是好像原来印度的史诗在中国古代没有翻译,只是在佛经里面提到这个故事,所以它很可能就是通过佛教传过来的,但是它的原型还是婆罗门教相关的史诗文学。因此,我想问一下您对这个问题是什么样的看法,因为好像说这究竟是印度的影响还是中国本土的一个现象,到现在还没看见完整的结论。然后第二个想法就是,我今天觉得很有趣的一个问题,就是在古代文献里,他们也分佛教和婆罗门教;但是看那些艺术品,就很难理解这些古代的中国人,他们怎么了解这些形象,怎么区分这是婆罗门教里面的形象,还是以佛教框架来对待。所以这个可能就跟我们现在做研究的方法有关系:如果我们用现在的标准,那可以说这些千眼的神灵的起源是在婆罗门教,但是按照古代人的标准,他们是不是会分得这么清楚? 从文献方面这种区分很有说服力,可以分,但关系到那些普通的民众,特别是那些民间的艺术是不是能够进行区分? 这个问题我觉得比较有趣,所以想请教严老师。

严耀中：

好。那先从《西游记》的这个形象开始讲，有很多前辈，除了西方的一些学者以外，像胡适先生、陈寅恪先生、柳立言先生，都有相关的文章。那么问题是说这个形象哪里来？我想两个：一个您刚才也说了，就是根据经典里面的描绘，它要表现神通，所以多手多臂；还有一个就是这个艺术的传递啊，我们刚才也说过，有很多印度的婆罗门跑到中国来，有医生、有占卜者，有表现杂技的、有表现舞蹈的，那么我想也一定有表现造型艺术的雕塑家、画家来过，还有僧人，包括佛教的僧人。大概《洛阳伽蓝记》里面，它有乌苌（Udyāna）过来的僧人在洛阳搞了一个庙，这个庙里面的塑像是很不一样的。这里面有很多材料，讲西域的僧人来了，他搞一些塑像。还有就是我们去取经的人，包括玄奘这些人，都会带一些佛像进来。这些佛像的造型以及他们同对立面斗争的那种场面的描绘，是会带到中国来的。当然，这些东西到了中国来以后它会变形，从千眼变到千手千眼的观音。那么我想，早期是会通过这样一个途径来的。就像刚才所讨论的一样，这个变形是存在的。有很多人来，既然有音乐的艺术家、舞蹈的艺术家，那为什么不能有雕塑的艺术家、画壁画的艺术家来呢？他们的造型应该是带着印度的风格来的，他们所画的对立面，像鹿头梵志、诸天（如帝释天）等等，会带有印度的形象。

徐文堪：

就刚才白若思博士说的这个关于孙悟空的来历呢，严老师已经说了，中外学者已经做过许多的研究。应该说它跟印度史诗《罗摩衍那》里面哈奴曼的形象是有一定关系的，当然不见得完全有哈奴曼演化过来，里面也有中国本身的创造。那么这个《罗摩衍那》呢，刚才严老师也讲了，在中国佛经里头当然是经常不断有人提到的，虽然它没有直接的汉译本，但是它是有藏译本的。

刘震：

藏译本好像也没有进《甘珠尔》、《丹珠尔》，那个是敦煌的残本。

徐文堪：

是敦煌写本，对对对。

学生：

我想问一下，应该说那个佛教呢，它好像是主要是让人们忘却烦恼、求得解脱的一种宗教，比如说像打坐、修禅、读经等等。那么像婆罗门教它最终的归旨是什么，还是说它仅仅是一种生活方式？

严耀中：

不不不，所有的宗教都是追求一种永恒，但是佛教跟其他的宗教有很大的差别，它所追求的永恒是一种无差别的永恒。什么是涅槃？涅槃是无差别的境界。《华严经·普门品》里面这个善财童子的五十三次参拜，每一次都是泯灭一种界限。然后到所有的界限都泯灭了，就是常乐我净，就是一切差别都泯灭了。什么是差别？差别就是矛盾，有矛盾就有欲望，有矛盾就有痛苦，那么消除痛苦，消除矛盾就是泯灭它的差别，而婆罗门教认为差别是与生俱来的。所以这跟玄学讲有跟无是一样的。你认为差别是生来就有的，宇宙的存在，世界的存在，存在就有差别，既有存在就肯定有差别。那么佛教所追求的东西，就是说差别就是一切苦恼的根源，差别是苦海无边，你要苦海回头，就不能带有任何的差别。任何差别都没有了，你就进入涅槃的境界，你就能够达到常乐我净，所以这是不一样的。人的存在本身是体现一种差别，所以佛教为什么还是要么变形，要么行不通，因为你要消灭差别，你首先要把"我"给消失掉。从染的阿赖耶识变成无染的阿赖耶识，也就是说你追求的境界以自我的消失为前提，这是一条非常难走的路。

学生：

严先生，您好，刚刚听了这位老师的提问，我就想到中野美代子在她的《西游记的秘密》里面就说过在泉州的开元寺的那个塔上也有一个猴神的形

象,所以我想这个印度教的东西在我们一些佛教的寺庙里面还有它的一些
遗迹存在,而不像刚刚严老师举出的新疆出土的,还有吴文良发现的那些东
西等于说已经是遗物了,也就是说没有人的,而不像开元寺还有人、还有庙。
比如说摩尼教的那个草庵,虽然现在变成了一个佛教的庙,但是还是有人
在。那不知道严老师是否注意到婆罗门教在今天的庙里面还有没有? 就是
说除了新疆这种,因为我在厦门同安的梵天寺就见过一个婆罗门塔,那个是
宋代的,就比严老师说的这些唐代的材料还要晚。

严耀中:

我刚才也想起来了,就是从南宋开始,不断有印度传来的所谓佛教。那
这些佛教我认为就是挂羊头、卖狗肉的佛教,因为印度那边已经没有佛教
了。所以你说从印度带了一些什么东西来,这个 13 世纪初到 14 世纪的时候
可能还有一些佛教遗留的东西留下来,那到明代怎么带? 除了从西藏带回
来的以外,你从印度直接带回来的东西,佛教的东西哪里来啊? 那肯定是挂
羊头、卖狗肉的东西。这些东西在吴文良先生的《泉州宗教石刻》里面也能
够看到,他认为有的是宋,有的是元代,有的是明代的。实际上佛教在唐宋
以后在中国的存在已经是不可动摇的了,就像您刚才举的摩尼教的草庵,我
也去过啊,他就是叫佛——摩尼光佛,所有的东西都被涂上佛教的色彩。那
么婆罗门教比摩尼教涂上佛教(的色彩)更像啊,因为它本身就是从一个文
化里出来的嘛,所以我们现在就更难分别。

刘震:

好,这个是最后一个问题啊。

学生:

老师,我想问一下,因为佛陀当年出家的时候他是反对婆罗门的嘛,他
反对的时候是不是也把婆罗门教里面的很多东西拿来用啊? 比如婆罗门教

里面也有业力,也有轮回等等。那这些概念是谁先呢? 是佛说得先呢,还是直接把婆罗门教的东西拿过来,还是他拿过来之后改变成自己的了?

严耀中:

佛陀当然是非常高明的一位圣者,他创立的东西在当时跟婆罗门教相比有差异很大的东西。我刚才说了,主要有两个,一个是从因缘和合论提出的平等的观念,还有就是他建立僧团组织、建立戒律,这些东西都是以前婆罗门教所没有的。但是你作为一个人过来,你不可能对你出生后所经历的一切文化的东西隔离得一清二楚,这是不可能的。就像我们找密教的东西,刚才也说过密教受到很多婆罗门教的影响,但是你想佛教是反对咒语、反对占卜的,你从《阿含经》里面还是可以找到佛陀说如果你牙齿痛了,允许你念个咒来转移下注意力,你就不痛了。这些东西还是有作用的,不过就是佛教发展到后来,这些咒(像陀罗尼咒)就越来越多、越来越多,跟婆罗门教相同的东西就越来越多。但早期也是有的,你要找出一个完人,说佛陀觉醒了以后跟婆罗门教一点关系都没有,这是不可能的。但是在佛教早期的时候,它跟婆罗门教的差异是很明显的,但后来这个差异就越来越小、越来越小了,就这样。

刘震:

好了,我们的提问环节就到这里,再次感谢严老师为我们作的精彩报告。

严耀中:

谢谢大家指教啊,尤其是我们徐文堪先生、芮传明先生,还有我们葛先生,你们在会上不方便来指教我,会后指教啊!

刘震:

那么我们现在进入今天最后一个环节,就是有请我们文史研究院的院长葛兆光老师为我们三位先生，徐文堪先生、芮传明先生和严耀中先生颁发特聘研究员的证书。

葛兆光：

我想讲两句话，文史研究院是一个很小的研究院，但是它有一个非常大的发展方向，叫作亚洲艺术、宗教与历史研究。包括学术研究也在发展这个方向，招硕士、招博士，也在发展这个方向。今天严耀中教授讲的这个内容，刚好跟我们讲的亚洲艺术、宗教和历史都有关系。因为我们力量很小，所以要邀请一些学界的前辈来给我们帮助。所以，我们今天一方面请严先生给我们作讲座，另外一方面也是要感谢几位先生。首先是芮传明老师跟徐文堪先生，好几年来都一直在帮助我们推动这个方向，那么现在呢，严耀中先生也接受我们的邀请来帮助我们。我们发这个聘书其实是一个很简单的仪式，无非就是表示一下我们的意思。

（颁发仪式）

葛兆光：

我们还有一位马小鹤先生，他在哈佛燕京图书馆工作，今天不能来，所以我们请芮老师把这个转交给他。

刘震：

好，今天的报告就到这里，谢谢大家。

谢一峰　整理
陆辰叶、杨光　校对

混沌与名的限度

主讲人：王博
主持人：吴震
时　间：2013 年 3 月 27 日

王博

  北京大学哲学系、宗教学系系主任、道家研究中心主任,1999 年、2001 年哈佛燕京学社访问学者,主要研究中国哲学史、道家、早期经学,著有《老子思想的史官特色》、《简帛思想文献论集》、《易传通论》、《庄子哲学》,代表论文包括《早期儒家仁义说的研究》、《早期出土文献与经典诠释》、《道家与人文精神》等。

吴震 | 复旦大学哲学学院教授,研究领域为中国哲学、儒家文化、宋明理学、东亚儒学。

吴震：

大家下午好,我们今天下午的报告会现在开始。今天,我们非常荣幸地邀请到北京大学哲学系王博教授,来我们文史研究院做一个报告。我想,王博教授的情况也不用我多介绍,在今天出的海报中已经写得比较详细了。我就简单补充一点吧,王博教授可能在我们国内大学的哲学系当中是最年轻的系主任。北京大学哲学系,在一百年以前,它的名字叫哲学门,现在改称叫哲学系。我以前的印象中,就知道哲学系的系主任是冯友兰,而现在这么一个年轻的教授能够当上我们中国最好的大学的哲学系主任。怎么说呢,我感觉这是我们中国的哲学学术界兴旺发达的一个标志。当然,王博教授研究的领域,以前是庄子哲学,但我看他现在的研究著作和论文啊,已经非常广泛了。先秦这一块,包括简帛学,他都有涉足,而且已经有许多的论文发表。那开头我就不想再多说,今天王博教授给我们做的一个报告叫《混沌与名的限度》,那么我们大家就欢迎王博教授给我们作报告。

王博：

我先谢谢主持人吴老师。吴老师我认识得比较晚,大概几年前才第一次见面,第一次见面就把我给"震"了。

吴震:

呵呵,吴震,"没有震"。

王博:

为什么给"震"了呢? 因为吴老师姓吴,所谓"大震无震",这是我们道家一直讲的一种智慧嘛。你看这个"吴",口、天嘛。这个"吴"的话,一开口就跟天开口是一样的,所以是"口天"。而且吴震老师的名字是《周易》上的两卦啊,你看这个"口"和"天"啊,天是乾嘛,口是兑啊,乾下兑上,这应该是夬卦,然后是震卦,都跟《周易》有关系嘛。当然,我还要特别谢谢葛老师,谢谢葛老师邀我到我自己非常仰慕的复旦文史研究院来做这样一个演讲。我也要特别谢谢董老师,一直在跟我联系,我本来是希望能够早几天过来,也是因为其他原因,推到今天。但今天有个好处,可以见到杨老师。杨老师一在的话,跟我们吴老师一呼应,我们北方话叫"乌泱乌泱"的。

我能当北大哲学系主任呢,其实完全是混沌在中国的回归。呵呵,我开个玩笑啊。我今天讨论的话题是"混沌和名的限度"。那为什么讨论这个话题? 有两个理由。

第一个理由,这是中国传统文化和哲学中间的一个问题,这确实是一些很重要的思想传统之间的对话。很简单地来说,儒家这个传统,当然以它为主啦,主要代表了对"名"的这个世界的肯定和维护;但是我们看道家那个传统,则更多地表现出对"名"的一种反思、一种批判,甚至最后表现出一种对名的世界的否定。这是第一个理由。

那么第二个理由的话,我为什么讨论这个话题,其实代表了我自己的一个困惑。我们越来越生活在一个非常名分化的世界里面。那么各位,比如我们现在要介绍一个人,那首先当然是这个名字,比如说这是王博,这是吴震老师等等。我们每个人都会有一个名字出现在这个世界之上。但同时伴随着这个名字的，就是我们更多各种各样的身份。对我来说，吴老师介绍我说是北大哲学系教授、哲学系主任，这就是一个名分的东西。我曾经见过一个非常长的名片，那个名片是用一个橡皮筋绑着的，那么你就可以想象它有多长。一个人啊，发的时候都有秘书啊，在边上发。那么这是什么东西，这是这个人吗？这张名片和这个人之间有什么关系吗？这是我在思考的问题。或者说有时候我们给他一个名，比如说我们给邓小平一个名——改革开放的总设计师。各位清楚，我们以前给毛主席很多名，比如说"四个伟大"，伟大的领袖、伟大的导师、伟大的舵手、伟大的统帅。那这些跟这个人是一个什么样的关系。特别是在当代中国，我们经常生活在一个剧烈变化的环境之中。今天是红的，明天可能变成黑的；今天是蓝的，明天可能变成灰的。我们怎么去理解这个名的世界和实际的世界的关系，这是我的一个困惑。我相信这个困惑不仅是我的，也是很多人会有的一个困惑。这是我讲这个主题我自己的两个理由。

　　没有人会否认名对这个世界的不可或缺的意义。如果没有名的话，我们就没有办法去指称、去描述，甚至你无法去说话，因为你一说话，就一定会用到各种各样的名。可是另一方面，我们又反过来会面对这样一个处境，就是我们会被名所控制，以至于对存在来说，最重要的不是它是什么。我是说，当我说他是什么的时候，我就已经"越位"了，我就已经越过这个名去了。所以，最重要的不是这个存在本身，而是这个存在是如何被描述的。那各位想，最重要的其实不是邓小平本身，而是邓小平是如何被描述的。其他的人也是一样，任何的一个存在，都是如此，这似乎是人类的一种悖论吧。很尴尬的是一件事情是，我们总是被我们创造的东西所束缚。回过头来，各位知道美国的电影里面经常会描述一个这样的场景，他们创造了一个机器的世界，或者说怪物吧，最后人类很有可能被机器或者怪物所控制。那么我想的话，其实不仅是机器或者怪物，我们被任何我们所创造出来的东西所控制。当我们把一个人塑造得太伟大的时候，你知道，这个伟大的人反过来就会对我们发号施令。我们最后都会匍匐在他的面前，没有任何的反抗能力。

这个道理我觉得是这样的,像我前面说过的,我这个题目当然会涉及到两个传统。因为这个传统中间涉及到的人物范围太广泛了,比如说吴老师一直研究宋明时代的问题;而我个人则比较偏重于较早的时代,所谓的 early China。其实我之所以喜欢研究 early China,就是因为"画鬼容易画人难",所以他做的工作很难,你做当代可能更难,做相对早的时候可能相对而言更容易一点。那么我在叙述儒家这个名的世界的传统的时候,可能主要会提到孔子、荀子和董仲舒。当然,汉代整个的一个政治传统,特别是名教的建立,很显然是这个话题中应该要涉及到的非常重要的一部分,但是我并不准备过多地去讨论它。对于道家这个层面来说,我可能会讨论老子、庄子、严遵和王弼。我选择他们,是因为他们对这个话题本身的关注,特别是对混沌和虚无这一话题的关注。我觉得他们之间一直存在着一种非常好的对话关系,换句话说,儒家和道家正是在这个对话中间发展起来的。它们并不是独立发展起来的——比如说孔子到荀子到董仲舒,比如从老子、庄子到严遵和王弼——他们是在不断对话的。因此,我们也应该通过他们的对话对他们有一个了解。这个对话一方面可以让我们看到名的世界的意义。换句话说,我们为什么要有这个东西,我们为什么要不断地被命名。比方说,我们小的时候,每个人都有小名,我不知道你的小名是什么,我的小名我不告诉你了(笑)。然后接下来就是几个"大名",比如王博。然后再大些,因为我读《老子》。《老子》八十一章说"知者不博,博者不知"。我就说我要给自己起个字,中和一下,叫少文。

那么,这种名的世界的重要性,它对我们来说是很有意义的。可是另一方面,通过这个对话,也让我们看到名的限度。名啊,名本身我们要不要把它置于一个非常神圣的地位。换句话说,名所构造的世界,真的是那么坚固的吗?名所构造的世界真的是绝对的么?而且有的时候我们不能够对它进行质疑。各位很清楚,名所构建的世界,很多时候表现为伦理世界和政治世界,这是我们生活在其间的,而且跟我们的生命最密切相关的那么一个世界。所以下面的话,我就想从三个方面对我的这个题目进行一个讨论。

那么第一个方面呢，我重点来讨论名的世界，因为谈名的限度一定要从这个地方来谈起。什么是名？名的作用是什么？如果我们看从孔子到荀子到董仲舒的论述的话，就会知道。但同时我要补充一下，我们不能够忽略所谓的名家这个传统。这个传统，很多时候人们会认为它是"打酱油的"，但其实并不是这样。这个传统，在儒家和道家的对话之中其实发挥了非常重要的作用。如果我们看这样一个对名的世界的肯定和维护的传统的话，名的意义至少有两点：

第一点是，名这个东西，始终是我们指称存在的一种主要方式。换句话说，世界上任何一个东西，从自然的事物到人，甚至到另外一个世界，比方说鬼神的世界等等。我们这样去指称它，我们这样去描述它，那么你就必须要通过名。那么这个时候，名的含义是非常广泛的。我们看荀子有关名的分类的话，《荀子》里面特别讲到一个所谓的"散名"。这个"散名"就是指各种各样的事物本身，它以一种方式被命名。

第二个，我觉得名并不简单的是一个指称。其实名是什么呢？名是把存在纳入到一个世界秩序之中的东西。这一点，尤其是我自己关注的。换句话说，当我们给一个东西命名的时候，我们不是简单地给它命名，而是把它纳入到一个秩序中间了。各位都很清楚，以前我们的家长图省事的话，如果家里有三个孩子，他们在起名的时候很简单，就是老大、老二、老三，或者大宝、二宝、三宝。这些名字本身并不仅仅是对一个存在本身的描述，还包含了一种秩序。当我管你叫二宝的时候，你就知道你在这个存在序列中的位置是什么。那么一听说孔子名丘，字仲尼。各位，当我说仲尼的时候，你就知道孔子排行第几。当然，像我这个名字，你就不知道我排行第几，但是我这个名字至少也可以把我纳入到某种秩序之中。比如说你姓王，你是什么籍贯的，你是这个地方老王家的人，这就是一种秩序。

我们在学校里很熟悉的讲师、副教授、教授，还有特聘教授、讲席教授等等，这是什么？这就是一种秩序。那么孔子所说的君君臣臣父父子子是什么？也是一种秩序。在这个时候，名就具有了一种伦理和政治的含义；在这个时候，名就更多和另外一个词的含义联系在一起，就是名分。这不仅是一般的名称，前一个你可以说是一个名称，是一个一般意义上的描述、一个指称。但这个名分，就把你纳入一个秩序之中。那么对这个来说，最重要的是什么？就是定位。我们知道，这个东西在易学当中是非常重要的：朱熹讲易学的时候就特别讲到，有定位，有流行。但是，这并不是从朱熹开始的一种叙述。一个定位的世界，一个流行的世界，通过把你纳入秩序之中，每一个存在都能获得一个确定的位置。各位可以想看，我们两会的话刚刚选出了新的国家主席、国务院总理，然后有副总理、有国务委员。这些是什么？这些是名，可是这个名本身是什么？就是定位，就是秩序的体现。那么通过前一种，通过一般的指称的话，我们实际上是让某一个事物存在的性质能够鲜明起来。换句话说，在这个时候，名有一种非常重要的意义。名的意义在于什么？就在于让这个世界敞亮起来。

刘熙在《释名》中专门讲了这个名。"名，明也。"前面这个名就是我今天讨论这个名，后面这个明就是明白的明。然后紧接着"名，实事使分明也"，就是让每一个存在都可以分别得很清楚。各位，鸡、猫、鸭、狗，鸟、兽、虫、鱼，当我给这样一些存在命名的时候，就是我让这个存在敞亮起来，让它从一种混沌的状态中解放出来。各位，在我没有给它命名之前，这个事物有可能是混沌，你不知道它是谁；可是我一命名，你就知道了。各位可以想，如果你不认识我，然后我来到这个教室里面，我是谁？其实这个时候我就是黑暗，我就是黑暗的混沌。那么各位，一旦我说我是王博，这个时候你就开始有点敞亮了；一旦说，这是一个教哲学的老师，这个时候你可能会更敞亮了。那么名本身，就是使存在以指称的方式更加明亮起来，正是在这个意义上，我觉得刘熙《释名》里面讲的这个"名，明也"，可以帮助我们了解名的一个非常重要的含义。而这种"敞亮"，进一步的话，就是我前面讲的那个定位，把你纳入到一个关系和秩序当中去。

那么这个时候也许我们可以提一下《说文解字》中对于名的解释。《说文解字》在解释名的时候说："名，自命也。"自，就是自己，就是自命不凡。然后呢，"从口从夕"。各位看这个"名"字，当然很简单的一个字。它从口从夕，但这个从口从夕，就有意思了。夕是什么意思啊？说"夕者，冥也"，就是晦暗不清，你看不清楚。那么"冥不相见"，正是因为你晦暗不清，所以对双方而言都是黑暗的，我们完全不能够了解对方。所以这个时候呢，再"以口自名"。所以为什么从口从夕，在《说文解字》中，我们可以看得非常清楚。我们如果结合《释名》，结合《说文解字》对"名"字的解释的话，名本身的含义就越来越清晰了。那么，各种各样的名，也就在我们对名本身的解释中变得更加清晰了。

也正因为如此，一个名的世界，其实就是一个我们以某种方式清楚地呈现，并且给世界上所有的存在定位的世界。这个世界很显然和这样一种倾向有关系，什么倾向？就是秩序，就是我们对秩序的一种肯定，一种维护，这是相关的。这个我们当然要提到儒家。各位知道儒家对名的态度，比如说孔子。我下面说的话是各位耳熟能详的。子路曾经跟孔子之间有个对话，子路曰："卫君待子而为政，子将奚先？"就是说卫国的君主如果让夫子您来执政的话，您最先要做的是什么？那么孔子怎么回答？是"必也正名乎"。是正名，而且后面一串的叙述讲得非常清楚："名不正，则言不顺，言不顺，则事不成，事不成，则礼乐不兴，礼乐不兴，则刑罚不中，刑罚不中，则民无所措手足。"那么各位可以看，这个事情多么严重。怎么严重？"民无所措手足"。换句话说，你的手和脚往哪放都是和你的名分有关系的。那么各位当然很清楚，当我们有时候很多人一起出来的时候，你走在哪个位置？当然，我们有时候可以不必太在意，但是如果有老师在的时候，如果有父母在的时候，你一般会注意。比如说你遇到老师，而且你认识他是老师的时候，比方说上电梯，你如果有足够意识的话，会说请老师先进，出的时候也会说，请老师先出——这个时候你应该知道。所以你可以想象，这个名和你的存在之间，它对你的塑造。它对你什么的塑造？它对你身份的塑造，对你形体的塑造，对你心灵的塑造。所以各位可以想，当孔子在另外一个地方讲君君臣臣、父父子子的话，这是什么？这仍然是名啊，仍然是正名的体现。各位也很清楚，据说孔子曾经对《春秋》做了很多工作，"笔则笔，削则削，子夏之徒不能赞一词"。可《春秋》这个书最重要的是什么？是名分，所谓"《春秋》以道名分"。从这个名分的世界，你就可以看出孔子本身的关注，他为什么会有这个东西？其实很清楚，因为名分的世界其实就是礼乐的世界。礼乐是什么？礼乐就是通过把存在纳入到一种名分的序列中间来规范整个的世界，这就是礼乐。所以礼的核心是什么？礼的核心不过就是区别。而这个区别的方式，就是命名。比如说夫妇，当你被称为夫的时候，当你被称为 husband 的时候，你就被这个名所塑造了，你就是这样一个角色。这个时候你不再是一个抽象的人，不再是一个混沌的生命，你是夫。那么你是谁的夫，这很重要。所以其实一个名分的世界对儒家来说，其实就是一个礼乐的世界。因此我们知道，对名分的维护，其实不仅是对名的维护，也是对礼乐秩序的维护。对礼乐秩序的肯定，也就决定了儒家对名的世界的根本态度。

我们还可以看到荀子。我们知道，荀子在儒家传统里面的话是非常尊崇礼乐秩序的。他跟孟子似乎有一种气质上的差别，当然也有一种思想重心的不同。《荀子》里面有非常重要的一篇。这一篇对我们今天这个题目来说是非常重要的，就是《正名》篇。我以前在读书的时候，不大喜欢这一篇，觉得有点无聊，还不如名家的一些讨论，可以勾起我的兴趣来。可是我觉得如果从对儒家思想的研究方面来看，《正名》篇的意义会变得越来越突出。荀子为什么谈这个正名，《正名》篇的核心是什么？各位很清楚，《正名》篇的核心其实就是礼乐秩序。所以它的第一句话是什么？这就是"后王之成名，刑名从商，爵名从周，文名从《礼》"。然后讲到散名［注："散名之加于万物者，则从诸夏之成俗曲期，远方异俗之乡，则因之而为通。"（《荀子·正名》）］。刑，然后爵，然后文，然后散名。那我们看这些是什么呢？这都是和伦理秩序相关的名。刑是刑法，爵是爵位。我们如果看《白虎通义》的话，里面都会有非常详细的讨论。这个文名，特别和《礼》有关系。当然散名的话呢，涉及到一个更宽泛的视角。荀子在《正名》篇里面的话，从各个角度来讨论名的问题：我们为什么需要名，名是通过一个怎样的方式被确定的，圣人确定名的主要目的是什么？他分了这三个问题，在里面进行讨论。当然，他特别提到了一些很重要的原则。比如，他说制名的目的是什么？"制名以指实。"这个时候我们就知道对名的世界最重要的一个问题就是，名的世界是如何建立起来的。名的世界实际上是在实的世界的基础之上建立起来的，它并不是一个完全独立的世界。那你从这个意义上来说制名的目的是什么？是指实。这是名和实之间的一种关系。当然，有的时候我们会看到另外一个对子，这个对子和名实之间是相似的，有时候你可以把它等同，就是名和形之间的关系。"物固有形，形固有名。名当，谓之圣人。"这是《管子·心术上》里面讲的这么一个东西，只不过他用了另外一个说法，就是名和形。所以我说形和实之间有很多相似的地方。

所以当我们去看这个《正名》篇的时候。《正名》篇通过对这样一个问题的讨论，力图建立起一个非常清楚的名的世界，而且这个"名"清楚到一个什么程度呢？荀子的理想是什么？我们北大上个礼拜刚换了校长。换校长的时候，我有事，所以没去参加那个大会。我后来看报道的话，我们的老校长——周校长就说，"我有五个梦"。第一个梦是让北大所有的人都可以有机会出国；第二个梦是让所有能上北大的人都可以上北大等等。这是一个梦。荀子也有一个梦，荀子的梦是什么呢？他说要让全世界所有的实都有一个专有的名。各位可以想，它有一个什么效果？不会混乱。当我说这个名的时候，我们知道它指的是这个实，而一定不是那个实。我们现在知道中国号称中国特色的社会主义，可是这个社会主义的名的话指向的是一个什么样的实？这个本身可能很多人会有疑问出来。在北大哲学系有两个王博。一模一样的，就我这个名字，有一个博士生，是我们前年还是去年招的。当时招的时候，我们一个同事就问我说："唉，王博，你说这个人招不招，你来决定啊。你要说招，咱就招；你要说不招，咱就不招。"因为他名字跟我一样啊。那我当然说："招，一定招，因为有点坏事他能帮我担着。"当然，这是开玩笑的话了。但是这里反映出一个问题，这个名可以指向不同的实啊。有人把发给我的邮件就发给他了。因为他虽然去得晚，但是他去了就把邮箱申请了,比如说是 wangbo@ pku. edu. cn;但是我一开始没用北大的邮箱,用的是北大哲学系的邮箱。后来哲学系的邮箱变得很差,垃圾邮件太多了,于是我就申请 wangbo@ pku. edu. cn,但是系统把我打回,说对不起,这个已经有人注册了,搞得我只能在后面加上 67,所以 wangbo67——各位,我不是要告诉你们我的 e-mail 地址啊,我只是举个例子。荀子就是想让每一个实都有一个独特的名,让每一个名都有一个唯一的实,这是荀子的梦。所以你看,荀子是想给我们每一个存在清清楚楚的定位的。那这个想法,就是要保证每一个存在的一个确定性,一个在秩序之中非常确定的位置。因为我们知道荀子的精神,特别强调礼,而礼最重要的精神,就是分别。所以为什么需要名分? 分别。而让名和实之间有一个一一对应的机制,这很显然是分别的机制,这就是荀子的一个梦。所以你如果从这个角度去看《荀子·正名》篇的话,那是非常有意思的。《荀子·正名》篇特别地把名家骂了好几顿,它里面列出名家如何如何的坏,使得名和实之间的关系,会出现如何如何的偏差。名家的问题也许我不会多谈,我只说一句话。正是名家这么"坏",正是名家在这个问题上这样的一种非常"苛察缴绕"的(我们知道这是司马谈的话)这样一种分析,其实才让我们深刻地意识到名和实之间这种巨大的距离,这个对于道家的反思来说是非常重要的。所以你知道,庄子和惠施为什么是好朋友,为什么有的学者竟然会把《齐物论》归到名家的著作中去,可能就是因为他们之间这种思想上的联系。好了,那么关于荀子我不想再多说,各位如果有兴趣可以去认真读《荀子》这本书。

　　接下来,我想很简单地提一下董仲舒。这个人的地位不用我说。董仲舒的话,在《春秋繁露》里面有很多篇幅在讨论名。我们知道,董仲舒是《春秋》学的大家,而《春秋》学的精神,在董仲舒看来,很重要的一点就是正名。我前面讲过的所谓"《春秋》以道名分",这就是正名。所以《春秋繁露》里面有一篇,这篇跟《荀子》的《正名》篇是可以 PK 的,只是两者的角度不完全一样,叫《深察名号》。那么这个《深察名号》的开头是什么样子? 它一开始就说"治天下之端",仍然是从治天下开始的。所以各位就知道,我们以前对名分世界的肯定,更多的时候关系到政治和伦理秩序。"治天下之端,在审辨大;辨大之端,在深察名号。名者,大理之首章也。"这个"大理",就是我们云南的大理市的"大理"那两个字。他说"名者,大理之首章也"。通过这样的一个判断的句式,我们足以了解名对于儒家所说的道理而言具有非常重要的意义。各位,大理,就是"大道"。那这个"大理之首章",我们当然很清楚董仲舒会如何去看这样一个东西。然后他继续说——我给大家简单地念几个句子——"录其首章之意,以窥其中之事,则是非可知,逆顺自著。"换句话说,正是通过名,"其几通于天地矣"。这是董仲舒非常重要的一个观念,就是名号关联着两个存在。这两个存在不是一般的存在。换句话说,这里我要做个澄清,当我说名号关联着两个存在的时候,它指的是两个特别的、超越的存在:一个是圣人,或者所谓的王;那么第二个是什么? 第二个就是天地。只有这样的话,才给这个名的世界的可靠性、确定性和神圣性提供一个保证。换句话说,你不能随随便便就给一个人起个名。

我现在有个困扰,我不知道吴老师你们有没有这个困扰,就是经常有人跟我说:"王博,你帮我起个名字。"说我生个孩子,你帮我起个名字。其实这真的是个很困难的事情。各位,你说命名,这是谁的责任啊? 哪能找一个不相干者,像王博这样的。命名那是有权力的,父母亲、祖父母,他们命名当然是一个比较好的方式。但(我)有时候也不得不去命名。我认识一个人姓虞,就是浙江上虞的那个"虞"。那个人说,王博,你帮我取个名字吧。那个时候我还比较年轻,我说,好吧,我帮你取一个。我说,以前有个圣王叫舜。你儿子也不能成为舜啊,但是你可以效法他,那就叫虞法舜。他还真用了这个名字,呵呵。有一次我另外一个朋友,她姓李,嫁给一个老公姓王。她生个儿子,说起个名字吧。好,起个名字。大概有十五年以前了。我说把王字拆开,就是一土。叫李一土,这样不大好吧,换一下,叫李一尘。她也用了。当然,这个背后有点意义,但这个意义不会像董仲舒讲的那么伟大。董仲舒讲的这个名的世界的两个存在,一个是圣人,一个是天地。所以,董仲舒怎么说呢? "天地为名号之大义也",换句话说,我们的名号为什么会有那么大的意义,是因为有了这个名号,我们就要按名号所规定的位置和德性,按照那样的要求去做,所谓君君臣臣、父父子子。为什么?因为"天地为名号之大义也"。所以他特别说:"古之圣人,谪而效天地谓之号,鸣而施命谓之名。"名号,完全是圣人和天地合作的结果,这点很重要。当然,后面还有很多(内容),我就不再说了。但是我特别跟各位讲,后面董仲舒讲过的这样几句话,因为这些也是我们在其他地方所不能够看到的一种论述。董仲舒说什么呢?"名生于真,非其真弗以为名。"我为什么要介绍这个东西?因为只有我介绍了这个东西的话,稍后讲另外一个传统,讲王弼的时候,大家就知道王弼对话的对象是谁了。因为王弼特别讨论了名和真的关系,他跟董仲舒的看法完全相反。所以说"名生于真",这是很重要的:名就是真,不是伪,"非其真弗以为名",我们不能够挂羊头卖狗肉。他说:"名者,圣人之所以真物也。"那么各位看,这是董仲舒在《春秋繁露》中的《深察名号》里特别强调的一个东西,说"名之为言真也",这又进一步讲说名和真之间的关系。所以他后面说什么呢?说"故凡百讥有黮黮者"。我们说,黮就是黑暗的意思。我们看到这个地方,又可以想到前面一句话,就是说"名,明也"。还有《说文解字》里面对名的那个解释。"故凡百讥有黮黮者,各反其真,则黮黮者还昭昭耳。"各位看,名就是一个什么东西呢,让黮黮者变得昭昭;"昭昭",就是明白的意思。一个是黑一个是白,一个是黑暗一个是光明,这是董仲舒的书里特别讲的一个概念。所以他是特别就《春秋》来讲的。我们知道《春秋》有所谓"内史书心",以及很多相关的故事。因为我们讲哲学史啊,那是哲学史的前史。特别讲的是灾异,比如说陨石。俄罗斯在前一个月是吧?有那个陨石。这个陨石如果在古代发生的话,会被看作是有特别的意义。另外,有这个鸟退飞。六只鸟,退着飞,经过了数国的都城。那为什么有这种叙述?《春秋》当时怎么叙述的?它说"陨石于宋五",在另外一句话中,它讲道:"六鹢退飞过宋都。"然后董仲舒就问一个问题了,你说为什么谈陨石的时候先说这个陨石,后说这个数字五;谈这个鸟的时候,它为什么先说六,然后再说后面那个?他说,你看,我就告诉你圣人为什么真物也。因为陨石的话你是先看到有陨石；陨石来了，你再跑到前面去，一看，哦，陨石有几块，五块。但是你先看到鸟的时候，是你先看到有六个鸟，再仔细看，这个鸟退着飞。他说，这就是真物的一种表现，你可以看到圣人对于命名的一种谨慎。这就是《春秋》的一种非常重要的精神。所以，董仲舒又特别说："《春秋》辨物之理，以正其名。名物如其真，不失秋毫之末。"然后"圣人之谨于正名如此。君子于其言，无所苟而已。"这就讲了正名这样一种精神。

好的，这就是我很简单地通过孔子、荀子、董仲舒（特别是后面的两个人），来讲说他们对名的世界的爱护，以及他们对名的世界的理解。可以看出董仲舒的重点，他叙述的角度跟荀子有一点不同，他用了一些新的概念来说明这样一种关系。

接下来我讲第二个问题。第一个问题是名的世界，第二个问题就是混沌和虚无。这个名的世界，并不是让我们所有人都觉得很舒服的。为什么他不是让我们所有人都觉得很舒服？这个时候我们必须要思考一个问题。因为在这个名的世界里面，我们大部分人都是"被命名者"，这很重要。如果你是命名者，你会很过瘾。可是这个世界上有几个命名者？只有一个，只有一个人可以担当命名者的角色。那么这个人可以是谁？这个人可以是伟大领袖毛主席，他可以是秦始皇，他可以是汉武帝，也当然可以是尧、舜、禹、汤、文、武、周公。可是对大部分人来说的话，我们都属于被命名者。那被命名者是什么意思？其实我们是按照某一个标准，当然你可以说是"天地"；按照某一个原则，你可以说是"真"——但是，你总是通过一个人，通过一个东西，比如说通过一个天子、通过一个圣王，比如说权力，等等。因此，这样一个命名本身，就先天地决定了这样一个名的世界和实际的存在之间的一种紧张，这是注定的。因此，它也一定会让我们去思考一个问题，就是这个名的世界和我们、和真实的存在之间，到底是什么关系？它真的是制名以指实么？荀子说："制名以指实。"它真的是说"名者，圣人之所以真物也"这样一个情况吗？

可是你要知道另外的一些人有另外的感受。我先说庄子曾经说过的一句话。《庄子》第一篇《逍遥游》里面，就曾经特别地说过这样一句话："名者，实之宾也。""实之宾"这样一种立场，显然与"制名以指实"是不一样的，与"名者，圣人之所以真物也"这样的立场也不一样。"名者，实之宾"，这本身就包含着对名的一种蔑视。可是，真正的蔑视不在这个地方，这仅仅是一种最开始的说法。

我们如果读《老子》——我相信各位有很多机会读《老子》。上个月我来上海，就是为了出席上海古籍出版社出版的北大藏汉简《老子》的新书发布会。第二册，最先出的，就是《老子》。最近几十年，说远一点，最近百十来年，好像它一直向我们召唤，让你觉得不看它不好意思。各位，像较早的敦煌卷子——关于敦煌卷子，我自己没有下过功夫，但我看饶宗颐的研究的话，敦煌卷子里面牵涉到《老子》的大概有六十种，当然很多是残卷。各位也知道，稍晚一点的就是马王堆，马王堆帛书里面有《老子》甲乙本。当时，毛主席和江青都很喜欢读《老子》。毛主席为了要读马王堆帛书的《老子》，想要以最快的速度整理出来，所以当时请了北大中文系和历史系的几位老先生集中起来整理。后来印了大字本，因为他的视力那个时候可能没有那么好。然后江青为了跟毛主席对话，也读《老子》。我的老师，有一次我和他聊天的时候，我说江青这个人怎么样？他一开始就说两个字——张扬。但是我说最张扬的应该是张学良和杨虎城，张、杨，把委员长都绑架了。我又说江青为什么张扬呢？那位老先生就跟我说，说当时江青要学《老子》，然后我们北大哲学系就推荐或者指定一个人给她讲。讲了五分钟，江青就说："你下来，我来给你讲。"呵呵，可以想象她还是比较张扬的。后来有郭店简，大家知道，马王堆帛书是七三年，郭店是九三年。然后接下来就有北大这个汉简的《老子》。

《老子》的第一章——当然我们现在这个第一章，很显然在最初的时候不是第一章。我们现在看到的最早的版本，第一章都是我们现在通行本的第三十八章，所谓"上德不德"。但是没关系，我们就按照我们这个通行本的第一章。各位都很清楚啊，第一章是什么？"道可道，非常道；名可名，非常名。无名,天地之始;有名,万物之母。"我觉得这句话的意义真的是太重要了。因为这句话开创了一个传统,一个什么传统啊? 一个对名的世界反思和批判的传统。这个真的世界是可以用名来描述的吗? 我觉得这是老子把握到的一个最根本的问题。名真的可以触摸到那个真实的世界么? 用董仲舒的话来讲,"名者,圣人之所以真物也"——它真的可以真物吗? 所以你看:"道可道,非常道;名可名,非常名。"这个世界的开始,万物的开始——我们知道,开始经常是本质——我们的本质到底是什么? 我们的本质是有名还是无名?《老子》说得很清楚,"无名,天地之始"。这是他的一个判断,换句话说,这个世界从根本上来讲是没有名的,因此说是不可以被命名的。但是,老子的通达在什么地方? 当我说老子通达的时候,我的意思是说庄子有点过了,走偏了。老子的通达在什么地方呢? 他就充分意识到名对我们的意义。换句话说,我们虽然意识到无名是我们的本质,是我们世界的一种最根本的存在状态,但我们还是要进入到有名的世界之中。"有名,万物之母。"这就是他的通达。

我们知道老子发明了一个东西,这就是"道"。那么道是什么? 道是整个天地万物之根,是我们这个世界的根本。我们这个世界都是根据这个道建立起来的。可是道的特点是什么? 无名。它还可以用另外的词来表示,比如说"混",比如说"沌",就是我们讲的混沌啊。讲混的地方非常明显,比如说十四章:"视之不见,名曰夷。听之不闻,名曰希。搏之不得,名曰微。此三者不可致诘,故混而为一。""其上不皦,其下不昧,绳绳兮不可名,复归于无。是谓无状之状,无物之象,是谓惚恍。"那么这是讲什么呢? 这是讲道的存在这个东西。各位注意,这里面一个讲"混而为一",一个讲"绳绳兮不可名"。那如果继续去看二十五章里面讲的,它说:"有物混成,先天地生。寂兮寥兮,独立不改,周行而不殆,可以为天下母。"所以在老子那里,这个真实的世界是无名的,是不可以被命名的——这具体来说,就是道。在它不可以被命名的这一点上,老子用了很多词去表述。一个就是"混";有时候会用另外一个"沌",混混沌沌;有时候用"玄",比如"玄之又玄";有的时候他用

"大","大"也是老子非常喜欢的,所谓"大象无形"、"大音希声"、"大制无割"、"大方无隅"这样的一些说法;有的时候他又用"无","无"也是他特别喜欢用的一个词。但是我特别想说的是,"无"不是虚无,"无"不是什么都没有。"无"只不过是存在的无法被命名的状态,这是"无",它跟那种我们在西方哲学当中看到的那种真正的虚无是不一样的。所以你看老子,他发现了这个东西;正因为发现了这个东西,他才对礼表现出一种完全不屑的态度。礼是什么东西?"礼者,忠信之薄而乱之首",这是第三十八章里面一句掷地有声的话。在很多地方,他都在讨论这样一个名的限度。

我下面要讲说,老子是通达的。老子并不完全排斥这样一个名的世界。老子还特别说:"始制有名,名亦既有,夫亦将知止,知止可以不殆。"无名是根本,但是有时候你要始制有名。但是他刚一说"始制有名"的话,他马上说:"名亦既有,夫亦将知止。"什么叫知止?我们要知道名的限度,我们要知道名是什么。各位,名是什么?名不过就是对这个世界的一种相对的叙述,名也许并不关联着那个真正的东西,那个真正的东西——道是无名的,是无法被命名的。那么这个想法在庄子那个地方就被讲得更清楚了。我跟各位说一句《庄子·知北游》中的话。《庄子》说:"道不可闻,闻而非也;道不可见,见而非也;道不可言,言而非也。知形形之不形乎。道不当名。"就这一点来说,他和老子之间确实有一脉相承的地方在,他们关注的问题是一样的:道不当名。另外一个地方,《天地》篇,他就讲说:"泰初有无,无有无名。一之所起,有一而未形。"就是讲无和无名。我们知道,这样一个东西在庄子那里,也被称为混沌。

其实在道家那里,真正的混沌这个词,最早就出现在《庄子》的《应帝王》这里。这是在《庄子》内篇第七篇的最后一个寓言,就是混沌的寓言。那么各位当然知道这则寓言包含的这种对混沌的捍卫。这个混沌的毁灭者,正是那个名的世界,那个"倏"和"忽"。这样的一个世界,他们把混沌给毁灭了。庄子对这个世界充满了一种怀念。那不是一个逝去的世界,它其实就是我们生命的底色。

　　那么各位,如果我们说到混沌的话,我没有完全统计过,但出现得最多的,应该是另外一个"庄子"——他不姓庄,姓严,是因为要避汉明帝的讳,所以改称严。后来还有人把它搞混,说你看庄子曰,庄子曰,所以庄子就是指严遵。有时候我去看严遵的《老子指归》,当然,现在只有一半多了,就是我们现在那个通行本的下篇,对严遵来说是上篇。那里面每一章的解释里头几乎都可以看到混沌、混沌、混沌。在他那里,混沌与无形和无名的是一样的。严遵在很多地方,他的理解跟王弼有类似之处,我给各位念一段话,各位感受一下:"万物所由,性命所以,无有所名者谓之道。道虚之虚,故能生一。有物混沌,恍惚居起。"我们看他的话,跟王弼的话真的非常类似。所以,也曾经有学者把王弼的《老子指略》当成是严遵的作品,因为他们的味道有点像。当然我们现在要感谢王维诚先生,他第一个讨论了它是王弼的作品。当然,我们后来看得更清楚。

　　严遵还有另外一个话,我很喜欢。他说:"无名之名,生我之宅也;有名之名,丧我之橐也。"这话讲得是非常有人生哲学的味道。橐就是"天地之间岂有橐籥乎"的那个"橐"。当然,如果说是对名的反思的话,把道理讲得最透彻的一定是王弼,这个毫无疑问。您如果去读王弼的《老子注》,特别是《老子指略》,《老子指略》当然很清楚地表现了名的世界的局限性。我们知道,王弼的论述方式是不一样的。王弼的论述方式基本上是一种推理的方式。他来讲一个道理的时候,不是通过打比方,而是推理。他有个话讲得很精彩,他说:"此可演而明也。"他不是说这个东西,我通过一个譬喻的方式把它怎么样,而是"可演而明"也。所以汤用彤先生就特别指出了王弼的一种特殊性,我觉得还是蛮有道理的。

　　我们知道,王弼特别着重把这个世界归结为无穷无尽,在《老子指略》一开始,他就说了这样一番非常著名的话。他说:"夫物之所以生,功之所以成,必生乎无形,由乎无名。无形无名者,万物之宗也。"各位啊,他一开始就向我们申说:万物的根本是什么?"无形无名者。"那么很显然,这跟董仲舒和荀子、孔子的传统是完全不一样的。那么他里面特别讲到,就是"演而明也"前面的这段话,他说:"名之不能当,称之不能既。""名之不能当"——这个时候我们可以想起《庄子》讲的"道不当名"。"名之不能当",这个说法使我想起《管子》里面的一个学说,它里面就特别提到这个"当"字:"名当,谓之圣人。"这是《管子·心术》篇里面的一句。名"当"什么?名当那个实,名当那个形,名当那个物。换句话说,我们百分之百地、恰如其分地用这个"名"来指向实,这个"名"没有任何的遗漏,同时,这个"名"没有任何的过度。《管子》曾经讲过那个理想的状况:"名不得过实,实不得延名。"这个太理想了,我们真的能够发明这样一个"名",使其和实之间百分之百的严丝合缝,没有任何遗漏,没有东西留遗吗?我很难想象,这一定是理想。但是对于王弼来说,"名之不能当,称之不能既",就是说"名"和"称"是完全不能够"当"、不能够"既"的这样一种存在。"名必有所分,称必有所由。有分则有不兼,有由则有不尽;不兼则大殊其真,不尽则不可以名,此可演而明也"。这是王弼讲的。他说不兼则大殊其真,这个话是直接针对董仲舒讲的那个真物。大殊其真,跟这个真的话区别太大了,完全不可同日而语。

后面王弼在很多地方谈到这个问题,我不想太多的引述。但是我想把他在《老子注》当中比较著名的几段适合今天这个主题的论述,跟各位作一点介绍。比如说王弼在注释"自古及今,其名不去"这个话的时候说:"至真之极,不可得名。"最真的那个东西,是无法用名去描述的。有时候我们会有这种感觉,比如说我们某种最真实的心境,是无法用语言来描述的。于是,有人说"此时无声胜有声"。最细微的情感,是无法用语言去描述的,只可意会,不可言传。所以王弼就有一个"至真之极,不可得名"。这个话后面怎么说的?"无名,则是其名也。"它的名字是无名。所以至真之名,不是任何一个名,是一个无名。后面又说什么呢?"名以定形,混成无形,不可得而定,故曰不知其名也"——各位,名是干嘛的?名是定形的。但是如果你遇上一个形,比如说混沌,他是无形的,不可得而定,也就是说混沌是不可以用名来进行描述的。

这个里面有很多东西,但是我还是要给各位介绍一个,就是王弼对《老

子》的"始制有名,名亦既有,夫亦将知止。知止,所以不殆"这句话的一个解
释,这个解释非常精彩。他说:"始制,谓朴散,始为官长之时也。"朴散则为
气,变成一个有形的存在。因此,我们可以用名去描述,所以始制官长。那
么始制官长,"不可不立名分,以定尊卑"。换句话说,对王弼而言,王弼肯定
一个名的世界,但是他是在一个前提之下肯定一个名的世界。他是在什么
前提之下? 是在"至真之极,不可得名",混成之物,不可以去定命的前提下
去肯定一个名的世界,故而"不可不立名分,以定尊卑"。但是"过此以往,将
争锥刀",换句话说,名不过是我们不得已必须要有的一个东西,你不能太把
它当真,因为它就不是真。可是有人的问题就是把名当成真了,这是这个世
界里存在的问题。所以他说:"故曰名亦既有,夫亦将知止也。"而另外一种
人,则"任名以号物,则失治之母也"。这句话,我觉得是对名教传统最大的
一个批评。所谓任名以号物,各位看,名反过来成为物的一个主人。我开始
用名来控制、主宰这个世界,这个是什么? 这就是名教。

　　我一直有一个观点,当然这个观点有一定的针对性,就是我们主流的玄
学研究,差不多是把王弼看作是在自然和名教的对话里面有这样一种倾向,
就是要在自然的基础上重建名教。可是我个人认为,这里面最重要的一个
区别,没有被特别注意的区别,就是"名"和"名教"的区分。"名"和"名教"
是截然不同的。各位,王弼肯定"名",但是王弼坚决反对"名教",这是两个
东西。我们各位可以理解"名"和"名教"的一个区别。因为王弼特别讲到:
"任名以号物,则失治之母也。"如果政治,如果治道是像名教这样一个东西
的话,那就"失治之母",失去了政治的根本。那么王弼需要什么呢? 就是在
这个本源、在这个无的基础之上建立起一个名分的世界。那么这个时候怎
么样呢? 就是所谓"守母存子,崇本举末",就是《老子》中特有的这么一种概
念。它里面有这样两句话,我也特别喜欢,它前面有铺垫,说:"用夫无名,故
名以笃焉。用夫无形,故形以成焉。守母以存其子,崇本以举其末,则形名
俱有而邪不生,大美配天而华不作。""形名俱有",各位看,这仍然是一个有
形有名的世界;都有,但是可以保证不来邪的,"邪不生"。后面是大美配天

而华不作。这是一个比较理想的世界,这个世界有名,不是无名。但是名的根本在什么呢? 在无名;形的根本在什么呢? 在无形。这里面可讲的太多了,我就不再多说,这就是我讲的第二个问题。

第一个问题是名的世界;第二个问题是另外一种传统,是我们立足于混沌和虚无对名的这样一种理解。那么,第三个,也是一个总结,我很短的一个小结。我们知道,通过这个对话我们最应该思考的,仍然是名对于这个世界和生命之间的这样一种关系。我们要思考什么呢? 就是这个名,这个名的世界背后的东西。这个背后的东西,我觉得有两个方向,有的人,比如说道家可能会强调名的背后这个无名的世界。可是我觉得,我们更应该强调另外一个东西,要突出来的就是命名者,就是命名和被命名。它可以让我们思考什么东西? 让我们思考,比如说福柯讨论的问题,知识和权力这样一些东西。名和权力,就是命名和权力之间的联系。

我们为什么要迷恋名? 各位,中国的社会是一个高度名分化的社会,谁也不能否认。我曾经看过胡适写的一篇文章,胡适写的这篇文章就特别讨论说中国的宗教是什么。各位,你们到外面去的话,很多人会问你这样的问题——我在美国曾经住过一段时间,曾经有一个房东是美国人,他就问我说:"王,你信什么?"我说:"Nothing。"他可能觉得我说的是一个很哲学的回答。那我说我什么都不信,可是对我来说,我觉得有的时候我生活在一个儒家和道家相冲突和紧张的世界里面。我在北大开课,以前经常一学期开两门课,一门儒家,一门道家。我是开给同学们的,也是开给我自己的。我经常生活在一方面是秩序,一方面是自由的世界里。我想起台湾的一个政客,当然他也是一个读书人,做了一些很优秀的学术研究工作,叫朱高正,不知道各位有没有听说过。朱高正他自己说是朱熹的多少代子孙。朱高正有一次跟我讲他两个儿子的事儿,他说他让他两个儿子,一个儿子背《论语》,一个儿子背《老子》。其实这个难度有点不一样,呵呵。我觉得《老子》比较好背,《论语》更不好背,都是些只言片语,《老子》的逻辑性似乎要更强一点。可是,我就想到很多人问中国人的问题:你的宗教是什么? 各位,如果从基督教、伊斯兰教的意义上来说,中国人真的没有宗教。你不要跟我说佛教和道教。佛教和道教可以和平共处。我去亳州看那个道德中宫,正殿就是老子,配殿就是观世音菩萨,多么和谐共处啊。然后那个南岳大庙,白天是和尚值班,晚上是道士值班。所以这个来自于我们根深蒂固的一个传统。就是说你就不信一个什么东西,当你两个、三个可以并存的时候,你是不信的。所以有的时候我们太强调和稀泥了,其实这是个特点。

但是胡适说,中国人有个宗教——名教。说名分在中国人心目中的地位相当于上帝。当然,这个说法可能过头了,但我们仍然可以借胡适的观点来思考,来陈说名分对于我们的意义。我们为什么那么在乎名分?《红楼梦》里面写贾琏诱惑尤二姐,尤二姐死活不肯。贾琏最后哄她说,没关系,叫"两头大"。各位,这就是名分。什么叫"两头大"? 就是说王熙凤不是妻,你不是妾;换句话说,王熙凤不是大的,你不是小的,你们是"两头大"。这是什么东西? 这是名分,对不对? 我们都知道,我们中国人有的时候为了名分怎么怎么样,但是我丝毫不是说另外的地方不重视这个东西,或者没有这个东西,不是。只不过因为我们没有另外的东西,因此这样一个东西会显得非常突出。可是这里面让我们思考的一个问题是什么呢? 就是名分对于我们来说究竟具有什么意义。《老子》的第四十四章里面特意说了这样几句话:"名与身孰亲? 身与货孰多? 得与亡孰病? 是故甚爱必大费;多藏必厚亡。故知足不辱,知止不殆,可以长久。"这个问题其实很多人都会提出来,不过这里我不会更多地从这个意义上来讲,因为这个意义更多是对个人,而我自己关怀更多的是这个世界的伦理和政治。我关注的问题是什么呢? 就是这个世界是如何被命名的,谁来命名,它根据什么? 它根据的真的是所谓纯粹客观的知识吗? 那么各位,你看到有时候我们的个别政府官员们在那里每天说假话。你觉得他们不懂得客观的知识吗? 他们懂。各位,他们一定是被另外的一种东西所左右,比如说权力,比如说利益。所以我们要思考的一个问题就是:我们是如何被命名的? 这个命名真的是那样的吗? 真的是像《荀子》里面讲的那样的纯粹的一个东西,还是说有另外的一些东西。也就是说,这个伦理的世界是如何被建立起来的? 我们经常会认为道德是神圣的,但我们的伦理世界是如何被建立起来的? 我们的政治世界是如何被建立起来的? 这样的一些问题,它是神圣的,还是有限的? 在什么意义上讲它是神圣的,在什么意义上讲它又是有限的? 我觉得这些问题,其实跟我们每个人的存在都有一种密切的关系。

最后的时候,我想还是用我们经典当中的几句话来作结。一个是《中庸》里面的一段,很多人会背:"非天子不议礼,不制度,不考文。""虽有其位,苟无其德,不敢作礼乐焉;虽有其德,苟无其位,亦不敢作礼乐焉。"礼乐是什么? 礼乐就是一个名的世界。那么这个世界谁有权力来制定礼乐? 天子。有德无位,有位无德,都不可以。可是另外一个声音,是马王堆帛书中被一些学者称为《黄帝四经》(这个说法我同意啊)里面说的几句话。这个里面说:"物自正也,名自命也,事自定也。"强调一个"自"的精神,换句话说,一个真正理想的世界应该是一个什么世界? 我觉得我们可以借用我们这样一个主题句来讨论。一个真正理想的世界,应该是一个由我们自己给自己命名的世界。换句话说,不是由一个强权,哪怕是以圣人的名义来给我们命名,而是我们自己给自己命名。所以,在《老子》那个地方,我们经常可以看到"大制无割"、"大方无隅"这样的一些说法。一个最伟大的秩序,一定不会让我们每一个存在有受伤的感觉。比如说,国家制定了一个制度,二手房转让,征收百分之二十的税,很多人就有受伤的感觉。或者还有各种各样的东西,我们都会有受伤的感觉,那么这已经不是最好的秩序了。"大制无割"、"大方无隅"——最大的方是没有棱角的。

在最后的最后,我还是要提到《老子》第四十九章中的一段话,我很喜欢,这段话对我们今天这个话题来说也确实有总结的意义。它是这样说的:"圣人恒无心,以百姓之心为心。善者,吾善之;不善者,吾亦善之,德善。信者,吾信之;不信者,吾亦信之,德信。圣人在天下,歙歙焉为天下浑其心,百姓皆注其耳目,圣人皆咳之。"我这里面特别看到的就是一个对名的理解:"圣人恒无心,以百姓之心为心。"然后是"善者,吾善之;不善者,吾亦善之,德善。信者,吾信之;不信者,吾亦信之,德信"。——命名,善和不善者,是谁命的名?想象一下毛泽东时代,在座的各位很多都不知道啊,可能都没经历过。我出生的那年正好"文革"刚刚开始不到一年,我还经历过一些。那么在座的,我想吴老师经历过,葛老师经历过。那个时候我们被命名为无产阶级、资产阶级。这边是"工农商学兵",这边是"地富反坏右",你已经被命名了。可是,是谁命的名?工农商学兵就是善者,地富反坏右就是不善者。所以《老子》这一章里面所体现的是一种什么精神?就是对名的主旨的理解。当我们对名有了这样的一个理解之后的话,附着在名之上的那种确定性就被打破了。换句话说,名的神圣性就被解构了。不是我们不需要它,可是我们需要的,仅仅是需要一个作为工具的名。我们不需要一个主人,不需要造出一个主人,让这个名,主宰我们自己的生命。生命可能才是我们真正的主人。这是我今天想跟各位来谈的这样一个话题,谢谢各位。

吴震:

非常感谢王教授今天这样一场精彩的报告。我稍微讲几句,然后就开放时间给大家提问。听了王教授的报告以后,我的感想也很深。说句老实话,我以前一直是研究儒教的,研究儒学,而不是老庄道家。当然,本科的时候,我的学士论文写的是道家的东西。但是长大了以后,转到儒家去了,一直到现在还没有转回到道家去。今天听了这个报告以后我一个非常大的感触就是觉得,儒家跟道家不应该再"一国两制"了,应该合起来。

王博:

混而为一。

吴震:

我今天感觉到王博教授的谈话时常透露出一种对现实、对当下的关怀。

他最后提的我觉得相当有意思，就是说我们与其思考名是什么，还不如思考命名者的这样一个问题，我觉得给我们提供了一个非常好的思路。他的结论是，命名者不是皇帝，也不是上帝，实际上就是我们芸芸众生，我们老百姓自己。这是一个相当有意思的看法。那实际上，我也想到了这么一个问题，不知道对不对，以后如果有可能，还要和王博教授一块来探讨一下。我觉得在我们当下这个社会，在思考命名者是谁的同时，我们是不是还要同时思考一下，孔子在回应子路的这句话当中一开始所讲的"必也正名乎"，再一次来思考一下正名这个事情。这个事情的重要性到底在什么地方？我觉得好像在思考命名者是谁的同时，现在这个社会，名称已经大乱，有许多的名称我们搞不清楚。我们是不是也要来一个正名的工作，当然这个正名者的主体，可以是道家，也可以是儒家。这是我的想法。最简单讲这么一个感受啊。接下去，我就把时间开放给大家，谁有提问的话，可以提问。

提问与回答

学生：

王老师，您好。我有两个问题，第一个问题是，您刚才讲到，王弼认为"名"和"名教"是不一样的，而且我记得您在这里做了区分。但是我看到后来宋明时期的一些人（当然在魏晋时期也是有的）在反对道家或者反对佛教的时候，他们会说，"名教中自有乐趣"。我认为至少从这一点看，"名教中自有乐趣"这个"名教"，指的就是您刚才更多讲到的意味着"秩序"的这个"名"，对吧？所以我想问一下，如果您认为"名"和"名教"不同的话，这个不同主要是在哪里？而且如果它们是不同的话，是从什么时候开始不同的？然后第二个问题就是您最后讲到的一个理想，就是您提到的出土文献里面讲的那句话，说这种理想状态其实是自己命名。那我在想，其实您刚才讲的那个"名"，代表了天地和圣人的意志。在古代，我们都知道天地和圣人是一种超越的存在，是一种绝对。如果名是来源于这里的话，您现在要把这个

"名"给芸芸众生,会不会也造成一种现在常见的现象,就是道德相对主义,尤其是把"名"当成一种秩序的话。好,谢谢。

王博:

两个很好的问题。第一个问题就是"名"和"名教"的区分,关于这个区分其实我想了一阵子了。"名教"很显然不仅是"名",更重要的一点就是后面这个字,就是所谓的"教"。各位很清楚,这个"教"在中国传统中间最主要的作用就是教化。比如说我立一个名(我们以汉代为例,一个名教中很重要的时期)——孝廉,那么立"孝廉"这个名字,我是要干嘛?很显然我是要引导这样一种趋势。所以,这么一个东西(名),关联着教化,关联着一种礼乐秩序的。对王弼来说,或者说对整个道家传统来说,对教化的思考,对教化的一种否定和批判,应该说是非常自觉的。你看从老子、庄子到王弼、郭象,他这里讲的不是教化,而是"自化",就是自己来化。这个"自"字是他们特别喜欢的一个东西,当然,最典型的就是《老子》讲的"道法自然"。这个"自然"跟这个"自"字,当然有一种本质性的关系。所以当我们说"名教"的时候,第一个是说我把"名"放在了一个什么样的位置,这个位置其实是一个绝对的位置。而这个绝对,有一种力量,有一种塑造存在的力量。通过什么方式塑造?通过教化的方式。我在讲的过程中提到"向雷锋同志学习",雷锋,这就是"名";那毛主席说向雷锋同志学习,这就是"名教"。对王弼来说,他要一个"名",他要一个"雷锋",但这个雷锋跟我们现在赋予雷锋身上的就不同。我肯定说我需要一个"名",但这个"名",不能成为这样一个政治教化的根据。我觉得这是它们的一个区别。所以对王弼来说,它不是一个教化的问题,它仍然是一个自化的问题,就是在无的基础之上、在混沌的基础之上所展开的一个东西。就像王弼在讲"道法自然"的时候,他是这样说的:"在方则法方,在圆则法圆。"请各位注意啊,这个态度就不一样了。因为如果我们是名教的话,我们就会说我们要一个方的,要一个圆的,或者说我们要一个不方不圆的那么一个东西。可是对王弼来说,他就说,你是方的,在方则法方;你是圆的,在圆则法圆。那么这个里面,是对"自"的一种顺应。司马谈说道教的精神,最主要的就是"以虚无为本,以因循为用",就是因循,而不是塑造。

　　好了,现在看你刚才提的第二个问题。第二个问题的话呢,这当然是一个很大的问题。可能我思考的方向主要是,当我们面对一个强大的权力,一个唯一的权力——当我们面对这样一个命名者感到无可奈何的时候,你更可能是想消解这样一个命名者,这样一个绝对的权力。也许有时候,不同的人会有不同的问题意识。当然,我们也必须思考它有没有像你刚刚说的一样,滑向道德相对主义。这个问题,郭象本身有一个思考,王弼本身也有思考,比如说"刑名俱有"。而郭象打了个比方,说唇和齿,各为自有,但最后会营造一个唇齿相依、互相配合的局面。所以从王弼来讲的话,他最后力图解决的就是一个自由和秩序的关系问题,也可以说是他意识到有一种相对主义的危险,他觉得自己似乎可以找到一种方式(来克服它)。当然,我们现在发现,他可能没有能找到这种方式。

学生:

那儒家的正名的方式呢?

王博:

但是儒家的正名方式,有着像老子开辟的这种思考所认识到一种危险。这种危险就是它必须通过一种命名者,而这个命名者如果是一个专制的秩序的话,就像我们中国人所熟悉的,就完全是被提供给你的一种秩序。可是我觉得如果换一种方式,比如说我们有一个开放的社会,也就是说我们自己可以通过选举的方式来决定一些东西,这也是正名。换句话说,我们需要的是秩序,可是这个秩序是被强加的秩序,还是我们想要的秩序,我觉得这是最大的一个区别。正名的话呢,其实不在于名,而在于如何正名? 是这样一个东西,这才是最根本的。就像说你在另外一个世界,你也可以有名,有秩序,但是这样一个名的世界是谁决定的。我觉得这个可能才是最重要的东西。所以我的观点,如果讲得更清楚就是说,我绝对承认我们需要一个名的世界,需要秩序、需要确定性,哪怕是相对的,我还是需要几个原则是普遍被接受的东西。但是,我希望这个正名的过程是免于被一个人所垄断,或者被几个人垄断的危险的,这个我觉得也是道家这个传统中最主要的关怀。好,谢谢。

学生:

王老师,您好。你刚才最后讲到自己给自己命名,做自己的主人,我因此想到鲁迅先生的立人思想。他提出一个很重要的观点,就是自己作自己的尺度。就是我既是价值的主体,又是价值的客体,用我自己的价值体系去生发我行动的动力,并且以此来裁判我的行动。但是这样的话,我觉得可能会有两个问题。一是一个价值体系的成立,是需要有依据的。这个依据不是天成自省的,我们必须向外吸收一些东西,以完成自己的价值体系。那么我们应该向怎样的思想标准敞开,以及多大程度地敞开?然后,另外一个问题就是,因为不同人的价值思想背后反映着各自的利益和立场。那么,这些利益和立场势必在一定程度上会出现冲突。在这种情形之下,每个人都有每个人的价值,每个人都秉持着一套尺度,当这些尺度冲突的时候,我们应该怎么做?就像您刚刚提到,如果从一个绝对的专制转向一个绝对的民主,真的一定好吗?或者说真的能现实吗?如果说今天中国的一些问题,我们完全用全民公投来决定,也许根本得不出一个结果,每个人都发出一个声音。我就觉得,可能在这个世界上,人们一方面呼唤着自由,另一方面又意识到低着头必须肩负起自由的疲惫。您怎么看这个问题?谢谢。

王博:

其实我刚才在第一位同学提问的时候,边听边想,就是说,我们各种各样的规范,比如说法律、道德,或者说另外的一些什么规范对我们的意义。

规范和规范是不一样的,这些规范对我们来说有的是硬一些的,有的是软一些的。我觉得这些规范其实有一种层次感,比方说法律,不管在任何地方,法律对我们每个人来说要求是一样的,我们必须要遵守这个法律。比方说你闯红灯,就是要被扣掉六分或者十二分;你杀了人的话,就会被判刑。我觉得这在任何一个地方都是一样的。可是道德,我们来看的话可能就表现出更大的弹性。即便在同样的一个国家,或者在同样的一个共同体里,似乎我们也可以遵守不同的道德原则;它跟法律的界限,我觉得就会有点不一样。我就在想:我们在什么意义上能拥有一种更大的自由,而不至于陷入一种混乱的、没有秩序的危险之中?比如说在信仰上面,我们可不可以有一种相对的自由?也就是说,这个信仰是由你自己来决定的,而不是说由你政府来决定的,说你不能信仰或你只能信仰某种东西。这个信仰,对秩序或者对某种基本的东西来说,是不是致命的威胁?这也就是道德在什么意义上可以是相对的问题。你有你的,我有我的。比如说很多人完全不能够接受同性恋,认为这个同性恋既违背基督教的传统,又违背《周易》的阴阳的原则。可是,很多人也还是可以接受啊,也还是可以去实践啊。但是法律所规定的,比如说不能杀人,这个很显然就不一样。所以我想的话,第一个就是它本身表现出一个立体的弹性,对我们的生命具有不同的意义。我之所以讲这个弹性的话,就是要回答你最终的那个问题,就是在什么意义上我们必须要接受一种通过沟通等方式而制定出来的秩序,因为这个秩序反过来会制约我们的。比如说启蒙运动时期在欧洲,你可以看到卢梭、霍布斯他们讨论自然状态。当然,每个人的理解都是不一样的,可是这样一种讨论的意义在于,我们怎样可以找到一种原则,能够让我们摆脱这样的状态,进入到一个更合理的秩序当中去。他们发现了契约,是吧?那我觉得,这个契约它是一个最低限度的契约。你不能说你跟谁结婚都需要有契约来规定。结婚是需要契约的,但是你跟谁结婚,这个契约并不规定,这个契约只规定你有恋爱和结婚的权利等等。也就还是说是限度的问题。某些法律的秩序,我想是很重要的;但另外的一些,我想就不必通过这样一种全民公投的方式去获得解决。我个人认为，最低限度的话就是所谓政治世界，可能其他世界跟这个世界之间就会有某种距离。像启蒙运动，它讨论的也是政治权利，而不是另外的，因为政治就是我们被组织的一种方式，关联到我们的一种生存感觉。好，谢谢你。

吴震：

还有几分钟时间，请大家提问的问题简短一点。

学生：

王教授，您好。其实我的问题可能跟他们关注的有点不大一样。从您刚才的叙述我们可以看到道家一脉的传统，从老庄到王弼，虽然对名并不是完全否定，但也是加以限制的态度。但是我们可以看到战国时期的黄老道家，尤其是崇尚刑名之学的所谓道法家，他们对名是非常依赖的。像《黄帝四经》里面，就很强调刑名的作用。这个跟《老子》的自化、自定的思想，显然是不同的。那我想问的就是，为什么会产生这样的一种结合，是不是道家内部有一种特质，使其容易同"名"发生关系，就好像说庄子为什么会和惠施成为密友呢？

王博：

谢谢这个同学，非常好的问题。其实谈道家的话，从老子开始，是开辟了几个不同的传统。一个当然是黄老，这被认为是正宗，就是汉代人讲的君王南面之术。庄子当然是异端，所谓"放者"，就是太放了。我个人认为的话，《黄帝四经》所讲到的这些东西，其实都是对老子思想很自然的一种发展。我们前面提到老子对于名的态度，他说无名，说"名亦既有，夫亦将知止，知止可以不殆"。这样一种态度，如果你看《黄帝四经》的话，《黄帝四经》里面，从经法开始提到的一个，就是"道生法"。道是什么？他对道最主要的一个规定就是"虚无形"这三个字。所谓"虚无形"，就是无法被命名的，可是法是什么东西啊,法就是你刚刚讲的这个刑名的秩序。"道生法"这三个字,如果我们作一个转换的话,就是从无形无名的地方生出刑名之学来。其实这个思路就是道家的思想。道家一直会把一个刑名的世界看作是一个被产生的、非本源的世界,而这个被产生的东西一定是来自于"虚无形"的。我前面在演讲中没有展开,那为什么是"虚无形"的? 因为按照《黄帝四经》的说法,只有"虚无形",才能保证这个刑名是公、是正、是明。我们怎么样才能有一种公正的秩序,我们怎么样才能有一种光明的秩序? 换句话说,我们什么时候可以让这个名不再是对于这个存在的遮蔽,而是敞亮? 当我们给你一个名的时候,它是把你遮蔽了、把你抑制了,而不是激发了你的这种创造性。所以我觉得《黄帝四经》的思路,是老子思路的一个自然的展开。换句话说,当我们进入到这个世界的时候,当我们需要这个刑名的时候,这个东西从哪里来? 对《黄帝四经》来说,就是从虚无形的道中产生。它最想避免的就是出自于某一个人的一种私心。如果比较一下《管子》,《管子》怎么说?《管子》说:"生法者,君也。"这是法家一个极强的传统,他跟《荀子》那里表现的强度有点不一样,但是精神还是有类似性的。可是你看《黄帝四经》里面,它强调什么呢? 道生法。从虚无这个地方出来,是为了保证它不被人,某种人的偏见所左右。当然,我不是说这就是事实,这是一个方向,是一个道家所揭示的方向。至于怎么样才能接近这个方向,在这个方向上走得更好,那需要我们后人不断地设计,包括制度的设计。谢谢你。

吴震:
还有大概三分钟左右的时间,看看有可能的话,可以再给一个简短的问题。

学生:
王老师,可能我的这个问题有点偏离今天的主题。因为我在您的一篇文章中,看到有关无君论的讨论。我是想问一下,在今天的这个诠释下,老师您对《老子》中圣王的概念是怎样理解的？

王博：

《老子》里的圣王是一个非常重要的观念，它不断地讲圣人，有时候讲天子，或者侯王、王侯等等，因为这跟老子的主要关注有关。其实老子主要的关注点是政治秩序，就是所谓的"治道"，就是统治的理念和艺术。但是在《老子》里面，老子的圣王跟我们有时候在另外的传统中，比如说儒家或者法家中看到的，是不一样的。这种不一样是由我今天讲的这样一些理念来规定的。老子会说，什么是圣王，如何才能称为圣王，所谓无为啊、道法自然啊等等。我想，这一点是没有任何问题的。那为什么会走向无君论，我想这如果从逻辑上来讲，是有可能的。就像我们看《老子》第十七章，"太上，下知有之"，在有的本子里更狠，说"太上，不知有之"。那所谓"下知有之"，就是我仅仅知道有一个君主，但这个君主干了什么，我不知道。为什么会这样？因为节制，权力的节制，包括那种不干涉主义。你去看严复、胡适，包括萧公权他们的解读，毫无例外的都提到这一点。胡适特别强调了它里面那种不干涉主义的东西，严复和萧公权特别强调了这里面和自由、民主的关联。因为权力的节制，当然，最后"损之又损以至于无"，然后就无君了。当然，这是后来从《庄子》那里生发出来的；但事实上，真正提到无君论的是鲍敬言，这已经是比较晚的事情了。但是我觉得逻辑上讲的话，老子的思想可能包含着通向无君论的一个后门，恰恰有人发现了这个后门，他走进去了。谢谢。

吴震：

再次感谢王博教授精彩的报告。关于这个圣王的问题，其实你可以去关注一下儒家方面关于圣王的讨论。不光是道家，儒家的讨论也很有意思，特别是荀子。孔子《论语》只出现过一次，《孟子》只出现过一次，但是到了《荀子》，对"圣王"的讨论一下子爆发性的出现。今天他只从道教的角度来讲,从儒家的角度来看,这也是一个很有意思的问题,这是题外话。我们已经表示过感谢,那今天的讲座就到这里,谢谢大家。

王博:
谢谢吴教授。

谢一峰　整理

陆辰叶、杨光　校对

解析《围城》

主讲人：赵一凡

主持人：葛兆光

时　间：2013 年 4 月 8 日

赵一凡

哈佛大学博士,中国社会科学院外国文学研究所研究员、博士生导师,主要研究领域为欧美文学与文化理论,著有《美国文化批评》《欧美新学赏析》《从卢卡奇到萨义德》,主持翻译《资本主义文化矛盾》《美国历史文献》《爱默生文集》《美国赖以立国的文本》等。

葛兆光 | 复旦大学文史研究院院长,主要研究领域为东亚与中国的宗教、思想和文化史。

葛兆光:

各位同学,各位老师,我们今天请到赵一凡先生来给我们讲解他如何解析《围城》。赵一凡先生是中国社会科学院外国文学研究所的研究员,是哈佛大学的博士。如果是经历过80年代、90年代中国文化变迁的人,大概都知道赵先生的大名。今天他讲钱锺书与《围城》,我想钱锺书与《围城》大概不需要多介绍。但是我想起钱锺书的一句话:你要吃了那个鸡蛋觉得好,你何必认识那个母鸡呢。可是,中国传统里面有一个习惯,读其书就必须知其人,赵一凡先生在过去跟钱锺书先生有很多交往,所以他今天也许会给我们带来许多有关钱锺书《围城》的独到看法。我想我不要浪费时间,下面就请赵一凡先生来给我们解析《围城》,大家欢迎。

赵一凡:

谢谢葛老师,谢谢葛老师请我到复旦来。这有两张照片,一张是《围城》的初版,这个印得很粗糙,而且是木刻的封面,第二张是写《围城》时的作者像,那时候还是年轻人,而且还蛮帅的,在上海。

初版《围城》与当年作者像

开场白做个交代,这是一篇二十二年前的旧稿,曾在《读书》杂志1990年11期和12期连载发表,这也是一篇祝寿的文字,寿星是当年八十岁的钱锺书,钱师是1910年生人,他的老夫人杨绛,比他略晚1年,生于1911年7月17日,今年102岁了。杨奶奶身体还挺好,思路清晰。幻灯片后面还有一套杨先生过101岁生日时有人替她照的相片,如果时间来得及的话,可以给大家展示一下。

为什么我要写《围城》的书评呢?只因钱先生八十寿辰,政府要替老人隆重做寿,可他自己不答应,于是双方就僵住了。钱先生有个原则,但凡政府要替自己花钱,他就不悦,而且他去世的时候不许送花圈,不许开追悼会,不许立碑,什么都不许,反正就是他自家人把他火化了,杨先生把骨灰抱回家,这就了了。劳烦公家的事情大概就是派了一辆车,因为杨先生年龄大了,走不动。

钱先生八十寿辰时我在外文所工作,就以学生的身份,提出一个折中的办法,说我来写两篇讲解《围城》的文章,当时我是外文所的领导了,这样能缓冲一下。写文章也是要帮助电视观众了解小说中的典故和隐喻,这也是导演黄蜀芹的愿望。大家知道黄导是拍《围城》的女导演,叫黄蜀芹,黄导现在身体不是太好。她父亲是中国现代戏剧史上最杰出的导演之一,戏剧界人老话叫"北焦南黄",北京就是焦菊隐先生,他首创了北京人艺;在上海就是黄佐临,非常好的导演(就是黄蜀芹的父亲)。当年抗战期间,钱、杨落难上海租界,家里十几口人都从无锡乡下逃难到上海,住在租界的民房里,家里已经完全断了经济来源,钱锺书先生因为年轻气盛,得罪了西南联大英文系的主任,丢掉了教职,再没有拿到聘书,家里没有人挣钱了,境况非常糟糕。他又傲气,不愿意替日本人打工,就只好在家里待着嘛。幸亏杨绛先生在家里——大家知道,杨绛先生是才女、大家闺秀——(但她那时候)每天早上起来蓬头垢面,捅着个煤球炉子,做橡子面粥给一家老小喝。这家人就败落到这种地步。幸亏杨先生有才,老是写剧本,上面还有搭救她的大导演黄佐临。黄先生非常赏识杨绛的才华,小剧本写一本,上演一本,一个月演下来几十场要分红,有钱的,一家人不但都能吃饱,居然还能喝上牛奶。这是谁的功劳?杨绛先生的。杨先生在黄佐临提携之下很快就变成上海滩的著名才女了,左有张爱玲写小说,右有杨绛写剧本。杨先生早年的成功给钱锺书非常大的压力。钱先生是男人,大家想想看,一个大男人养不活家里,还要靠太太写剧本养活他,他就万分难受,私下里就跟夫人说:"绛,我一定要写一本小说,一定要超过你的剧本,一定要惊天动地卖很多钱。"最后写了那个倒霉的《围城》。这是他们家里关于《围城》的角力。杨先生写剧本出名了,杨先生实在了不起,是巾帼英雄啊,钱锺书先生为了感谢妻子,也为了表示自己不是窝囊废,也要养家,就写了一本书叫《围城》。

可惜这本书当时也没什么大的反响。当时时代已经不一样了,大家都抗战、革命,都在搞左翼运动,谁看那种小资情调的东西,因此这本书一直被埋没。一直到"文化大革命"之后,突然美国哥伦比亚大学的夏志清先生写了一本《中国现代小说史》,被翻译成中文传到国内来,这才把《围城》给抬举了一下,说它是现代《红楼梦》啦如何如何的,这本书才得见天日。黄佐临先生的女儿黄蜀芹(之所以)导演这个剧本,那也是因为钱、黄二家有通家之好,因为杨绛先生受过黄佐临先生的恩惠,受过他的提携,也知道他的女儿黄蜀芹是一个很认真的导演,就把这个本子给她了,很多其他导演也想把这个本子拿到手啊,但是门儿都没有,钱、杨不会给。这种情况下,黄蜀芹拿到这个本子,就非常认真,也很焦虑:《围城》里面那么多典故,这是文化人一般都得想半天才能明白的,拍成电影怎么办呢? 在下面打字幕? 钱先生说不可以打字幕,电影是大众娱乐嘛,要看画面的,怎么上面看画底下还要看字呢? 观众头不也晕了嘛! 不可以,就得这么演。那黄蜀芹就很担心,因为方鸿渐和他父亲讲的那些话,真是没人懂。所以她也很愿意有一个人给它写一个剧评一样的介绍文章,那我就变成写解说词的这个人。黄导当年还有一句话,说拍《围城》动用了"七十二贤人",包括演员陈道明等等。如果当时不是黄导,不是钱先生、杨先生在旁边看着他们拍,如今是绝对拍不出来的,现在人心太浮躁了——这话讲的也对。

回到历史。1990 年 11 月 21 日晚,北京城里银装素裹,寒风劲吹。下班时,几百万市民或骑车,或乘公交——那时候没有私家车——赶回家看电视。原来央视一套当晚开播电视连续剧《围城》。老百姓看得开心,却不知那日恰是钱锺书的生日。这是政府精心安排的,把《围城》第一集开播就定在钱锺书的生日那天,对外不许宣布。钱先生不愿意张扬,谁知道? 我这个可怜的学生知道。没人知道今天晚上给钱先生过生日。这是一个开场白。

钱师 88 岁去世,迄今 15 年,我也 62 岁了。我写这个文章的时候才四十岁出头啊。谢谢葛兆光教授,请我来复旦讲学。讲什么呢? 我想再讲一次《围城》。这本书固然好看,却不好懂:其中的典故和隐喻,实在是太多了。当年我是怎么解读的?

说实话,我是从追索典故开始,一路破解隐喻和讽喻。结果我的评论发表之后,观众不买账,他们还是去问钱、杨:钱先生、杨先生,《围城》到底讲的是什么呀? 两个老人家商量半天,就由杨绛先生出面代替钱锺书做了一个答复,这是标准答案:"围城就是一种两难境地。"这种两难境地是非常难解释的。大家知道两难境地,从希腊哲学一直到康德、黑格尔都在讲,这是哲学上的两难境地;讲得再简单一点,就是飞矢不动,一支箭嗖飞过去,这支箭是不动的,这是千古哲学难题。"外头的人急着进去,里面的人闹着出来。"

她还说:"天下大事小事,男女情感纠葛,莫过于此。"大家听了以后,还是不明白。大事小事都跟这个"围城"有关。

接下来是赵一凡的解释:《围城》和《管锥编》一样,都是以管窥天、以锥测地。换句话说,它们的主题看似渺小,一无政治倾向,实则包孕丰富,以小见大,心比天高呢。其中的 Motif(这是法文了,也就是主题),小到世俗婚恋,傻小子找媳妇;大到关乎现代化、中国改革,就看您怎么读啦!(这口气又回到北京话了。)

当年我看电视剧是兴味盎然,最喜欢其中的隐喻和掌故。《围城》有一个英译本,译者叫毛国权(Nathan K. Mao),是美国人,因为研究钱学出了名,起了一个汉名。英文版导言里面说(这话说对了):"此书是学者小说(Scholarly Novel),专对中国社会的某一类人物,作特殊的描摹分析。"如果就此而言的话,《围城》很像一本新《儒林外史》,但是又不尽然。《围城》也是难进难出,好像一座学术迷宫:那里头层峦叠嶂、径幽路险,很像中国古书《山海经》。

我见钱先生是 1990 年的春天,那一年我从哈佛回北京了,在《读书》杂志写了几年所谓的专栏,和葛兆光老师一起。当时我们还年轻呢,在《读书》上写文章意气风发。《读书》当时有五个女编辑,号称是"五朵金花",有一朵金花打电话给我讲,读者来信对我们这篇文章很欣赏,就通知我"一凡兄你已经名满京华了"。当时我是大概三十多岁吧,不到四十吧,挺得意,显得就更张狂了。(这时候我)突然接到通知,说是钱先生要我周末到府上——我们外文所的人都叫钱府——的确是府,因为那是部长楼。那时我女儿还小,才八岁,放到家里怕不安全,我就带着女儿,坐十三站地铁,换公共汽车又坐了七八站,最后走到白沙沟。八岁的女儿不好带呀,一会要上厕所,一会要喝水,一会耍赖,坐路边上说"爸我不走了,我累",那我就只好驮着她。所以我到钱府的时候,身上流汗,脸上也流汗。开门的是杨绛先生,杨先生跟我说钱先生在书房,小赵你进去吧,然后就对我根本不理了——她全部的关心都放在我那个八岁的女儿身上了。后来我五十岁之后,明白了这个道理:两个老人家实际上是想孩子哦。我和钱先生聊了大概有两个小时,出来时杨先生坐在小板凳上,我女儿小嘛,在地上爬着玩,两个人在击掌、唱民谣,不亦乐乎。钱先生见了我说一句欢迎词:"二毛子回来啦。"这个话是损我的,我知道。"二毛子"不是好话,是假洋鬼子的意思。我当时西服革履啊,有点像方鸿渐,自恃挺高,钱先生就要打击我一下。聊天聊什么?发现他实际上是在考我。那天讲了四个"经",第一本是《易经》,第二本是《诗经》,第三本是《山海经》,最没想到的第四本是《黄帝内经》。这是要修理"二毛子"了。我很受刺激:我读书回来,在先生面前还是第一次聊天,就跟不上、答不出,的确是"二毛子"。在写这篇文章的时候,借这个机会把这些中国经典都过了一遍。当时葛兆光也不在我身边,我就用最笨的办法,一点一点地把《围城》里面的起名用典找出来。

　　单单是方鸿渐父子的起名用典,就让我遍搜《周易》、《楚辞》与《左传》。又如赵辛楣和唐晓芙的名字,双双来自《楚辞·九歌》。其中《湘夫人》一节唱道:"桂栋兮兰橑,辛夷楣兮药房"。辛楣出来了吧,此处的辛楣指香草作户楣,寓高贵堂正之意。

　　"赵按"——提醒大家,凡是我加按语的地方,那依然是和老师的话有所别,因为学生是学生,老师是老师,不能混在一起。再就是我一般就是解释老师的话,或者企图把老师没说完或者不愿意说的话补足一下,否则的话,我们再往后的这些年轻人真是看不懂这书。屈原的《离骚》充满了各式各样的香草。作为清香剂和祛病药,香草寓意丰富:它由贵族门户的自然象征,逐渐演变成了古代士大夫的代称。再加一句,晓芙是《围城》里面最纯洁、最可爱、美丽的女学生,《九歌·湘君》又唱道:"采薜荔兮水中,搴芙蓉兮木末。"芙蓉出来了,晓芙。这一句唱的是满腹诗书的古代书生,他好高骛远,尽爱干傻事:这小子下河去寻旱地的薜荔,爬树为摘水生的芙蓉,原本是徒劳的追求,古语所谓"固不得矣",想都不要想。

　　什么是晓芙?就是一株含苞欲放的初日芙蓉。它是美人的代称,又含强烈的讽喻:即美人羞花闭月,倾城倾国,却同追求她的傻小子无缘!依此典,鸿渐和辛楣都爱唐晓芙,但是都同美人擦肩而过。晓芙一旦离开,再无音信,下半部连梦都不托一个。真残忍啊!这么一个光彩照人的形象,怎么一下就没了呢,再也不回来,这是故意的。

香草美人,合成了小说的核心隐喻。《围城》开篇就引申屈原,大讲哲学,很严肃哦!但是在多数读者的眼里,《围城》只写世俗言情。他们不知道:这是作者在抗战中"兵罅偷生,聊作忧患之书"。这是伤心之处,忧患之处。

有人指责钱锺书,说他蜗居上海租界,不问政事。这话有点偏激了,《鲁迅日记》里面就有明白的记载,鲁迅先生下帖子请钱、杨去吃饭。鲁迅先生那么高的地位,那么大的岁数,为什么要请钱、杨呢?知道这是一对才人,杨绛的剧本很有名,而钱锺书洋文很好,先生才把他请去吃饭。其实钱师写《围城》,和屈原流放汨罗,多有相通处。请看他的诗句:"长歌当哭,蚌病成珠。""长歌",大家知道,是中国古代人尤其是屈原,披头散发赤着脚,沿着汨罗江一路狂奔、哭喊,他老人家唱的喊的都是歌。"蚌病成珠",一个河蚌生病了,一颗沙子嵌到它的肉体里疼得要命,它分泌粘液来包裹它,慢慢身体蠕动,痛得抽搐,最后河蚌死了,那颗沙子变成一颗晶莹的珍珠。这是一个很好的譬喻。就说中国的文学经典,好的作品总是在痛苦当中产生的。所以别看《围城》表面上嘻嘻哈哈,内在痛着呢,"戚戚之极,变为浩浩",痛苦太深刻了,你就看见作者好像心里面有浩然很宽广的感觉——不是小肚鸡肠的那种,它很浩大,它能包涵一些宏大主题。

回头再看香草美人,辛楣、鸿渐双双追求唐晓芙。钱锺书为什么要拿屈原珍爱的理想,来讲一个滑稽的求偶段子呢?此事要讲一段历史。我们知道屈原热爱香草美人,又为此懊悔,最终死在了他所追求的崇高人品、美好理想上。

屈原原是楚武王之后,一度官至楚国的三闾大夫。《围城》里有个三闾大学,民国的国立教育学院,具体地址在湖南的新化县,我去过那里,现在是个高中,还保留着当年的房子。三闾大学应该说就是现在的湖南师范大学。

三闾就在典，什么典呀？湖南，进而还有屈大夫，这就非常清楚了。身为士大夫和浪漫诗人，屈原代表古代的理想主义者，人品高洁，忠君爱国，居安思危。像他这样的高贵文人，自是《楚辞》里的香草。《楚辞》里除了香草还有恶草，象征政治斗争中的善恶双方。

再讲一句香草，我们中国文明，特别是楚国文明、南方文明，是从哪里发源的呢？是从水乡、种稻米的地方。中国的稻米文化至少有七千年历史，考古发现在浙江余姚的河姆渡，水乡沼泽地有干栏式的建筑，搭起悬空的木头屋子，上面盖上茅草，因为水乡容易热，有各种虫蛇瘴气，很容易生病，家家都要用香草来祛病。但是吃了会拉肚子、抽风、生病的毒草也很多，所以香草和恶草变成了非常中心的比喻。

战国末年，秦国崛起，逐一吞并北方小国，韩、赵、魏都被灭了。眼见暴秦磨刀霍霍，觊觎中原，剩下几个大国齐、燕、楚国，都开始胆战心惊，竭力自保。屈原效忠楚怀王，他主张改革，主张举贤任能，联齐抗秦，这是一个很正确的方略，如果施行了，楚国不至于被灭得那么惨。应该说被灭的六国中，大概楚国人的冤情是最深的，最冤枉的，他们本来是一个伟大的国家，有很好的将军，大家知道楚霸王项羽，他们项家就是历代出将军的，兵权如果在项家将军手里，秦兵不大敢犯。怀王昏聩，朝廷腐败，佞臣结党，巴结秦国，竟然与秦国结盟，把傻瓜怀王送到秦地去，被囚死在秦国。

残酷的斗争中，屈原蒙冤革职，被逐出郢都。郢都现在在哪里都不知道，我见到我们社科院考古所的人我就要笑话他们，我说你们真是饭桶，连郢都都找不到，他们就说委屈，说冤枉，别怪我们，楚国档案被毁了，地图被毁了，片瓦不留，当时很残酷啊。大家知道秦军是虎狼之师一路南下，锐不可当。中原、江南的军队哪里是他们的对手。尽管如此，江南的妇女也有血性，郢都陷落的时候，楚国的这些宫女和嫔妃几千人披甲执戈，上城死战，最后都城失陷了，当时是这么一个惨烈的情况。那么秦军就更恼怒了，一定杀光屠城，然后把整个都城弄得片瓦不留，以至于现在找不到郢在哪里。秦国大将白起带兵南下，攻破楚国的郢都。屈原理想破灭，悲愤不已，投汨罗而死。

赵按:屈大夫死得冤! 楚国老百姓也很冤。让我不解的是:他老人家写《楚辞》的时候,喜欢以夫妇之名,比喻君臣关系,哀婉缠绵,如泣如诉,活像一个被主公抛弃的美人,或曰"弃妇"。这个口气和身份让我很奇怪。我读这段的时候就不懂,美国人、英国人管这个叫 identity,英文系的小女生天天做什么身份认同啊,做得个死去活来。我们中国人也有,比这个情况复杂得多了,我遍查西方思想史,没有一个对例。所以我私下里以为:钱师看似钟情香草美人,暗中却在讽刺屈大夫的浪漫,挖苦他的多情。同时若隐若现,也在提醒鲁迅等人:诸君启蒙革命、抗日救亡,可别忘了历史教训哦。在政治上,钱锺书还是有他的立场和态度的,只不过他很委婉,将之深深地埋在小说里,主要的文学表现形式是讽喻,当然不会直接找到鲁迅先生,对他们说,你们不要太自信了。

再说性别角色(Gender Roles)。这是美国一位汉学家说的理论,这个人是加州大学的汉学教授,叫 Joshua Goldstein,是一个德国血统的人。他大概是在美国研究京剧的第一权威,写了一本大书,就是下面这部 *Drama Kings*。他发现梅兰芳、程砚秋等四大名旦,全是扮女角的男演员,到了越剧舞台上又反过来,尽是小女子扮作大男人。这是全世界的人类文化史上没有的,只有我们中国有。这个 Goldstein 就没办法,他就把"名旦"翻译成(这不叫翻译这叫编造)Male Dan。这叫什么呀? Male 是英文,Dan 是中文拼音呐,硬是搁在一起,再加一大段注解。然后他又把女角男扮,写成一个理论化的短语,叫 Female Impersonators,还是让人看不懂。我就感慨,钱先生在世的时候,比美国佬高明多了。他讲的是中国思想史上一个关键的场合,董仲舒见汉武帝。我们都知道汉武帝少年执政,雄才大略,一心要当英明君主,请来当时最好的儒家大学者董仲舒给他讲课,仔仔细细从头到尾地讲。董仲舒当时是大儒,又是帝师的身份,在皇帝面前滔滔不绝,英姿勃发。谁想到等到武帝采纳了他的建议,立太学,兴科举,儒法合一,阴阳互补,大汉儒生从此就变得阴柔婉约了。偏有一个司马迁不晓事,结果遭了宫刑。说到这里,钱先生打住。可是我愚钝,我就想想我真笨,都讲到这份上还不懂,还是不知所以然，真是"二毛子"。2002 年，我在苏州读陈寅恪晚年大作《柳如是别传》，又不懂了。特别是对陈师"颂红妆"之举，大感诧异，百思不解。我最想不通的是，陈先生那么大年纪，眼睛也瞎了，那么大、那么好的学问竟然做一个江南烟花小女子的别传，而且是三卷本哦。写着写着，老人家就忘情，他会觉得自己倒退回了清初，和那帮江南的士子们，那帮文人领袖如钱谦益等在一起喝酒——当然沙龙的女主人永远是柳如是了，她是河东君。他说着说着，好像他自己也在宴会上，他也在河东君的下手，能闻到她身上的香气，看到她的手腕跟玉雕一样。老人家为什么这么忘情，我不懂；可见我的国学底子差，比不上葛兆光。直到余英时先生发表高见，我才恍然有悟：原来陈师是借着褒扬江南烟花女子，实则"指责那时的男旦，俱已放弃自由与独立了"。这是余英时先生的话，我听后才终于找到男旦的所以然了。

2010 年，我用英文译了一本中国戏剧经典：黄梅戏《天仙配》。我们知道，我们的国剧实际是从徽班和黄梅戏演变来的，所以我其实是做了一个戏剧考古的工作：说是翻译，实际上是把它的背景全部研究了一遍。这也是钱先生生前跟我讲的，我是从他那里受到了启发。我跟钱先生谈中文写文章，钱先生说，他看了我在《读书》上写的文章，很好。这是夸奖我的话，实际上他不满意，不满意的是，我写的文章句子太长，大字眼，洋腔洋调。他说我的句子里面看来看去都是英文的语法和逻辑。这是说中了！我那篇烂文章潜在的语法，Grammar 和 Logic 的确都是英语的。他说：那个句子怎么写了两行都不打句号，拐了个弯还是逗号、逗号，还点点点，你以后要多用句号。然后问我：你在哈佛还看中文吗？我说我带中文去看了。带什么啦？一套《红楼梦》，一套《三言二拍》。钱先生说，这就对了——这是夸奖我——带这个书好，这书体积又小，写得又棒，是很好的中文。读英语读累了，就看看家里的书，也不至于连家信都不会写了。

那什么叫好的中文呢？钱先生讲，我们中国有自己的叙事学，洋人不懂的。这个好东西在哪里呢？他说你姑且去看看，去体验体验，我们中国民间的说唱艺术,比方说京韵大鼓、山东快书,这些华北的最有特色;再往江南去,就是苏州评弹;往西北去,是西安的秦腔。他专门提醒我,秦腔不是唱的,那是喊的。我后来到西安城墙底下,看退休的老爷子的确是喊,壮怀激烈,西北人唱起来不得了,跟苏州评弹比起来,完全是两种风格。苏州评弹是一个漂亮小妹穿着丝绸的衣服,叮叮咚咚,大珠小珠落玉盘,嗲着呢。要学这些,这里面藏着我们中国自己的最伟大、最深刻的充满生命力的,代代更新的中国叙事。这种语言写得好,被学者利用,那就应该像司马迁的《史记》,简白得不完全是文言,或者是当时最能被大汉书生接受的、易懂的这种半白半文的语文。里面成语很多,大多是四字一断,简明爽快,起伏跌宕,很别致。如果能够把讲稿和书稿写到这个份上,那就是很成功了。钱先生还描述了一下,他说这个说书先生啪地一拍醒木,满堂的听众魂都给他勾去了,听得神魂颠倒;突然老人家说"且听下回分解",大家第二天赶过来还要听他。这就是有魅力、有技巧。钱先生要我们学这个,他说,什么时候能把讲稿和书稿都写到这个份上,就很成功了,然后明确表示对我所谓的"博士文"不感兴趣。大家现在看我的稿子好像是有点像说书的味儿——如果有一点像的话,那我就很高兴,那是钱先生"修理"我的结果——我本来写的是可怕的长句,是"博士文"。

我就借这本书(《黄梅戏·天仙配》)批评美国人说:知道阴阳五行说怎么样影响我们中国人的性别观么?这个阴阳是很奇怪的,一家人里面,相对而言,大家长父亲是阳,在皇宫里皇上是阳,其他都是嫔妃了都是阴,如果有男人的话都是假男人,太监。那是西周传统,迄今三千年了!你们套用西方主体观,这个观念从康德算起,不过两百年,妄自揣度中国的人际关系、社会结构,岂不荒谬?看看我们京剧里的角色脸谱,还有川剧的变脸,那里头的学问大着呢!

但是钱锺书承认:屈原作为华夏读书人的宗师,代表中国诗文渊源,即楚辞文体,开创香草美人的比兴传统,功莫大焉!从此往后,中国文人要么用它比喻贤良之士,要么以美人自诩,张扬改革理想。

　　再看苏文纨,这三个字没有典,看这个字就知道是什么样的人,苏,大家知道苏东坡有个妹妹叫苏小妹,是才女。所以苏文纨姓苏,很自然。文,文采昭然;纨,洁白的绸缎,表示质地洁白。钱师在《管锥编》里边有很多的议论,对比了德国歌德的"伪洁论"。歌德是大哲学家,中国有个与之地位相匹配的伟大思想家墨子,他有个"所染论"。伪洁,假装干净;所染,太干净了,就容易被染黑。这组诗最好,晋代诗人谢惠连《雪赋》:"凭云升降,从风飘零,素因遇立,污随染成。"这是讲雪花从天上飘下来,洁白、神圣,还闪光,寄托了人类多少美好的愿望。但它总归是落到地面上,落到花丛里、树荫里,落到泥水沟里,落到马粪上,变得一下子脏了,所以"纵心皓然,何虑何营"。

　　赵按:所谓文纨,暗指当今世下的纯洁文人被污染的世俗命运。大家都难免,从小受理想主义教育、爱国主义教育,大家都很纯洁,走上社会之后就很容易过不去,一定要被染上一点什么。钱先生用苏文纨这个名字,大家看苏文纨出场的时候光彩照人,女演员李媛媛演这个苏文纨,演得非常好。我就非常为苏文纨抱屈,我说先生你既然不给她用典,那么如果我们说按照《金陵十二钗正副册》,苏文纨应该进《正册》还是《副册》呀? 先生说当然是《正册》,那把我又说糊涂了,您又看不上她,又让她进正册,到底怎么讲? 其实他讲的是,我们中国所有知识分子一个世俗的、共通的命运,就是所染。所染很容易,大家知道电视剧里面的苏文纨,《围城》小说里面的苏文纨,一开始是那么的美好,让方鸿渐神魂颠倒,到后面她嫁人了吧,嫁的是一个叫"四喜丸子"的人,然后她还在香港倒卖盘尼西林等在抗战期间非常昂贵的东西发财,她已经被"染"了。

　　再看方鸿渐。此人为何姓方而不姓袁呢?《管锥编》有一套"圆方论",中国外国都有,言之凿凿,侃了一大段。西方古称:人之有定力而不退转者为方人,后来又说骨多触杵者为棱角汉,现代英文里面就把古板不合时宜者叫作方人(Square)。一直到1960年前后,美国人还在说方人,英国人也在说方人,Square 的对应物就是嬉皮士。比方说赵老师在哈佛,我的嬉皮士朋友来找我,把我吓得要死,他就说我是 Square,我实在是受不了像他那样放浪形骸、哪都容不下的人。钱先生又举王充、桓宽、淮南子,等等,备说智圆行方、贤儒乃世之方物、孔子能方不能圆。所以方鸿渐只能姓方。

讲到这里我就感慨:我们已经在一座"围城"当中了,这里面有屈大夫,有这么多古诗词,看看这些人,王充、桓宽、淮南子、墨子,我们的祖先留下这么多规矩,我们是被深深地围在、陷在这些传统里。我对这个传统是既恨又爱,它太伟大了。我们逃不脱它,简单说一个屈大夫,到现在中国人每到端午节都划龙舟,那是湖南汨罗江上的老百姓、湖南老乡为了救屈原,怕他给鱼吃了,拼命地划船去追他,怕他淹死了以后尸体被鱼吃了,所以丢粽子让鱼吃粽子,别吃他们的屈大夫啊。结果这个民族现在,每年到那一天都要纪念他,这样隆重无比地划龙舟、吃粽子:这是多么深的一座"围城"!它长到我们的身体里、血液里。我们尽管不知道,实际上我们已经在其中了,很难摆脱它。妄自谈什么全盘西化,明天我们就怎么样怎么样,谈何容易啊。我们都是屈大夫的子孙,我们身上都有他的基因,哪怕你是读洋文的。包括像赵老师这样从美国回来自以为是哈佛博士,到最后还是发现,我还是在这里头,跳不出去啊。很难,很难。

由此可见,方鸿渐这等乖戾之人,天生不会随世轮转!他比不上书剑飘零之士。什么叫书剑飘零之士? 就是进京城,得功名,当宰相,做陈世美。钱先生不喜欢这种人,还说他们掌握的是胡旋之术,转来转去。

赵按:胡旋术出自白居易的名诗《胡旋女》,颂一段伟大的唐诗:"胡旋女,出康居。"康居在哈萨克斯坦、吉尔吉斯斯坦,在我们大汉的时候就是西域啊,大唐的时候也是西域。"弦歌一声双袖举,回雪飘飘转蓬舞。左旋右转不知疲,千匝万周无已时。"多美好,这里面有声音、有节奏、有色彩。回鹘女实际上就是维吾尔族的小姑娘,那时候她的民族还没有定型,转圈跳舞。大家知道李白在大唐长安干同样的事,他写的《胡旋女》可能比白居易还要好。因为李白喜欢在长安的西市勾栏里面喝醉了酒,看少数民族姑娘跳舞,他一喝醉了诗非常好。

方鸿渐父子的名字,都和《易经》有染。钱师频繁引证《周易正义》里面的渐卦六爻:鸿渐于干,鸿渐于磐,鸿渐于陆,鸿渐于木,鸿渐于陵,鸿渐于阿。

卦中之鸿,是为一只大型的水鸟或者是海鸟。它由海上飞来,逐次栖临滩头、岩石、陆地、林木、山陵、水边,好像是在孤独的飞翔中,经历了一场犹豫不定的寻觅游戏。与之相关,产生了一个涉及全书的问题:作为小说的主角方鸿渐,或那只由海上飞返大陆的孤鸟,一路寻觅,辗转求安,而终不能得。这也是一个经典的留学生的形象。一只海外归来的大鸟,它回到祖国,想在祖国的土地上安家,找一个窝,孵出小鸟来,可惜它找不到。小说最后我们只看到这只惊鸿仓皇溃逃,不知向何处去。小说最后是方鸿渐仓皇离家,不知道怎么办,反正以后再不能和这个太太生活在一起了。那么方鸿渐的经历,怎样影响到《围城》的构思布局呢?

美国钱学专家毛国权说:方鸿渐的命运模式,是"春夏秋冬"四个功能序列。这是照抄罗兰·巴特的说法,是鬼话。罗兰·巴特是什么时候的人?钱先生写《围城》的时候根本没他。日本学者中岛长文,汉学功底很好,对中国的戏剧和小说,章回体啊,序、破、急啊,了如指掌,但他也看错了。他列了五个部分,但认为最后一章是多余的。这个我觉得非常生气:中岛你自己拿传统小说套不上《围城》,你怎么就敢说最后一章是多余的呢?这不是搞笑嘛?但当年写文章的时候,我还是很谦虚的了,现在我就可以毫不客气地说:这俩鬼子都错了。渐卦六爻早已把全书分为六段:

鸿渐于干——第一章,印度洋至香港。

鸿渐于磐——第二章,香港至上海。

鸿渐于陆——第三、四章,上海。

鸿渐于木——第五章,闽赣路入湘。

鸿渐于陵——第六、七章,湘西小镇。

鸿渐于阿——第八、九章,经港返沪。

还有《围城》正好是九章,为什么不是十章、不是六章?那是因为要呼应商周文化的九鼎和《九歌》。张光直先生早就说过,九鼎是我国古人的通天符号,九歌代表巫觋仪式中一应法器和艺术形式。以学生的愚见,《围城》的初衷就是要成为一部集合中外精粹的通天之树,立意高远,绝对不是什么言情小说、小资情调发两句文艺腔,别搞错。它在设计体裁上也是中西化合,古今杂糅的。

青铜神树

通天之书

这里是一个中国通天符号,我们在三星堆挖出来的,迄今为止最古老的青铜神树,当年我们的祖先就是围绕着这个树,点着篝火唱歌跳舞祈求通天。

我读《围城》前,先把钱锺书的所有作品全部读完了。《管锥编》过了一遍,但大部分读不懂,因为那里面除了七种外语,还有很多古文。《管锥编》里面讨论的,全是中国思想史上最重要的经典,他讨论的方式也不一样,是明清笔记体,我也没受过这方面训练。钱先生过世以后,我在苏州家里大概花了两年时间啃过一遍。说老实话,中国能读懂这本书的人没几个:古文好的,你能对付得了七种外语吗?外语好的人,你能对付得了中国的所有的古代经典吗?挑战太大。当时我是把钱锺书所有的书都过了一遍,《管锥编》《谈艺录》到《人、兽、鬼》《写在人生边上》,都当成我稽查的档案库。我利用来解《围城》的资料,就是钱先生其他著作里面的那些思想、理论、观点,否则解不开《围城》。

《围城》和钱师档案是互文关系。那么我们千万不要对《围城》作深入的套解。把这本书当寓言故事读,当真理思辨、历史考古、参禅解卦、猜谜解梦、山人野话,都可以。

钱先生晚年有好多人问他,钱先生呐,您学问这么大,能不能给我们说说什么叫学问呐,钱先生说得很苍老,说的话我听了以后一是难过,二是听不懂。他说学问就是荒江野老,三、二素心人,商量培养之事。多老迈的声音哦!这哪里像在巴黎当年那个张狂的、喝咖啡、讲笑话、钻红灯区的钱锺书!钱先生年轻的时候风流倜傥,这会儿怎么老成这个样子?我在南昌郊区的纪念馆看八大山人的画,一下看明白了。大家知道八大山人叫朱耷,是大明王朝的王爷,逃到江西山里面作樵夫,老了嘛身体不行,到扬州去卖画弄点银子,回家给自己盖点好房子。没想到又被皇上看破了,你姓朱,吓得要死,头都不敢抬。其实钱先生讲的学问,大概就是这种学问,江西深山里一只小舟,两个素心人,素心人就是戴斗笠的这种。他画给自己的自画像,旁边是一只鸟、枯木,一只小黑鸟,呆鸟,一只眼睛睁着。两人下一盘棋,煮一壶茶,到晚上告别,两人都很绅士,举手作揖。先生的茶好,领教了,先生的画好,下次来讨教,这就是学问。

这是我当年写的段子,因为我写了十段,时间不够就讲四段不得了。

第一段(第一段是当年的话,格式都是当年的格式)。

列位看官(这是说书的腔调),此时为民国二十六年夏。法国邮船子爵号,经印度洋入南中国海。船上归国留学生,多在舱内作"筑城之战"(也就是打麻将)。(下面全是书上的原话)

最先亮相者,却是苏、鲍二小姐。热风里,甲板上,她俩一个冷艳如冰箱中刚取出的桃李,一个黑甜似半融化的朱古力。二人风韵各异,却都戴黑眼镜。

多棒,出来就是成双成对,我们中国古代讲究个对仗,像钱先生只要引经据典,左边是歌德,右边是墨子,而且品味相当;这边讲俗的,那边肯定也是俗的。出现了两个美女,竟然是一冷一热,一黑一白,绝了。

各位留神:这里隐喻出现了,要小心追索。钱先生在《窗》文(早年年轻的时候写过一篇《窗》,窗实际上是讲眼睛的,人类心灵之窗)提及:德国文豪歌德,素恶戴眼镜者。转身就是,中国圣贤孟子曰:相人莫过于眸。我们同戴黑眼镜的人说话,难免眼花缭乱。苏、鲍竟相动人,都戴黑镜(那个坏蛋李梅亭也戴),她们是何等角色呢? 这一白一黑两位美女,无非是守株待兔,静候那风流唐璜上钩入围。

赵按:《围城》开局,暗点全书是一部引诱与追求型的戏仿罗曼史,戏仿,不是正经的。

不止于此。钱锺书用喻的习惯是"博依繁喻",好多喻,很烦很多,大大小小处在一起,然后铺张交响,渐成贯通大喻。这个贯通大喻,我在英文里竟然找不到一个对应词,我读中文之后就屡屡发现英语还是比较贫乏。贯通大喻好不容易找到一个相应的词叫 Controlling Metaphor,就是控制全局的这种比喻,当然它还有贯和通,而且是越走越强,最后铺天盖地都是这个喻。后面我会讲到这个喻变成什么。

方鸿渐在船上吃了亏,被船上的一个 boy 敲诈,到了上海之后他又唧唧哝哝,说此埠是希腊神话里的魔女岛。根据荷马《奥德赛》,岛上住着塞壬女妖,她们专以曼歌妙颜,劫持过往船只,令众多水手惨死,白骨布满沙滩。希腊第一英雄俄底修斯,率部参加特洛伊之战。功满回国途中,过了魔女岛。

据说俄底修斯当年是神仙给他托梦,说是你要想活着回家,就必须在过塞壬岛的时候,把耳朵用蜜蜡封上,这样你就听不见塞壬可怕的歌声了,歌声太美妙了,听到以后男人就会发狂,就会冲到海里面去被吃掉。如果你偶尔会听见一点,你也会挣扎着去,这样的话就叫水手把他捆在桅杆上,所以他死活不会被塞壬引诱,结果他的手下大部分都死了。与希腊英雄相比,方鸿渐自然不够英雄。看看俄底修斯多男人,一脸络腮胡子,这绝对是人类古代的原始英雄。到了方鸿渐,只能叫现代反英雄,方鸿渐那个酸呐,在这一半《聊斋》梦境、一半但丁地狱的语言天地里,鸿渐不但得见狐仙,又被勾引浮士德卖身求知的魔鬼缠了个结结实实。

　　《魔鬼夜访钱锺书先生》文中,鬼坦然自述道:"实心眼的好人啊,你们受我引诱,只当我是可爱女子、可信朋友、可追求之理想。"(参比香草美人)那鬼还在但丁《地狱篇》里吹牛说:"敝魔生平最好讲理。"它讲什么理啊?讲的是理性。由此可见:地狱之设,不单为西洋求知英雄,也向鸿渐一路中国知识分子开放。再看苏、鲍秀色可餐:怎么竟有几分相像那《红楼梦》里的警幻仙子呢?

　　赵老师这里好像走题了,其实并没走题哦,再看下面一段。第二段。

　　话说鸿渐那蠢物(蠢物是谁啊,宝玉嘛。这是不着痕迹,就把古今中外的经典都搁在一起。但你说他是,其实又不是,有点像而已,似是而非),刚从情天孽海爬进上海滩,又被抛入人欲横流的名利场!(英国小说来了吧,左右逢源。)那里人、兽、鬼气味交混,脸谱杂陈,变化多端。

　　看看钱先生笔下的上海滩。用了全套的西洋小说现代技巧,就是工笔刻画,甚至你能闻到沈太太身上的狐臭味。苏公馆花园香浓如葱蒜,还含荤腥肉感,花还能有肉感,这家一定不善。我们中国文人讲的是雅香。在这基督、观音共管下的上帝之城,方鸿渐岂能无烦恼?首先就是博士,克莱登大学的博士,是假的,《沪报》上登他的照片叫"占坛鬼魂"之像,他回家乡讲学,家乡小报记者给他拍了一幅名人照相,叫"小偷被擒式"。

　　为什么有这么多照镜、画像的讽喻笔法呢?还有汪处厚,这是大学权贵,在太太镜子里现出一张"人都吃得下的铁青脸"。这不是人呐,这是一个野兽,他怎么混在大学教授队伍里,钱先生在点拨我们哦,草蛇灰线。孙柔嘉这个姑娘很内秀,她第一次看到汪娴氏不得了,惊为天人。她怎么形容汪娴氏的呢,她拿一支口红在纸上画了一个速写:一抹绛唇,十指血红。赵按:《聊斋》里头的狐狸精,这都是我们中国古典小说笔法。

　　那么洋人的东西呢,《伊索寓言》出来了。《伊索寓言》里有"狗看水中影子"的故事,《围城》说人需一镜,时常照看,以知己为何物。那些不自知的家伙,照也无用,反害他像狗那样叫闹不止。《围城》里面西洋动物寓言一大堆,我挑了一下,大概有三十多处。比如说有法文本的《列那狐》中的贝尔纳驴等。

回到书里看,李梅亭那家伙是糟糕透顶,这个人很癞,品德恶劣。大家一起逃难的途中,碰到一个苏州寡妇,这个寡妇一看就不是好人,带了一个小厮阿福,他们俩是在苏州城里谋害亲夫,夺了家产逃出来,这种女人很可怕啊。但是李梅亭就听见苏州寡妇说了他一句"倷是好人",他即刻忘掉"向尿缸照照影子"。钱先生这个笔锋如刀啊,痛批这帮教授里面的败类。方鸿渐虽然不时露出"癞狗"模样,还是一只能照镜子的狗。我们还记得他跟唐晓芙吵翻的那一幕,晓芙痛斥他,你为什么既和我谈情说爱,又和我表姐不明不白,你这个道德品质很糟糕,你还像一个博士吗,还像一个留洋回来的绅士吗?方鸿渐就伤心低头认错,表示我"不再讨厌"。其实唐晓芙是很希望鸿渐再回来认错,他们两人和好。但唐晓芙的错误是她也是一个理想主义者,她和屈大夫一样。用英国话说,她是一个满身是刺的美艳的玫瑰。太无情啊,你对你心爱的男朋友这么绝情,甚至还说出极其可笑不讲理的话,她不许鸿渐有任何的过去,怎么可能呢?方鸿渐那么大的岁数,又去过克莱登大学,而且又在国外混了那么多年,这么一个老男人怎么可能没有过去呢?你爱他你就接受他,不要这么矫情。最后鸿渐走了,她又伤心得不得了,这不是傻瓜嘛?她就是女子当中的屈原。结果就是方鸿渐在大雨楼下站了一会,遂从暴雨落汤中抖毛而去。鸿渐怎么就抖毛而去?因为他是"癞狗"啊!这么调侃、挖苦方鸿渐,实际上我们也知道方鸿渐身上多多少少有钱锺书自己的影子,这么尖锐地挖苦自己,这样的现代作家在中国很少。

这让我想起康德、福柯,这两位先生大概相隔二百多年,一直在持续不断地喋喋不休地讲一个问题,就是西方的启蒙。所谓西方的启蒙就是第一批判,第二反思,第三再加上一条对自己能够自嘲。钱先生是完全达标,和西方的知识分子比,和康德、福柯比,他完全有这个意识。可惜我们中国知识分子基本上没有,而且很多学问很大的人没有。赵老师深深引以为憾。康德、福柯讲了两百年的什么呢?我把它浓缩下来就是一个经典的问题:你是人吗？你凭什么说自己是人？假如你觉得自己够不上是人，今后你将如何做人？问的就是这么简单的一个问题。康德这个话是被鲁迅先生看到了。我们知道鲁迅先生德文不错，他的确看得懂康德，他把这句话拿出来倒了一个个儿，写在《阿Q正传》里面。当然，这不是阿Q嘴里的，而是借着赵老太爷的话，重新问了这三个问题。我们知道阿Q在未庄的街上喝醉了胡说八道，咱家三百年前比你阔得多，赵家有什么了不起，我家……喝糊涂了，赵老太爷很生气，派人把阿Q逮了去：阿Q，听说你又胡说了，你说你姓赵，你家怎么怎么阔，你什么时候姓过赵？阿Q就知道糟糕了。你什么时候姓过赵，你凭什么姓赵，就凭你也配姓赵？——听懂这意思吧，鲁迅先生是在痛斥中国人这种劣根性、奴性，而且沾沾自喜，咱家阔着呢，你家阔着怎么老灭了，大唐也没了，大汉也没了，你现在跟洋人讲你家东西咱家都有，你家还有什么？为什么都变成断墙残垣了？人家怎么把你家的东西放博物馆里跟宝一样供着？你看那敦煌卷子，在家里有几个？好的都在人家那里。这就是鲁迅先生要痛斥的，不知道反思和批判，洋洋得意：啥了不起的，我过去阔着呢——阿Q的嘴脸，大家想想看，该骂。

第三段。

鸿渐和辛楣，不打不相识。围绕苏、唐（酥糖）二小姐，大闹错中错，反为同情兄。这是一出多角恋爱戏，由小说第三、四章垫底，逐步伸展为一个贯通大喻。从文学类型看，我们学文学的同学都知道，《围城》里面有多少种类型，几乎全了。所以说它是通天之树，什么样的文学形式都有，洋的、土的、古的、今的，都有。它集合了各种西式小说特征，东扯西拉、恣意破体，做成了后现代戏仿。

比方说书中两对男女主角：方鸿渐和唐晓芙、赵辛楣和苏文纨。这四个人是首尾相接，错位追逐，误会不断。这里面就有莎士比亚《皆大欢喜》中的捉对笑闹迷误之技，也有奥斯汀《傲慢与偏见》沙龙闺秀小说遗风，还有萨克雷的《名利场》的丫叉布局之美。

夏志清说方鸿渐的浪漫经历，和英国作家菲尔丁笔下的汤姆·琼斯苦追苏菲娅式好女子的经典套式,多有吻合。我觉得不大像。大家知道汤姆·琼斯是一个坏小子,在村子里一天到晚不得安宁,老要出去啦,要闯天下啦,要发财啦,要娶一个富家人的小姐回家啦,最后转了一大圈,啥也没捞着回来了,还是那个可爱的土土的索菲亚在家等着他,这是你命中该娶的好女孩儿。《围城》不是这样。

钱锺书一再强调(甚至发火):文学比较不是比较文学。你把中西文学在那里硬比,那不叫比较文学。真正高级的比较文学是一种混纺出新的方法。"混纺出新"这个词很重要,这是钱锺书讲比较文学的一个关键概念。赵老师会花点力气给你们讲。这也不止是文学,包括比较文化和比较文明,包括我们现在中西方的文明,"混纺出新"是个核心概念,强调混杂中西,勾连古今,推陈出新。《谈艺录》里面钱锺书讲这个观念最好的一段话,大概不过三十个字吧,赵老师把它照抄在这里,一个字都不差。《谈艺录·王荆公改诗》。王荆公我们知道讲的是唐宋大家之一王安石。怎么样革新诗风:荆公"巧取豪夺,脱胎换骨,百计临摹,以为己有"。这个话听着像是骂人,像是讲王荆公剽窃别人的。我们再往下看,"或袭其名,或改其字,或反其意"。这是他偷别人的方法。"集中做贼,唐宋大家无如公之明目张胆者也。"这是盛赞。我们别忘了,我一开始也想不通,唐宋八大家我喜欢的肯定是苏东坡,我不会去抬举王荆公。钱先生为什么这么抬举王安石呢?因为他是伟大的政治改革家,他有气魄。他敢拿遍天下的好诗、好词,来补我自己、养我自己。你找不出理由来说我剽窃你的、抄你的,没有。我是把你的好的拿来化了我的,他用的方法是袭其名,改其字,反其意,集中做贼,了不得啊。

这里面不光是诗体的好坏,更重要的是一种气度。满天下的东西全可以变成是我的。这有盛唐之风,遍采天下,拿到大唐长安来。管你是卷毛、黄毛。我让你姓赵的姓赵,姓李的姓李。这个气度中国人丢掉太久了。搞得小气巴拉,什么都是外国的、资产阶级的,啥啥啥嘛,好的为什么不能拿过来。学学王安石"集中做贼",中国人为什么不能集中做贼呀?

再讲一段《诗品》。南朝钟嵘《诗品》说,谢灵运的诗是芙蓉出水,颜延之的诗是错彩镂金("谢诗如芙蓉出水,颜如错彩镂金")。我们现代很好的一个美学家宗白华先生说,中国美学史上一直有两种美感形态,一是芙蓉出水,唐晓芙;另外一种就是错彩镂金。什么叫出水芙蓉?大家只须读几首李白的诗,想想他笔下的山川河流,清丽脱俗,美不胜收!这就是芙蓉出水。错彩镂金是指人类创造之美。商周青铜器,元明青花瓷,晚清的景泰蓝,上面那些个精美的纹饰,还有江南的园林里面的盆景也是,那么小小的东西,加上人工的造化,变得是非常的精美。当然,王安石的诗句也是。

在我看来,钱师未加细说(或者没有扩展开来地说),未来的中国文明,不止要靠出水芙蓉般的天然美,还有中西杂糅的创造美。要是在江南、在沿海甚至在我们中部已经很难看到出水芙蓉般的美了,改造得、污染得太厉害,但是我驾车去新疆、去西藏、去甘肃、去内蒙古,是无比的美,越是穷越是落后,越是不发达,越是少数民族在那待的地方,越是美得惊人啊。中国的美应该是这两种美。那么用我们中国哲学的语言说就是"各美其美,美人之美,美美与共,天下大同"。

眼下国人讨论中国模式,一时要西化,一时要传统,各执一端,势同水火!什么新左派啊自由派啊,打得要死,可是在陈寅恪、钱锺书看来,这些个左右之争,都不如中庸之道、混纺出新!赵老师这里借着讲《围城》多讲两段。

何为中庸?兆光在我旁边坐着,赵老师试图用一种比较粗暴的方法讲中庸,我也没时间,我就讲得快点,讲错了葛老师纠正。何为中庸?早在孔子那里,中庸就是儒家修行处世之法。一直没有什么大变化。突然到了两汉之际,中国文明突然遭遇了印度佛教。据陈寅恪先生考证:唐代大诗人、大思想家韩愈,带头从《小戴礼记》中摘出了《中庸》和《大学》篇,重新解释,"始以天竺为体,华夏为用,奠定宋代新儒学之基础"。

赵按:唐代大儒一方面羡慕佛教的义理,佛教在思辨方面已经很精密了,又担心它对中国传统文化造成破坏与威胁。为求两全计,韩愈决定取珠还椟。下面又是陈寅恪先生的话,"即吸纳异教精华,令华夏文明增长元气、别开生面"。

取珠还椟解释一下，大家知道印度的和尚，所谓白马驮经到了我们洛阳白马寺，印度和尚最早到来一事，大概考也考不清楚，到底是什么人，是谁，是印度的还是哪里的，不是很清楚，但是总之佛教就是这么来的。那么，中国人对佛教这么一个异教传到中国来是什么态度呢？唐代的大儒他们的态度是取珠还椟，不是留下装珍珠的盒子，而是把美丽的珍贵的珍珠留下来：谢谢，你的美丽我们领了，我们是大唐嘛，有这个气度，好东西送过来感谢您。盒子对不起请您拿回去。为什么？因为咱家盒子多了去了，不是全盘接受，这一句话就看出来了。所谓全盘西化，多么可笑啊！咱们是什么家族啊，是非常自尊的、有自己传统的。你送好东西来，谢谢你，留下来，盒子拿回去。这叫取珠还椟。

那么在佛教层面，从南北朝的达摩始祖，一直到盛唐的六祖惠能，中国学界历经大概百年改造，终将儒、佛二教化合如一，没什么大矛盾了，实现了中国思想史上兼容并蓄的伟大成功。这也就为中庸之道，增添了执两用中、稳健变革的新含义。

钱锺书是讲中庸很多了，《七缀集》里说：所谓中庸，即恰如其分、无偏差，不抗不拘。《管锥编》又说：执其两端，可得乎中。思辨之道，故所不废。此法足使黑格尔羡妒矣。

在清华导师陈寅恪之后，钱锺书别出心裁，振聋发聩，将古老睿智的中庸之道，提升为中国特色的辩证法！又拿它比较于黑格尔、马克思！此说意义重大深远，待我日后撰文细述之，因为这些牵涉到西洋哲学，牵涉到辩证法。钱先生的思想是很重要很重要的。

何谓混纺出新？这一段讲的是文化哲学，表面上看是讲文学，但不是，是文化，因为牵涉到比较文化和比较文明。钱先生用纺织物（Texture），我们看到词根是 text，text 关系我们所有研究学习人文学术的人。Text 是文本，在钱先生看来，文本、文化和文明，都是一再翻新的纺织品，因此也都需要混纺交织，才能不断生出新意，达至美轮美奂。

中国是四五千年的文明史，就像孩子身上穿衣服一样，孩子衣服穿穿穿破了，个子长大穿不下了，屁股露出来，爸妈就给他换衣服。换衣服跟文化的更新是一个道理，不可能不换，想想看怎么从祖宗四千年前的衣服穿到现在，而且要不断地时髦，要引进外面的流行风，还要舒适还要合体，还不能忘了咱家那个传统。那个衣服上最好还有屈大夫的痕迹，这样的衣服才好。这就叫混纺出新。

西洋最好的纺织材料是什么？那是澳大利亚出了名的细羊绒：它舒适保暖，质感柔软，素有软黄金之称。咱们中国呢？是江南太湖流域的辑里丝。

从明中叶开始到晚清机械缫丝出现之前，浙江南浔、江苏盛泽一带的辑里丝，享誉天下，畅销海外，特点是细圆匀坚、白净柔韧。回到胡雪岩的时代，辑里丝价格昂贵，货源紧俏，令洋人咋舌呢！

假如我们别出心裁，把澳洲最轻柔保暖的羊绒，和中国最漂亮坚韧的辑里丝，按比例交织混纺，会产生何等美妙的结果？大家试着把它和未来中国连起来想：那便是了。这里面讲了一个很深刻的题目，就是中西文明的混纺交织，实际上是陈师和钱师早已经想明白的事情。当然我们现在大多数人还不知道这一说，赵老师专门挑出来多讲几句。

钱先生担心大家不明白什么叫作混纺出新，就在《围城》里亲手做实验，给大家看。比方说这一出叫"同情争风"，就已经技压中西翰墨了！钱先生把西洋爱情故事里的"交错求情"格式，这是很俗的东西，嫁接于中国古代的"外心"说，这也是中国很俗的东西，八仙过海，所谓"吕洞宾肚里有仙姑，仙姑肚里更有一人"。这就是交错求情。

钱师又取其反讽形式，自称是"连锁变换交错单相思"。老爷子真能玩，别忘了最后还是单相思，很可悲。就是傻小子上树去摘水生的芙蓉，固不得矣，单相思。钱锺书又引用了明清小说家惯用的人物分身正副法。曹雪芹编制《金陵十二钗正副册》，男女两位主角暗拆作四个彼此矛盾、相互反衬的自我与异我（例如黛玉与晴雯，甄宝玉与贾宝玉）。

看看外国人怎么做？德国哲学家费希特苦证自我和非我同一，至今公案未了。这是很难的哲学问题了。我们将学者鸿渐合于政治家辛楣；再把文纨的学识风度，派给纯真天然的晓芙，岂非速成欢喜姻缘吗？但是不行，此术一来未脱旧文桎梏，二不合现代情理。正所谓：男子之于学术政治，只能此长彼短；女孩儿修成了博士才俊，岂可仍葆烂漫稚气？个中离合之道，钱师说：凡人事皆有两面三刀，理依真谛俗谛并行而立。这是中国的辩证法。

康德等西洋哲人，为本体论痛苦万分，又为自我和他人，弄到"不知我何在"。但在钱师看来，倒不如直取《周易》中的噬嗑嗑合说，以显人事分合，相反相成。《围城》的人物编排就是按照这个思路。于是鸿渐和辛楣你长我短。他俩一明一暗的角度转换中，令人洞悉双方。再看文纨和晓芙：她俩前呼后应，形同姊妹花。假设文纨出国前，必是晓芙；晓芙修成了博士，一定酷似文纨。

这就是钱锺书刻意论述的现代喜悲剧主题：即自我分裂，知行歧出。好像老爷子故意要同"理想和主体"开玩笑，小说就是不许五四传人轻易圆梦！方鸿渐教书启蒙，赵辛楣从政救亡。二人理念分歧，多化作人情俗谛，我们只看到他俩为了女孩子，杀得个你死我活。又因情敌离间之计，终又同病相怜。

戏中真谛的是什么。一如钱师所说：理想与现实是两码事，女朋友和情人决然不同。大家知道康德在《实践理性批判》中，大加讨论抽象道德、个人实践。但是他实际上终身未娶，没有一个女朋友！这是天下最搞怪的事情，西洋哲学史上最可笑的事情：他在《实践理性批判》中仔细讨论抽象道德，个人实践，做道德批判，但是他自己连女朋友都没有。

英国哲学家休谟（David Hume），为此笑得死去活来，就在《人性论》（1732）中，用英文列出公式：是这样（Is）和应该这样（Ought），两者总是合不拢！根据休谟铁律，方鸿渐只配娶不理想的孙柔嘉，并且在苦苦忍耐中，为唐晓芙的消逝痛彻心肝。他那可笑的另一半赵辛楣——注意赵辛楣是副骑士、副英雄——鸿渐吃了亏,赵辛楣要再来一遍,拒不悔改,执迷不悟,小说下半部,续写辛楣惨遭汪娴氏诱惑的悲剧副本,因为汪娴氏太像苏文纨了。于是教训加重,平行线不相交的残酷定理,再一次被确证无误。

这一则中国的人生贯通大喻,Is 和 Ought 永远是不相交的,是平行的。我们从小学英文,老师爸妈就说:You ought to be such and such,应该怎么着怎么着。但是倒霉孩子说:But I have been always myself。他总是插一段。中国的改革和革命大概都是这样,有个 Ought 还有个 Is。那么用哈贝马斯的话就是现代性和现代化终于在欧洲和美国实现了,但是很可悲,这是一个被扭曲的实现。那么这句哲学概念如果换成文学语言,正好是钱锺书先生所说的"围城",人们进去了又想出来。

我今天讲不完了,但是我把稿子留在这,大家还可以看,很抱歉。最后一段(第四段)讲孙柔嘉,孙柔嘉我就点一下吧,耽误大家时间太多,孙柔嘉是全书人物中用典最重的。《诗经·大雅》,卫武公有名言:"质尔人民,谨尔侯度。敬尔威仪,无不柔嘉。"我们中国的统治之道。有柔有嘉,儒家文明。《大雅·烝民》又道:"中山甫之德,柔嘉维则。令仪令色,小心翼翼。"

以上俱是脱空之经。大家或姑妄听之,或觉有味,再看我与鸿渐、辛楣,一路翻山越岭,游荡下去。毕竟那一对和尚,同我说出甚故事来,且听下回分解。谢谢大家。

提问与回答

葛兆光:

谢谢赵一凡先生,我从来没有想到过《围城》可以从这里讲到那里,讲得好一大串。我现在总算明白了,后来《红楼梦》诠释的主流为什么会变成曹学,从索隐派发展出曹学(曹学后来被漫画家称之为数曹雪芹的头发)。但是呢,曹雪芹是死了的人,索隐只是一个猜测。但是赵一凡先生他因为跟钱锺书先生有交际,所以很多事情他可以求证,有些东西可以得到证实。而且他也不完全是索隐,很多东西有发挥,有他自己的理解。所以今天这个《解析〈围城〉》的讲演,让我们满开眼界的就是:一部小说是可以这样读的,是可以这样解释、这样理解的。所以这才符合钱锺书的小说,以小见大。按照我们的惯例,现在我们有半个小时的时间,给大家提问题。我相信很多人都读过《围城》,所以大家有什么问题,尽管向赵一凡先生提出来。赵一凡先生在回答的时候再加以他刚才的那一番诠释,或者把他没讲完的继续讲出来。哪一位?

学生:

我对柔嘉的那个典故还是很有兴趣,请您再讲一下。

赵一凡:

一般读者都会想到,柔嘉是一个小家碧玉,很天真的,她在小说后半部才出场,但是后来居上,变成了整个小说里主宰型的人物。鸿渐所谓被围困,很多是体现在和她的婚姻身上。日本学者中岛研究《围城》也很有心得,他作了一件很正确的判词:孙柔嘉和方鸿渐的婚姻,对鸿渐来说,代表了传统中国对现代中国的围困。这个判断很精当。鸿渐是个留洋的学生。但是我们想不通的是,孙柔嘉是教英文的,她姑妈好像还是个买办型的资本家,挺洋气的,方鸿渐怎么就如此受不了她呢? 中岛就问了这个问题,这可能也是我们都会问到的:为什么要把千年的围困,从屈原大夫以来的传统对现代中国的围困,落实在这么一个柔弱的小女子身上? 这个和我们中国文明的一大特质有关系。这个要讲起来就比较远。

我就简洁地说,第一,美国汉学宗师费正清先生写过一本书叫《美国与中国》,1947 年发表,正好这本书和《围城》差不多是同期发表,这里有一个著名的论断:我们中国文明绝对不是什么西洋民主制,这是胡扯,跟那毫无关系,中国文明是在相对隔绝之中发展,是一种农耕文明,自给自足,像春夏秋冬一样地循环轮转,朝代循环。大家知道二十四史,一个王朝二三百年,然后农民起义,咣突然倒塌,所有伟大的、富丽堂皇的都毁了,然后从头再来,又发挥到无比精妙的地步,咣一声又完了。史学家有一个公认,大概我们南宋的文明程度是明清都难超过的,就在杭州那一段。南宋小朝廷,那时候的绘画、诗歌、丝绸、瓷器都是无比地美妙,到后来就赶不上了。我们学了西方的理论,然后就一时冲动,想西化。其实好好想想,我们跟那时候不一样,太不一样了。马克思说,我们中国的制度是亚细亚式的生产方式,韦伯——另外一个伟大的德国思想家——说,我们中国社会是家族式的国家,家国一体。大家想想都明白,国国是怎么回事。姓朱的统治三百年,然后姓赵的统治几百年。家和国是很深的关系。这种制度在西方人看来,他们很粗暴地说中国是封建专制。这话费正清先生经过长年深入的研究,认为不对。他说这是一种缜密的、温柔的、靠着儒家伦理来管束的、不是强硬的专制。听懂我的意思了吧?是软专制。软专制的特点是什么?就是柔嘉。这是最简单的说法,赵老师给你点破,但是这个要好好做功夫。我今天在葛老师面前说大话、说短话,我有点害怕,他肚子里不知道怎么非议我,说“二毛子”又在发飙了。我就是把费正清先生的话,倒过来给大家简短地说说。

　　钱先生为什么费这么大的力气,这么重的典,来作这个孙柔嘉的形象?中岛他们都是完全叹服啊,说柔嘉身上是中国现代女子最好的造像,堪比《红楼梦》,金陵十二钗里面能干的人,像王熙凤啊,都比不上她。怎么柔嘉变得这么恐怖啊?那不是她恐怖,也不是钱先生非要作践这样一个小女子,而是钱先生有深意。拿着一个女人家,拿着这种家庭生活来讲中国传统。这是大家都疏忽了的,尤其像方鸿渐这样的书呆子根本就不懂什么齐家、治国、平天下的道理,读了一肚子洋书,就像赵老师一样,都是“二毛子”回来了,自以为了不起;一下子落到这种家庭里面,这种婚姻里面,就是困入围城。他还是糊涂的,他从家里逃出去,还不知道他在逃避什么。谢谢这位女同学,问了一个很高级的问题。

学生：

我问一个非常宏观的问题。因为您谈到了，在非常有意思的花边小说之外，《围城》有意思的一点，就是中庸之道的问题。不管是钱锺书先生还是林语堂先生，其实在很多作品里都在试图向外国人或者自我，找到一个平衡点，包括您刚才说到的交错创新的问题。因为小说或者一切文学的话，它最终是影响大家现实生活中的一个过程，所以我其实比较感兴趣的是，不知道您在跟钱锺书先生的交往以及自己的经历之外，怎么理解中国现在的创新或者说变革，或者很多东西传统与现代非常大的变局？我们不可能摒弃中庸之道这个传统，不知道在当下这样复杂的环境下，对于这个时代里年轻的这一代追求创新、追求新的起步点的种种做法，您怎么看？

赵一凡：

这个是相当结合当下现实（的问题）。我写过《西方文论讲稿》，其中讲到哈贝马斯，他是讨论西方现代性最出名的专家，最大的权威了。我有一段评论，就是用《围城》的一个比喻来评哈贝马斯：哈贝马斯很像赵辛楣，福柯很像方鸿渐。这是因为现代知识分子自身有分裂的现象：他分成两半，实际上是一个人。这种虚实或者是左右交织的情况，在现在知识分子身上很明显。但实际上我们中国古典小说里面，从曹雪芹开始就这么写了。我举一个简单的例子，金陵十二钗里面有正副钗，正钗是黛玉，副钗是晴雯，但实际上可能晴雯是更真实的。有一个文学系的副教授，我不记得他的名字了，他从社会学的角度去考察晴雯和黛玉的关系，考察出一个很惊人的发现。他得出的结论是晴雯是苏州织造府（就是曹雪芹的父亲和爷爷掌管的那个织造府）里面技艺精湛的老织工的女儿。我们知道织造府是干什么的，他们一天到晚给京城里面做衣服。皇宫里的妃子、皇后，如果衣服烧个洞或者坏了，脱丝了，他们就得赶紧给她们补上，不能耽误她们参加典礼。这帮老织工们日夜要值班。那么晴雯何以是老织工的女儿呢？我们知道宝玉前天喝酒把雀裘给烧了个洞，回到怡红院大发公子脾气：老爷明天要带我去见客人，这么好的衣服明天一定要穿的；这衣服有洞，我怎么见客？整个怡红院没有一个丫鬟能拿得起这个活。只有一个人，晴雯，披着小袄，寒冬腊月，已经感冒了、生病了，苦苦地织了一夜，第二天早上嗙然倒下，然后病重就死了。这样一个女孩，她很可能是织工的女儿，因为她有家传的本事。

因为曹雪芹小时候很可能在苏州织造府里面爱上了这样一个身份卑贱的小丫鬟。但是又不能说，那怎么办呢？就伪托一个林黛玉，父亲是做官的，一下子死了，家里连一个活人都没有，只有一个小丫鬟陪着她进北京。死到这个程度，家里完全没有人，那不是很奇怪吗？陪她那个小丫鬟自己都不懂事。一下子跑到北京，贾母就搂着她哭成一团，拿她当心肝宝贝，她从此就在大观园里以小姐的身份住下来。那是虚的，就是为了宝玉能够合法地跟她谈情说爱。真正可怜的被爱的女孩是晴雯。但是她很快就死了，她死了之后黛玉也就该死了，这里面是虚实的关系。

回到你的问题上，《围城》里面可以有很多隐喻，我们就可以联想。赵老师刚才已经把他们联想成哈贝马斯和福柯了。是不是可以联想到当下的自由派和新左派呢？也可以。他们就像鸿渐和辛楣，为了一个女孩子打得你死我活，好像是情敌。我有一套改革理想，他也有一套改革理想，闹什么闹，闹到最后是哥俩，而且都是"固不得矣"。听懂我这个意思吧？还是中庸为好，执两用中，我们既要有王安石那样的气魄，把国外的好东西引进来，但是也不能说把洋人的东西全引进来，把自家的东西就不要了，那不可以。你不知道这个里面水有多深。我前面之所以用那么大的篇幅，给大家讲屈原、讲端午节，就是要大家别忘了：尽管你学了八种外语，你的血里面还是屈大夫的基因，不要小看这个传统。美国人已经高度重视了，他们不着急，我们着什么急？慢慢来嘛。有葛老师在这，葛老师现在的研究范围已经不止是在中国思想史内部，葛老师现在往外延伸，做中国周边地区对于我们中华文化的保存、纪念、学习，因为我们是一个文明圈呐，周边对我们的看法，往往是看着我们家里的事我们不知道，以前高高在上看人家来朝贡磕头，磕得山响，自己不在乎这些。现在知道了，周围这十四五个国家，它跟我们也有关系。谢谢这位同学。

学生：

我想问您一个问题，从 1947 年《围城》第一版在上海晨光出版公司出版，到 1980 年人民文学出版社再版，这期间《围城》是被彻底忽视了。然后接着就是 80 年代它的再次兴起。这里有一个问题是，除了一些政治因素以外，为什么它被忽略了那么长时间？另外，我发现《管锥编》是钱先生 72 年开始写的，1979 年 8 月份第一版，然后早于《围城》的再版。我有一个猜想，是不是有一个原因，就是我们认识的钱锺书，首先是一个学者，其次才是一个小说家。

赵一凡：

你是中文系的？

学生：

我是历史系的。

赵一凡：

对这个年代记得清楚极了。

学生：

我对钱锺书比较感兴趣。而且我在想，他 80 年代去了美国和日本进行学术交流，他在学术上和国际上的地位，对他的书在大陆的风行，是不是起到一些作用？

赵一凡：

好几个问题，我尽量讲得快一点。第一，1947 年以后这部书长期湮没无闻,基本上一版以后就没有再版了,也没人再提它,的确是因为它和当时的大趋势不一样,有点逆流而动。大家都知道当时在干嘛:轰轰烈烈地革命哪!谁顾得上这个,一点闲情逸致都没有,读这个书实际上要心静。那时轰轰烈烈地,哪里有什么闲心情。解放后一段时间,各种政治运动很多,于是这本书人们提都不提了。钱先生解放后基本上不写学术论文了,小说更不写了,最主要的工作就是翻译《毛选》,他是《毛选》翻译委员会的顾问。我给大家讲一下《毛选》翻译制度,它是人类史上最严格的翻译制度,分成五级,最下面一级叫初翻组,然后上面是中翻组,我们北外的副校长王佐良先生这样的大学者只配在中翻组,中翻组上面是高翻组,高翻组上面是外国专家组,如果中翻组、高翻组和外国专家组意见不一,发生争执,毛主席指示由钱锺书拍板,这是巨大的权威。钱先生 22 年间一直在翻译《毛选》《毛诗》,一直到“文革”期间他还在翻《毛诗》。他不能够回到《管锥编》上,大部分时间是要去完成更重要的政治任务。所以你说《管锥编》是 72 年写的,79 年出版的,这个时间大有问题。

《管锥编》据我所知,来自钱锺书在英法留学时期的大量笔记。这些笔记有几十万字,至今没有整理完,杨绛先生还在整理;更可惜的是,当时为了避嫌,很多被烧掉了。《管锥编》只是从这里面抽出来一些比较成熟的段子。钱先生有个写作计划,胡乔木在改革开放之后突然出任中共掌管意识形态的负责人,后来做了社科院的院长,这是一个机会,因为乔木曾经在西南联大跟钱锺书有一段共事的历史。钱锺书在西南联大做副教授,胡乔木当时是研究生、中共地下党员,所以就有很亲切的关系。胡乔木做院长,就力促钱锺书赶紧出书,当时口气很急,希望趁他在位的时候赶快出。钱先生也知道这是千载难逢的机会。“文化大革命”期间在干校时,他就没打算出这本书;直到碰到贵人乔木出现了,才赶紧做。我 87 年刚考进社科院研究生院,是外文系的大班长,手下管着三十多个同学,四个语种。这四个语种、三十多个同学全部动员为《管锥编》找索引,因为钱锺书在干校菜园班,哪里看得到洋书啊?就算他记性好,所有的页码、年代、版本,他也不是都知道、都记得。所以我们这帮同学去给他找。所以,《管锥编》的源头很早,恐怕是从37、38 年开始,他就一直有志要写一本通天大书,而且是笔记体,绝对是文言,但是夹杂着七种外语。钱锺书在清华一年级就开始修七门外语,其中独独没有日语,钱先生对日本人很痛恨,日本学生也怕他,就问钱先生为什么不学日语,钱先生也不作正面回答,大而化之。

很高兴你对这个问题感兴趣,研究钱学这个工作,到现在为止,几乎未有人开垦,因为钱先生的书太多了。你现在读研了吗?

学生:

大一。

赵一凡:

大一,记着赵老师的话,这里面的问题大部分还没有开垦,因为资料蛮难弄,也有新的发现,要慢慢跟踪。杨绛先生还在,杨先生在世很多东西还可以被整理出来,还能陆续发表,可以批判。谢谢这位同学。

学生:

赵老师您好,我的问题可能有点肤浅,问得不好您见笑。在《围城》里面,两个主要的男主角,一个方鸿渐,一个赵辛楣,在您看来,他们本质上算不算是真正文艺的男人? 然后第二个问题是,三个女性角色,晓芙、苏文纨还有柔嘉,从本质上您觉得哪个是真正的"小清新"?

赵一凡:

"小清新"这个词我都不大懂,太文艺了。我大概明白你想了解什么。辛楣和鸿渐,应该说是一对连体、孪生兄弟,是对应的关系;或者我们用《红楼梦》的话说,他俩是甄宝玉和贾宝玉,是虚和实、正和负的关系。赵老师刚才解释赵辛楣是副英雄、副骑士。为什么是骑士? 因为他们俩谈恋爱的过程,跟英国中古时期的骑士传奇是类似的。他们俩在中古骑士的语境之下,都被钱先生笑骂为道德懦夫,他们完全没有俄底修斯那种状态,不敢承担责任。比方说赵辛楣跟汪娴氏好,那个女孩也的确出色,当然因为她像苏文纨,辛楣见了她就魂不附体。两个人就在月下幽会,但一下子被她丈夫碰见了。辛楣这时候就非常懦夫,就往后退,就掩饰说这事儿跟他没关系。没想到汪娴氏是老辣的江湖女,比他厉害多了,当时就说你的胆子就芥菜籽那么大,兰花指一指,说你要是个男人,带我走啊,私奔呐,怎么到头来你怕得跑了呢?这是痛斥中国当下知识分子身上所有传下来的病。懦夫!天天想着现代化,现代化是什么?香草美人,美好的理想和美好的女子是合二而一的、交错的,闪一闪晃一晃。大家想想,一个有上进心的好男孩,他在家里孝敬父母,在学校里好好读书,这小伙子的美好理想是将来要做一番事业,要像某个大人物一样——同时又不妨碍他爱上一个好姑娘,这就是香草美人合一了。中国的男生们你说谁的文艺腔重一些,咱看是差不离,半斤八两,都够酸的,都是懦夫。鸿渐也很俗,他第一次碰到唐晓芙,好像在上海城里面都是留洋的妇女,很多讲洋文的、讲女权的,沈太太她们都在讲,看到一个纯洁的女学生很喜欢。他怎么看破这个女孩纯洁呢?因为唐晓芙不施脂粉、不打扮,天生丽质,素面朝天,这女孩一定心里没有男人。看,鸿渐心里阴险吧?认准了唐晓芙没有男朋友,拼命地死追,这叫私心。钱先生毫不留情,揭露他有私心。唐晓芙有没有私心呢?也有。这个刚才我讲过了,她不许鸿渐有任何过去,这不是私心吗?又想要一个好丈夫,又想他那么干净,跟你是初恋,这也是私心。带着私心的男人,这种爱情可悲啊,开始悲剧了。一定要坚持这些标准的话,到最后不会幸福的。说到这里,他又很文艺喽。钱先生的本事就是把大事小事、俗的雅的搅在一起,来回地转。从哪个角度读进去,都能找到你的所得。当然我提醒你一点,就是有空你到网上去搜,把我讲骑士传奇的那一段搜出来看看,对当下的男生们有指导作用。

葛兆光：

好，今天就到这，我们也谢谢赵一凡先生，谢谢各位参与。谢谢！

邵小龙　整理

陆辰叶、杨光　校对